치타공 언덕
바르기,
한국을 날다

방글라데시 치타공 힐트랙 선주민 로넬 이야기

치타공 언덕 바르기, 한국을 날다

방글라데시 치타공 힐트랙 선주민 로넬 이야기

로넬 차크마 나니·권미영 지음

도서출판 말

책을 내며_ 다르게 보고 새롭게 듣는 시간이었다 · 권미영　　　　4

여는 글_마음의 국경을 거두고 · 로넬 차크마 나니　　　　8

1부 원천

1. 자유·사랑·꿈의 원천　　　　16
2. 지배로부터의 자유　　　　62
3. 랑아비를 찾아 나선 길　　　　90

2부 되기

1. 있어도 없는 존재　　　　118
2. 평화협정과 줌머 운동　　　　132
3. 난민이 된다는 것　　　　148
4. 변화의 시나리오　　　　178

3부 포월

1. 나는 누구인가　　　　210
2. 내가 만난 또 다른 '나'　　　　246
3. 경계를 넘어　　　　262

추천 글　　　　오경석 · 김현미　　　　274

다르게 보고 새롭게 듣는 시간이었다

1년 전 봄, 어떤 일 때문이었는지는 기억나지 않지만 로넬 선생님과 통화하다가 책을 내고 싶은데 자신이 없다는 말에 "꼭 하세요. 제가 뭐든 도울게요!" 겁 없이 툭 던졌다. 나는 글재주가 없을 뿐만 아니라 늦깎이 공부하면서 학교 연구실로 매일 출퇴근하고 있었던 터라 원고 쓰는 일에 단 몇 시간도 집중할 수 없었다. 2년 전부터 시작된 1세대 여성농민운동가들 인터뷰 원고까지 겹쳐서 무엇인가를 포기하지 않으면 안 되는 시간이었다.

로넬 선생님을 처음 만난 것은 10년 전쯤, 지역의 외국인센터에서 주니, 세주파, 히토이시, 디비아 등 줌머Jumma 2세들 한국어 강사로 일할 때였다. 이후 평화교육, 다양성교육 활동가로 지역단체를 꾸릴 때 로넬 선생님에게 강의를 부탁하거나 보이사비 축제 때 기획과 공연자로 인연을 이어갔다. 그때 내가 아는 로넬 선생님은 방글라데시 치타공 힐트랙(CHT)에서 온 난민공동체 재한줌머인연대(JPNK)Jumma People's Network-Korea의 리더 중 한 사람이었고, 줌머 민족의 자치권 운동을 하는 활동가였다. 한참의 시간이 흘렀음에도 나는 그때의 기억에 멈춰 있었다.

인터뷰 시작하고 한 해가 지나 새로운 봄이 왔지만 글을 제대로 쓰지 못했다. 하루를 꼬박 자료를 읽어도 단 한 줄도 못 쓰는 날이 더 많았다. 글을 썼다가 너무 무겁고 진지해서 통째로 다 지워버리고, 어떤 날은 가벼움에 원고를 날려 버린 날도 있었다. 누군가의 삶을 이해한다는 것이 얼마나 어렵고 조심스러운 일인가를 절실하게 느꼈다.

우리는 동일한 무엇인가가 되어 가고자 하는 것이 아니었음에도 로넬 선생님도 나도 서로의 생각에서 자유롭지 못했다. 고백하건대 나는 줌머 민족의 역사와 로넬 선생님 개인의 생애 경험에서 하나의 담론을 만들어 가려고 애를 썼던 것 같다. 그래서 로넬 선생님의 기억 속에 뭉뚱그려져 있는 것들을 그럴듯한 맥락으로 그려 가려고 특별함에만 집중했을 것이다.

로넬 선생님의 개인 블로그와 페이스북에 올린 글들을 찬찬히 들여다봤다. 누군가의 아들이고, 남편이자 동시에 아버지인 한 인간이 가지는 지극히 당연한 감정이 거기에 있었다. 아뿔싸 나는 로넬 선생님의 일상의 평범함에는 소홀했구나…. 생각이 복잡해졌지만 그리 오래가지는 않았다.

그때 그 사람 표정이 어땠어요? 그때 무슨 말을 하고 싶었어요? 다시 만나면 뭐라고 말하고 싶어요? 정말 이상한 사람이네요! 만나서 누군가를 같이 비평도 하고, 서로를 침해하지 않을 만큼의 거리에서 일상의 이야기를 나눴다. 인터뷰라기보다는 어쩌면 서로의 민낯을 볼 수 있는 만남, 빈 부분을 채워가는 시간이었다. '누군가와 함께' 하면서 나오는 다른 상대에게서 내뿜어지는 낯선 기호를 이해해 가는 과정이었다.

'로넬'은 결코 '이나니'(한국 이름)가 될 수 없었다. 줌머 민족에 대한 책무감, 진보주의자로서 가지는 당위성에서 자유롭지도 못했다. 그러면서도 한국 사회의 변하지 않는 시선을 견디거나 혹은 넘어서야 하는 '김포이씨 이나니, 로넬 차크마'의 고민도 보였다. 인정받고자 하는 마음도 있고, 상황이 어려운 사람을 그냥 지나치지 못하는 여린 마음도 있다. 세상을 바라보는 눈은 따뜻하고, 아내를 바라보는 눈은 청춘이고, 줌머의 미래를 생각하는 눈에는 여전히 투사의 근심이 있다. 한 사람의 삶에서 또 세상을 배운다.

나는 로넬 선생님의 삶을 원천, 되기, 포월 세 단어에 빗대었다. 로넬 선생님이 여러 가지 위험에도 불구하고 치렀던 저항과 투쟁의 원천은 자유와 사랑, 평화에 대한 간절함이었다. 그것을 지키려고 할수록 파고드는 절망 속에서도 포기하지 않고 자기 존재에 새로운 역할을 부여했다. 그것은 줌머 민족 평화군에서 미등록 체류자, 난민, 귀화자, 인권운동가로 이어지는 '되기'의 과정이었다. 정상성을 가진 '되기'는 없다. 그가 무엇으로 존재했든 그의 '되기'는 결코 분절적이지 않았으며, 낯선 세상 사람들과 연대하는 삶이었다. 두렵거나 막막하다고 현실을 피해 가거나 비껴가지 않고 직면하는 그의 삶의 방식을 나는 '포월(匍越)'[1]이라 명명했다. 그가 꿈꾸는 세상은 과거에 대한 응보적인 것이 아니라 새로운 방식으로 경계 넘기이다. 때로는 낮게 포복하면서, 때로는 치열하게 경계를 넘고, 그리고 때로는 느릿느릿 세상을 품어 안는다. 1년 넘게 진행한 인터뷰 만남에서 나는 다르게 보고, 새롭게 듣는 배움을 경험했다. 내가 도운 게 아니라 오히려 감사하다.

부족함을 채우지 못하고 원고를 넘긴다. 낯선 땅에 들어서면서 그가 가졌을 기대, 희망이 앞으로도 무너지지 않기를 바라며, 나는 이제 로넬 선생님이 못다 쓴 시를 기대한다.

2023년 9월, 권미영

마음의 국경을 거두고

어릴 때부터 시인이 되고 싶었다. 그렇다고 글솜씨가 좋다거나 시인이라는 이름을 원한 것이 아니다. 내가 말과 행동으로 할 수 없는 것을 자유롭게 표현할 수 있어서다. 내 인생의 모든 여정이 시의 언어이자 운율이었다. 틈틈이 글을 썼지만 삶이 절박하다 보니 책을 펴낼 기회가 없었다.

용기가 없기도 했다. 한국어를 배워도 좀처럼 실력이 늘지 않아 한국어로 글을 쓰는 일이 엄두가 나지 않았다. 과연 내가 한국어로 하고 싶은 이야기를 제대로 전달할 수 있을까 하는 걱정이 컸다. 또 한 가지 이유는 나의 이야기가 과연 다른 사람들에게도 재미있고 유익할까 하는 염려 때문이었다. 어쩌면 쓸데없는 걱정을 했는지도 모른다. 그것은 나의 몫이 아니라 읽는 사람의 몫일 테니까 말이다.

10년 전 어느 날, 한 친구에게 나의 이야기를 책으로 내고 싶다고 했더니 그 친구가 웃으면서 아직 너무 이르다고 했다. 실은 그때 나는 나의 고향인 방글라데시 치타공 힐트랙(CHT)의 선주민인 줌머 민족의 역사와 문화, 종교, 정치, 투쟁 이야기를 한국 사회에 전달하고 싶었다. 그리고 가난한 가정에서 태어났지만 내가 지키고자 했던 고향의 초록 언덕과 숲에 두고 온 꿈과 인도 발리우드 영화의 주인공처럼 살아온 이야기를 하고 싶었다. 하지만 아직 이르다고 한 친구의 말이 내가 아직 줌머 민족을 위해, 또 한국 사회를 위해 한 일이 별로 없고, 앞으로 할일이 더 많다는 것을 일깨워 준 말 같아서 부끄러웠다. 그리고 그 이후로 잊고 있었다.

내가 1994년, 처음 한국에 왔을 때 한국에서는 방글라데시에 대한 인식이 '가난한 나라'라는 정도였다. 그러니 방글라데시 소수민족인 '줌머'는 낯설고 생소한, 관심 밖의 이야기일 수밖에 없었다. 아무런 정보도 없이 시민단체를 찾아다니다가 2002년에 나와 줌머 동료 몇 명이 난민 신청하고, 2004년에 난민 인정을 받았을 때쯤 조금씩 한국 사회에 '줌머'에 대해 알릴 수 있었다. 언론과 연구자들이 줌머 민족에 대해 관심을 보였다. 하지만 아쉽게도 언론의 관심은 '난민이 한국의 도움을 얼마나 받고 사는지', '얼마나 어렵게 사는지', '어떻게 적응하는지'에 대한 것이 대부분이었다. 어찌 보면 한국 사회의 관심사가 국내의 벽을 넘지 못했다고 생각한다.

2000년에 한국에 재입국한 이후로 23년이 지났다. 수많은 우여곡절의 시간을 보내는 동안 추억도 쌓이고 고민도 많았다. 난민 인정을 받기까지 공장 불법취업으로 임금체불에 인권침해도 겪고, 난민 인정을 받았지만, 신분이 합법적이라는 것 외에 여전히 넘어야 할 벽 앞에서 눈앞이 캄캄할 때도 많았다. 상황은 어려웠지만 나와 재한줌머인연대(JPNK) 일

외에도 한국의 이주노동자나 다른 나라에서 온 난민 신청자들을 만나면서 내가 할 수 있는 역할을 하려고 했다.

나는 아름다운 한 여인의 믿음직한 남편이고, 사랑스러운 자녀의 든든한 아버지이고, 민족의 인권과 자치를 위해 상대에게는 약한 모습을 보이지 않는 투사이고, 동지에게는 정치적 이념을 양보하지 않으면서도 마음 따뜻한 지도자이고자 했다.

나는 김포 이씨가 되고, 줌머 친구들은 김씨, 박씨, 강씨, 하씨가 되어 한국 사회 일원으로 살고 있다. 그러면서도 민족의 관습대로 어려울 때 서로 돕는 '말레야'maleya를 여전히 실천하고 있다. 세 살 때 한국에 왔던 아들이 23세의 청년이 되어 재미있게 군대 생활을 하고 있고, 한국에서 태어난 줌머 2세들은 한국어로 꿈꾸고, 한국 음식, 한국 문화가 더 편한 한국의 10대 청소년으로 성장하고 있다. 그러면서도 매년 봄이면 줌머 민족의 신년 명절 '보이사비'Boi-Sa-Bi 때 아이들은 줌머 전통음식을 먹고, 전통 옷을 입고 춤추고 노래 부른다. 줌머 2세들은 국경을 넘어 자유롭게 나는 바르기Bargee처럼 자유롭게 살았으면 좋겠다.

나는 혼자 왔지만 혼자 살지 않았다. 그동안 한국에 살면서 정치적인 이념과 성격이 다른 다양한 시민단체와 활동가, 연구자, 지역 정치인, 지역주민들을 만나 교류했다. 그들은 노동자 로넬, 난민 로넬, 민족운동가 로넬, 인권운동가 로넬, 종교(불교)인 로넬 등 여러 각도에서 나를 바라봤다. 내가 어떤 일로 어떻게 교류했는지에 따라, 그리고 그들의 관점과 성향에 따라 나는 여러 모습으로 보였을 것이다. 오히려 나를 다양한 각도에서 바라봐 준 것이 감사하다. 그래서 많은 사람과 관계를 넓혀갈 수 있었다.

특히 '경계를 넘어' 최재훈, '피난처' 이호택 대표, 경기도외국인인권지원센터 소장 오경석 교수, 박상희 박사, 김종철 변호사, 황필규 변호사, 동출 스님, 김포시외국인주민지원센터 최영일 센터장과 동료들, 그동안 나와 재한줌머인연대의 활동에 지지와 연대를 보여준 분들에게 감사하다. 덕분에 용기를 낼 수 있었다. 무엇보다 재한줌머인연대 활동가들이 있었기에 줌머 민족의 정체성과 인권·문화 보호를 위한 활동을 포기하지 않을 수 있었다. 정말 감사하다.

성공한 사람들의 이야기가 아니고, 먼 나라의 소수민족 이야기가 재미없을 수도 있다. 무엇보다도 나 자신이 누군가의 삶에 동기부여가 되는 사람이 아니라서 망설였던 이야기를 이제는 해야겠다고 생각했다. 나는 인생의 절반은 방글라데시 치타공 힐트랙(CHT)에서, 절반은 한국에서 살았다. 나는 차크마이고, 줌머인이고, 한국인이라는 다중의 정체성을 가지고 살았다. 불교도이고, 줌머 민족의 자치와 평화를 위해 투쟁하는 게릴라였지만 나는 무슬림 벵골인을 미워한 것이 아니라, 선주민의 정체성을 인정하지 않는 방글라데시 헌법과 극단적인 벵골 민족주의, 종교근본주의와 싸웠다. 그리고 난민을 포함한 이주민의 인권과 관련된 상담과 통역, 연대 활동을 하면서 차별 없는 세상을 만드는 인권운동가이고자 했다. 그 이야기를 하고 싶었다.

이 책은 공동 저자인 권미영 선생님과 1년 넘게 같이 만나서 대화하고, 서로를 이해하고 교감하는 과정이 없었다면 세상에 나올 수 없었다. 선생님은 내가 말할 수 있도록 지지해 주었고, 줌머 역사, 그리고 나의 정치적 이념과 삶을 깊이 이해하고 한국 사회의 눈높이에 맞게 글을 썼다. 함께 이야기하면서 나는 나의 삶을 되돌아보는 시간을 가질 수 있었다. 정말 감사하다. 귀한 그림을 책 표지와 본문에 사용하도록 허락해 준 후배 조이뎁 로아자 Joydeb Roaja 에게도 감사하다. 연필 하나로 치타공 힐트랙의 자연, 줌머 민족의 문화와 권리와 평화를 위해 비폭력 운동을 하는 그에게 존경의 마음을 보낸다.

끝으로 나의 평생 동지 아내 졸리, 사랑하는 아들 주니에게 나와 우리의 꿈 이야기를 이렇게 전할 수 있음에 감사하다.

2023년, 양곡에서 로넬

〔일러두기〕

1. 지역명, 주요 사건, 통계, 역사적 인물 등은 최대한 그동안 발간된 자료에 근거했다. 주요 참고자료는 CHT국제위원회, 재한줌머인연대, 국제앰네스티 등에서 발간한 보고서, 그리고 선행 연구물을 참고하였다.

2. 인터뷰는 구술자 개인의 기억과 관점에 근거한 것이기 때문에 기억이 다를 수도 있고, 이견이 있을 수 있다. 책 내용은 재한줌머인연대(JPNK)나 치타공 힐트랙(CHT) 현지의 특정 줌머 정당이나 활동가들의 생각을 대표하는 것이 아니며, 로넬 개인의 정치적 이념, 종교, 민족에 대한 생각이다.

3. '치타공 힐트랙'(CHT: Chittagong Hill Tracts)은 방글라데시 '치타공 시'와 다른 지역이며, 방글라데시 소수민족인 줌머인들이 사는 산악지역을 말한다. 벵골어로는 파르밧요 처터그램(PC: Parbatya Chattagram)이다. 본문에서는 '치타공 힐트랙'으로 통일해서 썼으며, 공식기구 및 관련 법 등은 'CHT'로 표기한 것도 있다.

4. 본문에 삽입된 시는 로넬의 개인 블로그와 페이스북에서 가져온 것이며, 일부는 함께 수정하였다.

5. 로넬은 한국어, 영어, 벵골어, 차크마어 4개국어 화자로 본문에 쓴 용어 중 일부는 벵골어, 차크마어 표기를 그대로 실었다.

6. 본문에 나오는 인물 이름은 가명을 쓴 것도 있으며, 글 인용이나 사진은 사전 양해를 구해 사용했다.

7. 이 책은 방글라데시 정부와 벵골인에 대한 원망을 담은 것이 아니라 극단적인 민족주의와 종교 근본주의에 근거한 차별과 폭력에 대한 비판적인 의견을 정리한 것이다.

1부 ＿ 원천

Joydeb Roaja, "Resistance is constant" / Paper pen & ink / 30*42 cm

1. 자유 · 사랑 · 꿈의 원천

피닉스 새처럼 날아온 나
지금, 여기
머나먼 내 고향은
내 그리움 속에 아직 변하지 않았구나!

2014년 설날, 양곡에서 로넬

열 아홉 번째 보이사비

"문 엽쇼, 문 엽쇼, 수문 장군 문 엽소. 오늘 보이사비^Boi-Sa-Bi 축제에 오신 여러분들 들어갈 때! 만복이 두둥실 들어갑니다!"

풍물패의 문 굿이 시작됐다. 이윽고 강당 안으로 들어선 풍물패는 객석을 돌다 무대 위로 올라서고, 그 뒤를 11개 줌머^Jumma 소수민족의 깃발들이 이어서 따라 올라선다. 한국의 풍물패와 줌머 소수민족의 깃발은 이질적인 것들의 묘한 어울림으로 사람들의 시선을 집중시켰다. 온몸을 파고드는 울림에 그만 무대 위로 뛰어 올라가고 싶은 충동을 느낀다. 손에 꽃이라도 있었다면 누군가의 머리 위에 축복의 꽃을 얹었을 것이다.

2023년 4월 23일 오전 11시, 김포 통진두레회관 대강당은 앉고 선 사람들로 꽉 찼다.

"바뚜루뚜루! 오늘 열아홉 번째 보이사비 축제에 오신 여러분을 환영합니다. 세상에는 다양한 민족이 함께 살아가고 있고, 모두 그들만의 언어와 문화가 있습니다. 우리도 우리 줌머만의 문화가 있습니다."

한국에 거주하는 방글라데시 난민 공동체인 재한줌머인연대(JPNK) Jumma People's Network-Korea의 회장 차크마 니킬의 환영사로 '보이사비'가 시작됐다. 한국에서 2002년에 시작된 보이사비가 벌써 19번째다. 해마다 4월이면 한국은 봄꽃놀이가 한창이듯 방글라데시의 치타공 힐트랙 (CHT)^Chittagong Hill Tracts은 보이사비 축제로 들뜬다.

나의 고향 치타공 힐트랙은 방글라데시 동남쪽 모서리에 위치한 산악

지역으로 미얀마 라카잉 주, 인도의 미조람 주와 트리푸라 주 접경지역이다. 방글라데시 총면적의 10퍼센트 정도이고, 해발고도 약 3,000피트 위의 언덕으로 평야가 적어 화전 농업방식으로 농사를 짓는다. '줌'(Jum)이라고 하는데 줌머는 줌 농사를 짓는 사람들이라는 뜻이다. 1860년에 치타공 힐트랙이 영국 식민지 정부로 병합될 당시 치타공 힐트랙에는 차크마 외에도 마르마, 트리푸라 등 11개의 소수민족[2]이 살고 있었는데, 모두를 통칭해서 차크마어로 '줌머'라고 부른다.

'줌머'는 원래는 없는 말이지만 방글라데시 정부의 치타공 힐트랙 선주민에 대한 차별정책에 대항하기 위해 만든 용어이다. 1972년에 치타공 힐트랙 선주민인 11개 소수민족은 '치타공 힐트랙 민족연합당'(PCJSS) Parbatya Chattagram JanaSamhati Samit[3]을 창당해서 '권리를 가진 정치적 공동체'의 의미로 '줌머'라는 말을 전략적으로 사용하기 시작했다. 방글라데시의 주류인 벵골인과 언어, 문화, 종교 등 삶의 방식이 다른 민족이라는 의미도 담고 있다.

2022년 7월 방글라데시 정부는 선주민indigenous people이라는 용어를 언론에 사용하지 말라고 명령했고,[4] 그 이후 방글라데시 언론매체에서는 벵골어로 인종소수자를 뜻하는 쿠드로 느리고스티Khudro nrigosti라고 하거나 일반적으로는 고산지대 사람이라는 뜻으로 파하리Pahari[5]라고 부른다. 하지만 나는 '줌머'라는 말이 우리의 상황을 더 정확히 표현하는 말이라고 생각한다.

보이사비Boi-Sa-Bi는 치타공 힐트랙 선주민인 11개 소수민족의 가장 큰 명절이다. 치타공 힐트랙 선주민 중에서 규모가 큰 민족인 차크마, 마

보이사비 첫째 날에 강물의 신에게 꽃을 바치는 줌머인. 사진: 안빌 차크마(Anvil Chakma).

르마, 트리푸라 3개 소수민족의 설 명절을 뜻하는 'Boisuk'의 'Boi', 'Sangrai'의 'Sa', 'Bizu'의 'Bi'를 합친 말이다. 줌머에 속하는 여러 소수민족의 문화와 전통은 비슷하고도 다르다. 줌머로 불리지만 소수민족마다 고유한 문화가 살아있다. 문화가 다양하면서도 선주민의 조화로움을 위해 '보이사비'라는 또 하나의 문화를 만들어냈다.

보이사비는 방글라데시의 음력에 따라 그해의 마지막 이틀과 새해의 첫날이 되는 4월에 보통 사흘 동안 진행된다. 첫날은 꽃축제Ful-Bizu를 한다. 이날은 아이들이 아침 일찍 일어나 언덕이나 숲에서 꽃을 꺾어와 집을 꾸미거나 가축에게도 화환을 만들어 걸어준다. 그리고 강물의 신 '공기마'에게도 꽃을 바치면서 세상의 모든 생물과 무생물에게 감사와 축복의 마음을 보낸다.

둘째 날은 본격적인 축제Mul-Bizu로 줌머 전통 떡 피다Pida와 적어도 22가지 채소를 넣어 만든 파전Pazon을 먹고 찹쌀로 빚은 술을 함께 나누어 마신다. 보이사비 음식을 준비할 때는 친척 집을 방문해서 서로 채소나 건어물 같은 식자재를 나눈다. 어릴 때 어머니를 따라 친척집에 들러 파전 재료를 나누고, 또 다른 채소를 받아오곤 했다. 젊은이들은 축복과 감사의 의미로 마을 어른들 몸을 씻겨드린다.

이렇게 이틀은 묵은해를 보내는 축제를 하고, 보이사비 마지막 날에 새해가 시작된다. 줌머인은 이날을 누워서 쉬는 날Gojya-pojya din이라고 한다. 한국의 설날 차례를 지내는 것처럼 조상과 세상을 떠난 가족들을 위해 절이나 교회에 가서 추도의 시간을 갖는다. 이때 지난해의 모든 잘못을 성찰하며 복이 가득한 새해가 되기를 기도한다.

보이사비는 단지 먹고 마시고 노는 날이 아니다.

'비쥬 당일에는 나뭇잎 하나라도 뽑으면 안 된다.'

'비쥬 당일에는 일곱 건의 살인도 용서한다.'

내가 속한 차크마 소수민족의 설 명절인 '비쥬' 속담이다. 이 속담처럼 차크마족에게 보이사비는 자연과 더불어 살아가고자 하는 마음과 자비를 실천하는 날이다.

귀에 익숙한 음악이 들리고, 무대 위에서는 전통 의상을 입은 줌머 남녀들의 신나는 춤 공연이 한창이다. 객석 여기저기서 흥을 돋우는 소리도 들린다.

"에 후 후 후~"

'래잉'Raeng 이다. 차크마족은 비쥬 날에 기쁘고 즐거운 마음을 표현할 때 '기쁨의 긴 외침 소리'를 내는데, 그 소리를 '래잉'이라고 한다. 래잉이 많을수록 명절을 즐겁게 잘 보내고 있다는 뜻이다.

비쥬 둘째 날 새벽에 남자아이들은 잠에서 덜 깬 눈을 비비며 친구들끼리 온 마을을 다니면서 닭 모이를 준다. 그리고 오후가 되면 아이들은 남자아이들은 닭 모이를 주는 대신 집마다 우르르 몰려다니면서 집주인으로부터 떡과 명절 음식을 받아먹는다. 한국에서 정월 대보름에 마을을 돌면서 세 집 이상의 오곡밥을 나눠 먹어야 그해에 운수대통한다는 풍습이 있다고 들었다. 아마도 비슷한 모습일 듯싶다. 부모들도 일찍 일어나서 오전 내내 명절 음식을 만들고 비쥬-손님 맞을 준비를 한다. 오후가 되면 마을은 곳곳에서 즐겁고 기쁨에 찬 래잉 소리로 가득하다.

적어도 1992년 보이사비 이전에는 그랬다. 1992년 4월 10일, 보이사비 전날 방글라데시 국경수비대에 의해 1,200여 명의 줌머인이 살해된 로강 학살Logang massacre6)이 있기 전까지 보이사비는 꽃축제였고, 용서와 자비의 날이었으며, 사랑하는 사람들과 행복을 꿈꾸는 시간이었다.

이제는 예전처럼 래잉 소리를 거의 들을 수 없다. 1992년 로강 학살 이후 줌머인은 보이사비를 아예 보이콧하고 거리 행진이나 항의 시위를 한다. 때로는 세미나, 문화공연 같은 행사를 진행한다. 2010년 보이사비 2개월 전 2월 19일에도 줌머 마을이 습격당해서 집 500여 채가 불에 타서 파괴되고 8명의 줌머인이 사망했다. 치타공 힐트랙 현지만이 아니라 전 세계 치타공 힐트랙 줌머 단체들은 이에 대한 항의로 보이사비 축제를 보이콧했고, 재한줌머인연대에서도 2010년 보이사비는 서울에서 시민단

2010년 4월 11일, 보이사비 때 문화행사 후 서울 홍대입구 거리에서 평화행진하는 재한줌머인연대 회원들.

체와 함께 '치타공 힐트랙(CHT) 평화난장'으로 추모 행사와 거리 행진을 했다.

수많은 보이사비 추억 조각들이 파노라마 영상처럼 흘러갔다.

"뚜루뚜루 뚜루루~"

붉은 전통 옷을 입은 수들이티, 리아, 센티아, 차민지, 유도라, 엔젤라, 이소현, 세완이가 비쥬 댄스를 춘다. 8명 모두 한국에서 태어났다. 학교에서 한국어로 공부하고, 한국 친구들과 케이팝K-pop 노래 부르고 춤춘다. 집에 와서도 한국 음식을 찾는다. 태어난 곳이 여기 한국이니 어쩌면 자연스러운 일이다.

"우리는 다른 이주민들과는 달라. 조국의 박해를 받아 망명한 민족이야. 그러니 우리 민족의 정체성을 잊으면 안 돼!"

이미 한국 문화가 더 편하고 익숙한 아이들에게 줌머 부모들은 민족의 정체성을 애써 강조한다. 자발적으로 떠나온 이주민들과 다르게 본국으로부터 차별과 핍박을 받아 떠나온 '난민'이라는 것을, 우리를 국민으로 존중하는 국가를 가져 본 적은 없지만 우리에게는 민족이 있다는 것을, 그리고 아직도 치타공 힐트랙 고향에서는 힘들게 핍박받는 줌머인이 있다는 것을 잊으면 안 된다고 말한다. 아이들한테 이런 간절함이 얼마나 전달될지 솔직히 알 수 없다.

가끔 부모와 사춘기 자녀들 사이에 정체성 문제를 두고 실랑이가 벌어질 때도 있다. 중학생이 된 이후부터 아이들은 보이사비에 아예 오지 않는다.

"다들 차크마 왕 만나러 가는데 우리도 가자!"

"관심 없어. 아빠하고 엄마나 갔다 와."

은비네 집에서 은비 아빠와 은비가 나눈 이야기란다. 이번 보이사비에 멀리 방글라데시에서 라자 데바시쉬 로이Raja Devasish Roy 차크마 왕이 왔기 때문에 집마다 왕 만나는 것을 기대하고 있었다. 군 생활하고 있는 아들 주니도 휴가를 받아 집에 왔다.

"주니야, 차크마 왕이 왔는데, 인사하러 가자!"

"……"

주니는 크면서 엄마 아빠 말에 싫다고 거부한 적은 없었다. 그런데 대답이 없는 걸 보니 주니도 관심이 없다는 거였다. 간신히 설득해서 나중에야 기념사진 한 장을 찍었다.

김포 양촌에 사는 182명의 줌머 중에는 아이들이 60명이나 되는데, 그 중 5명을 제외하고 모두 한국에서 태어났다. 줌머 부모 세대는 아이들이 겪을 정체성 혼란을 단순한 성장통으로 여기지 못한다. 나도 그랬다. 줌머 부모들은 '뱅골인으로 살라'며 정체성을 강요받았던 차별의 역사가 우리 아이들에게 고스란히 반복되지 않기를 바란다. 그래서 아이들을 위해 한국 국적을 취득한 가정이 많다. 부모 세대가 줌머 민족을 인정하지 않는 동화, 예속을 거부하고 저항운동을 했던 사람으로서 국적을 바꾸기까지 실은 내적 갈등을 수도 없이 겪어야 했다.

하지만 나는 줌머 2세들에게 우리 부모 세대가 겪은 차별 경험을 굳이 강조하면서 정치적 이념을 가져야 한다고 말하고 싶지 않다. 인권운동을 해야 한다고 가르치지도 않을 것이다. 그저 자랑스러운 줌머인이자 한국인으로 살라고 말하고 싶다. 뿌리를 잊으라는 것이 아니다. 만약 아이들이 줌머 공동체에 대해 관심이 없다면 어쩔 수 없는 일이다. 그렇다고 민족이 사라질 수는 없다. 과거에 핍박을 받을 때도 민족은 사라지지 않았고, 현재도 그렇고, 앞으로도 그럴 것이다. 재한줌머인연대가 계속 줌머 문화행사를 유지하고 결속력을 다진다면 아이들이 참여하지 않아도 잊지는 않는다. 아이들 인생은 아이들의 것이고, 자신이 원하는 삶을 선택하는 게 맞다.

다만 걱정은 한국인들의 시선이다. 몇 년 전 《한겨레21》에 줌머 2세에 대한 기사가 실렸을 때 "본국으로 돌아가라."는 댓글이 달렸다. 국적을 바꾸고, 이름을 바꿔도, 난민 인정자라거나 귀화자라는 말을 하지 않아도 외모나 완벽하지 못한 한국어 때문에 우리들은 아주 쉽게 '국민'의 범

2023년 4월 23일 보이사비에서 '뚜루뚜루 뚜루루' 비쥬댄스를 추고 있는 줌머 2세들. 사진: 김혜미.

주 밖으로 밀려난다. 여전히 외국인이고, 난민이고, 이방인으로 보는 시
선이 크게 달라지지는 않는다.

새소리와 함께 '에쎄 아마 비쥬'Esse ama biju 음악이 들리고, 이어서 초
등학교에 다니는 줌머 아이들로 구성된 '바르기'Bargee 팀이 전통춤을 춘
다. '바르기'는 국경을 넘어 자유롭게 날아다니는 차크마 전설의 새이다.
누구도 우리에게 무엇을 원하는지 물어본 적 없이, 우리의 의지와 상관
없이 국경을 지었다. 나의 고향 치타공 힐트랙은 차례대로 영국, 인도, 파
키스탄, 방글라데시 영토로 편입됐지만 우리는 그 어느 나라에서도 국민
인 적은 없었다. 우리는 어느 국가에 속하든 줌머였지만, 줌머로 살기를
원할수록 줌머로 사는 것은 쉽지 않았다. 한국에서 살고 있는 지금도 국

민으로 인정받는 것이 녹록지 않다. 피할 수 없는 비에 젖어 날갯짓이 지독하게도 버겁다.

나는 지금, 여기에 살면서도 치타공 힐트랙의 숲과 바람과 숨이 그리워 몸살을 겪는다. 우리 아이들은 '바르기'처럼 어느 하나의 경계에 갇히지 않는 자유로운 삶을 원할 것이다. 점점 생각이 깊어간다.

19번째 보이사비 축제에는 여느 때보다 더 많은 손님이 찾아주었다. 시민단체의 활동가, 연구자, 지역 주민, 정치인들까지 그동안 재한줌머인연대와 관계 맺은 사람들이 축하의 인사말을 나눠주었다. 한 사람 한 사람 소개했다. 그중에는 난민 인권에 대해 함께 이야기를 나누고 함께 고민했던 사람들, 난민인 내가 정치적 주체로 살아가도록 응원하고 지지해 준 사람들이 있다. 특히 최재훈, 오경석, 박상희… '존중'이라는 게 무엇인지를 몸소 보여준 이들의 이름을 부를 때는 무대 위의 긴장감도 잠시 잊을 만큼 뭉클했다.

또 한 명의 특별한 손님은 라자 데바시쉬 로이 왕이다. 그는 1977년 차크마 왕chief으로 취임한 이후 현재까지 유엔과 여러 국제기구에서 선주민의 권리와 인권, 지속 가능한 발전, 평화와 관련된 문제를 국제사회가 어떻게 해결해 나가야 하는지에 대해 논의를 이끌어 온 지도자이자 전문가이다. 치타공 힐트랙 선주민의 권리와 관련된 주요 사건들에 참여한 변호사이기도 하다. 방글라데시 정부에서 부여한 지위는 '족장'이지만 차크마족에게는 '왕'이기 때문에 그의 한국 방문은 특별한 의미가 있다. 그는 줌머 2세들에게 민족의 뿌리를 느끼게 하고 싶다며 이번 보이사비에 맞춰 한국에 왔다. 강당 안의 사람들이 모두 일어나서 큰 박수로 라자 데바시쉬 로이 왕을 맞았다.

나는 라자 데바시쉬 로이 왕이 중립적이라고 생각한다. 줌머가 방글라데시 군대와 무장투쟁을 하던 시기에도 그는 아무런 의견 표명을 하지 않았다. 다만 인권운동가로서 큰 그림을 그린다. 작사·작곡을 하는 음악인이기도 하다. 1986년부터 많은 줌머인이 인도로 떠나던 시기, 치타공 힐트랙에는 정적이 흘렀었다. 특히 그 시기에 마이니 계곡Mainee Vally 7)에 위치한 디기날라 지역Dighinala Subdistrict은 방글라데시 군인과 벵골 정착민에 의해 가장 큰 피해가 발생한 지역이었다. 그 지역 수만 명의 줌머인은 그 이후로도 1997년 평화협정이 체결될 때까지 수년간 인도 트리푸라주로 떠나서 난민으로 살아야 했다. 사람이 떠난 디기날라 지역은 새소리조차 듣기 어려울 만큼 자연도 죽은 듯 고요했다. 그때 그곳에 다녀온 라자 데바시쉬 로이 왕은 랑가마티Rangamati 왕궁으로 돌아와서 비탄스런 마음으로 노래를 불렀다.

"예전에 다니던 이 길을 나 혼자 걸어간다. 사람들이 모두 어디로 갔느냐, 새소리도 들리지 않는다. 그들이 언제 돌아와서 우리와 함께 비쥬 명절 음식을 먹을 수 있을까. 같이 즐길 사람이 없구나. 고향을 떠난 수만명의 사람이 얼마나 고생할까. 비쥬가 왔는데 그들이 너무 보고 싶다."

왕은 줌머인의 삶을 노래로 많이 불렀다. 줌머인이라면 한 번쯤은 불러봤을 '랑가마티의 꿈'이라는 노래도 지었다. 그리고 잘 기억나지는 않지만 "해가 넘어갔다. 하루 종일 일하고 귀가한 나, 이조르8)에 앉아 하늘의 별을 본다." 아마 이런 가사였던 것 같은데, 주로 서민들의 삶을 노래한 왕은 분명 인도주의자다.

'라자 데바시쉬 로이' 차크마 왕(우)과 로넬(좌).
"문화적 공통점 때문인지 줌머인은 대한민국 사회에 빨리 적응해 가는 것 같다. 역사적으로 봤을 때 차크마족은
환경 수용적이다. 도시로 가든, 농어촌으로 가든 잘 살아남는다. 그래서 너무 빨리 새로운 환경에 동화되는 것이
아닌가 하는 우려도 생긴다. 줌머인 1세대의 경우 전통과 문화를 많이 알고 있지만 2세들의 경우에는 다를 수
있다. 음식문화나 전통행사를 유지하고 있지만 언어는 많이 약화되고 있다. 2세들이 얼마나 차크마어를 할 수
있는지 염려되는 부분이다. 인도적 활동가로서 지켜보면 정치적 권리를 넘어서 문화적 정체성이 상당히 위협받
고 있다고 생각한다. 이는 김포 줌머인 지도자의 역할과 책임이 크다는 것을 의미한다." (2023년 5월 2일. 김정아
기자, 라자 데바시쉬 로이 인터뷰 중) 사진: 김포신문.

　　"차크마 사회에서 말레야Maleya 관습은 지역사회 모든 구성원이 소외
된 사람이 필요로 하는 노동력과 자원을 서로 나눠서 돕는 것을 의무화하
고 있습니다."

　　왕은 보이사비 인사말에서 차크마 사회의 '말레야' 관습을 소개하면서
한국 정착과정에서 줌머 공동체 구성원 간에, 또 한국 지역사회와의 관

게에서 관용과 수용을 실천하는 모습이 인상적이었다고 했다.

말레야는 차크마족 용어이며 사회적 연대의 의미가 있는 말이다. 많이 가진 자와 덜 가진 자 모두 '말레야' 도움을 받을 수 있다. 마을에서 누군가 어려운 일을 겪었을 때 '말레야'를 요청하면 집마다 최소한 한 명이라도 무료로 노동력을 제공하거나 자원을 나눠주는 것이 사회적인 의무이다. 대가는 없으며, 단지 말레야 도움을 준 사람에게 감사한 마음으로 음식을 대접한다. 내가 어렸을 때 큰 태풍이 불어서 우리 집과 몇 집의 지붕이 날아간 일이 있는데, 그때 '말레야'를 불러서 단 하루 만에 고쳤던 기억이 있다. 어떤 부잣집은 장맛비를 대비하느라 '말레야'를 불러서 비 오기 전에 벼를 수확했던 일도 있었다.

왕이 행사 전날 도착해서 함께 이야기를 나눌 시간이 있었다. 주로 치타공 힐트랙 현지 소식이 많았다. 줌머 조직 간에 정치적 이념 차이로 갈등이 많고, 어제의 동지가 오늘 어느 계파에 속해 있는지에 따라 서로 대립 관계에 놓이는 것이 안타깝다고 했다. 재한줌머인연대 회원 역시 모두가 같은 정치적 이념을 가지고 있는 것은 아니다. 그래서 한국 방문을 앞두고 혹시나 그런 점들 때문에 '자신이 과연 한국에 가면 존중받을 수 있을까?'라는 고민을 했다고 한다. 하지만 이번 보이사비 축제에 왕이 온 것은 여러 가지 의미가 있다.

그동안 한국에서 보이사비를 준비할 때마다 재한줌머인연대 회원 간에 역할 비중이나 생각의 차이로 약간의 갈등이 있었다. 어쩌면 갈등이 없는 게 이상한 것일 수도 있다. 줌머 민족 안에 11개 소수민족은 문화적 차이가 있다. 개인적인 가치관, 정치적인 이념의 차이도 있다. 차크마가 다수라서 다른 민족이 상대적으로 소외감을 느끼는 경우도 많았을 것이다. 그런데 이번에는 다른 때보다 준비가 수월했다.

그 이유 중 하나는 줌머인에게는 상징적인 존재인 라자 데바시쉬 로이 왕이 왔기 때문이다. 어쩌면 이번 보이사비를 계기로 재한줌머인연대의 내부적인 갈등이 조금 극복됐을지 모른다. 왕이 이번 보이사비에 참석함으로써 재한줌머인연대와 치타공 힐트랙 현지와의 소통, 여러 나라에 흩어져 활동하고 있는 줌머인 간의 연대가 확장될 거라는 기대감 때문이다. 그 기대감은 재한줌머인연대의 결속과 관계 회복에 도움이 된다. 그리고 줌머 2세들에게도 줌머의 살아있는 역사를 보여주는 기회가 됐다는 것도 의미가 있었다.

줌머인과 지역사회의 관계가 예전보다 더 업그레이드된 측면도 있다. 예전에는 '난민'이라는 이유로 불쌍한 사람, 도움을 줘야 하는 사람으로 대하면서 '지원'을 먼저 떠올렸다면 이번 보이사비에서는 '함께 하기', '문화 나눔'을 통해 '연대'의 의미가 더 컸다.

"오늘 보이사비 시작할 때 한국의 전통공연과 줌머 민족의 전통공연이 함께 어우러지는 것을 보고 감동받았어요. 아마 전 세계 줌머인이 '왕이 한국에 가서 대접을 제대로 받았다'라고 할 겁니다."

왕은 진심으로 감동받은 듯했다. 그 말에 나도 기뻤다. 아직 갈 길이 멀지만 그동안 한국 시민사회와 연대하며 줌머인의 문화와 치타공 힐트랙 선주민들의 정치적 상황을 공유할 수 있었던 것에 자부심이 느껴졌다.

물론 왕과의 대화에서 유쾌한 이야기만 있었던 것은 아니다. 치타공 힐트랙 현지 소식은 암담했고, 앞으로 줌머 운동이 나아가야 할 방향에 대한 막막함으로 답답했다. 1997년 12월 2일 방글라데시 정부와 줌머 정당 PCJSS 사이에 맺은 불평등한 평화협정은 26년이 지난 현재까지 개선은커녕 그나마도 제대로 이행되지 않고 있고, 치타공 힐트랙 현지 줌머 운동 조직들 사이의 갈등은 생각보다 복잡하고 심각했다.

나는 왕과의 대화에서 현지 일부 줌머 운동 활동가들의 매너리즘을 안타깝게 느끼면서도 한국에서 진행하고 있는 줌머 운동 역시 점점 민족공동체 성격을 벗어나지 못하고 있는 것을 아프게 인정할 수밖에 없었다. 줌머 운동이 진보 없는 민족주의에만 갇혀 있는 한 확장될 수 없다고 생각하지만, 주류 민족에 의해 민족 정체성이 거부되고 핍박의 대상이 되는 소수민족의 입장에서 '민족주의'는 중요한 철학적 기반이 될 수밖에 없다고 생각한다. 민족이 분단된 한국의 통일 담론에서도 '민족주의'는 통일의 당위성을 함축하는 말이라고 생각한다. 배타적인 국수주의와 자민족 우월주의와는 분명 다른 것이다. 그럼에도 불구하고 마치 '민족주의'가 비합리적이고 진부한 것처럼 취급되는 부분에서 나는 혼란스럽다. '진보'와 '민족'이 상치하는 의미는 아니라고 생각한다.

나는 줌머 민족, 종교, 언어만이 아니라 전 세계 모든 시민들의 문화와 인권을 중요하다고 생각하기에 역설적이게도 줌머의 민족 정체성을 강조할 수밖에 없다. 내가 경계해야 할 것은 극단적인 민족주의이고, 줌머 운동이 경계해야 할 것은 조직 간의 패권적이고 분열적인 정치 논쟁이다.

나는 가끔 내가 얼마나 진정한 진보주의자인가를 나 자신에게 되묻곤 한다. 내가 원하는 세상은 다수든 소수든 힘에 지배받거나 한쪽으로 종속되지 않고 공존하는 것이다. 나는 나의 이념대로 흔들리지 않고 살아

나는 선주민인 것이 자랑스럽다

나는 자랑스럽다
indegenous라는 것이 자랑스럽다
나 자신과 조상들이 자랑스럽다
선주민은 울창한 숲을 지키고
그 위에 도시를 만들었다
초고층 빌딩이 즐비한 도시는
비도 없고 공기도 없고
새의 지저귐과 동물의 속삭임도 없다

나는 자랑스럽다
Hill man인 것이 자랑스럽다
나는 숲을 지키기 위해 싸우고
우리는 여전히 숲에서 야생동물과 공존한다

나는 자랑스럽다
highlander인 것이 자랑스럽다
나는 골퍼를 위해 고원을 지키지 않는다
나는 물과 저수지를 지킨다
낚시를 즐기려는 게 아니다

나는 자랑스럽다
Jumma인 것이 매우 자랑스럽다
나는 줌을 재배해서
나의 최소한의 생존을 유지한다
대도시의 값비싼 집을 사서
즐기기 위해 돈을 계산하지 않는다

나는 내가 선주민인 것이 자랑스럽다
나는 현대화된 생활을 즐기지 않는다
세상의 흐름에 따라
최소한의 생존을 위해 산다

2016년 8월 9일, 세계 선주민의 날에 로넬

갈 수 있을까? 흔들리지 않고 산다는 것은 과연 가능한 일이긴 할까? 혹시 나는 치타공 힐트랙, 아니 차크마의 자치와 평화만을 생각하는 속 좁은 민족주의자가 아니었을까? 나의 종교만이 옳다는 생각으로 다른 종교를 혐오하지는 않았던가? 나는 혹시 사람들 사이의 공허한 논쟁에 끼어 안일해지는 삶을 포장, 혹은 합리화하려는 마음이 전혀 없었던가…?

무거운 생각들이 스쳐 지나가는 사이 보이사비 공연과 기념식이 끝나고, 사람들이 회관 밖에 마련된 공간에서 음식을 나눈다. 줌머 가족들이 레자 데바시쉬 로이 왕과 사진을 찍고, 아이들도 왕과 눈도장을 찍으며 까르르 웃는다. 여느 때보다도 더 활기차다.

치타공 힐트랙은 여기서 멀고 먼 곳이고, 그곳의 평화는 아직 요원하지만, 나의 그리움 속 초록 언덕, 강물, 꽃, 바람은 여전히 아름답고 평화롭다. 올해 보이사비는 오랜만에 래잉 소리가 들려오는 듯하다.

여섯 번 바뀐 이름

주민등록증으로 보면 나는 1972년생, '이나니'이다. 사람들이 이름과 생일을 물으면 쉽게 대답하지 못할 때가 있다. 나의 이름과 생일에 얽힌 역사를 일일이 설명할 수 없기 때문이다.

태어나서 부모님이 지어주신 내 이름은 나니 고팔 차크마 Nani Gopal Chakma였다. 고팔 Gopal 은 '소를 키우는 사람'이라는 뜻으로 힌두교 신화의 크리스나^{Krishna} 신과 연관된 전형적인 힌두 문화식 이름이다. 크리스나 신은 힌두교에서 유명한 철학자이자 전사이고, 늘 피리를 불면서 수많은 소를 양육하던 신이라 '고팔'^{Gopal} 이라고도 불린다. 차크마 사람들은 불교도가 많지만 예전에는 차크마 중에 힌두교를 믿는 사람들도 있어서 그 이름이 이상하지 않았다. 나의 할머니도 차크마 사람이지만 힌두교였고, 할아버지 때 학교 책에는 인도의 마하바라트^{Mahabharat} 같은 힌두교 신들에 관한 이야기가 많았다고 한다. 내가 아주 어렸을 때 마을에 힌두 사원도 있었다. 하지만 세월이 지나면서 불교도인 차크마 사회나 이슬람교를 믿는 방글라데시에서 뿌리 깊은 힌두식 이름이 고리타분하고 이상한 이름 취급을 받게 됐다. 그 이름 때문에 난 친구들에게 놀림을 당하곤 했다. 그래서 그 이름이 참 싫었다.

주로 불교를 믿는 차크마, 마르마, 탄창가 마을에는 어딜 가나 사찰이 있다. 마을공동체가 사찰의 운영비를 부담하고, 사람들은 원하는 승려를 주지 스님으로 모신다. 우리 마을의 주지 스님은 우리 형제들을 늘 귀여워했던 기억이 있다. 어느 날 마을의 주지 스님이 집에 오셨다.

"네 이름은 이제부터 고팔이 아니라 둘랄이다."

주지 스님은 내 이름을 '둘랄'^{Dulal} 이라고 바꿔주었다. '둘랄'은 '소중하고 귀여운 아들'이라는 뜻이다. 그때 왜 내 이름을 그렇게 바꾸라고 했는지는 잘 모르지만 이름 때문에 더는 놀림을 당하지 않아도 된다는 게 마냥 좋았다.

차크마 사람들은 스스로 부처의 후손이라고 생각한다. 그래서 고팀^{Goutam}, 아난다^{Ananda}, 마하남^{Mahanam}, 싯다르타^{Siddhartha}처럼 불교와

관련된 이름이 많다. 그리고 대부분 이름 끝에 차크마^{Chakma}를 성(姓)으로 쓴다. 물론 이름 가운데에 성을 쓰는 경우도 더러 있다. '차크마'라고 붙이지 않는 경우는 드완^{Dewan}, 타룩다르^{Talukdar}, 키사^{Khisa}와 같이 계층을 의미하는 성을 쓰는 사람도 있다. 예전에는 성을 차크마로 쓰지 않는 것에 불만을 가진 사람들이 있어서 왕도 잠시 이름 앞에 차크마를 붙인 적도 있었다. 그런데 한 형제여도 사실은 성을 김씨, 이씨를 쓰는 것처럼 다르게 쓰는 경우도 있다.

초등학교 고학년쯤이던 어느 날은 샨티바히니 지도자였던 분이 우리 집에 오셨다. 그분은 판차리 고등학교 교감 선생님이었는데 평화군에 입대해서 존경받는 평화군 지도자로 활동했다.

"나니 둘랄, 이리 와봐."

난 교감 선생님 앞으로 가서 앉았다.

"둘랄, 넌 벵골 사람이 아니잖아. 그런데 왜 이름이… 공책 가져 와 봐!"

뭔가 잘못해서 야단맞는 것 같은 기분이었다. 이유도 모른 채 공책을 가지고 교감 선생님 앞에 다시 앉았다. 교감 선생님은 공책에다가 로넬^{Ronel}이라고 썼다.

"지금부터 네 이름은 로넬이다!"

교감 선생님은 웃으면서 내 이름을 로넬이라고 불렀다. 그때 우리 마을에는 전기가 안 들어왔고 당연히 텔레비전도 없었다. 대신 집마다 내셔널 파나소닉 라디오가 있었고, 부잣집은 크고 녹음기능이 있는 라디오가 있었다. 저녁 시간이면 이웃집 사람들이 함께 모여서 벵골어로 방송하는 BBC 방송을 함께 들었다. 어른들은 국제뉴스를 들으면서 세상 돌아가는 이야기로 분위기가 후끈 달아올랐다.

특히 당시 국제뉴스에 로널드 레이건 미국 대통령 이야기나 미국과 소련의 냉전 이야기가 많이 나올 때였다. 나는 초등학교 고학년일 때여서 정확한 내용은 몰라도 어른들 틈에 끼어서 이야기 듣는 것이 꽤 흥미로웠다. 가끔 평화군 지도자가 하는 연설을 듣거나 평화군이 배포하던 전단지를 읽어보기도 했다. 평화군의 이야기에는 중국의 문화 혁명과 미국을 상대로 치른 베트남의 독립전쟁에 대한 것이 많았다.

지금 생각해보면 그때 진보주의자였던 교감 선생님이 미국의 대통령을 좋아할 리 없었을 텐데 왜 나의 이름을 로넬이라고 바꿔 불렀는지 사실 그 이유를 모르겠다. 아무튼 그때 교감 선생님은 레이건 대통령 이야기를 하면서 나의 이름을 그렇게 바꿔 불렀다. 나는 어린 마음에 뉴스에서 듣던 유명한 사람하고 비슷한 이름을 갖게 된 것이 기분 나쁘지는 않았다. 나는 레이건의 사진을 어렵게 구해서 가끔씩 그 사진을 들여다보면서 속으로 '내가 이런 사람이다'라고 생각하면서 뿌듯해했다. 지금 이름 로넬이 그때 지어졌다. 그때는 이름을 바꾸면 법적으로 어디에 신고하는 게 아니라 그냥 학교에 가서 선생님께 말만 하면 바로 변경됐다. 그때 성을 가운데 써서 로넬 차크마 나니 Ronel Chakma Nani 로 했다.

내 이름은 그 이후에도 몇 번 더 바뀌었다. 한국 입국할 때 여권 이름은 로넬 차크마 나니였다. 그런데 2004년에 난민 인정받고 외국인등록증만들 때 출입국사무소 직원이 내 영어 이름의 끝이 '성'이라고 생각하고 '나니'를 성으로 잘못 알고 '나니 차크마 로넬'이라고 썼다. 그때 나는 한국식 이름 표기법을 잘 몰랐기 때문에 그냥 넘겼다. 그때 나의 성이 '차크마'에서 '나니'로 바뀐 것이다.

그리고 2009년 귀화 신청할 때 신청서에 '차크마 나니 로넬'이라고 썼다. 한국식 이름은 성을 맨 앞에 쓴다는 것을 알았기 때문에 나름 정정해서 썼다. 이름 때문에 재미있는 일도 있었다. 가끔 공공기관에 가면 직원들이 나를 '차' 씨, '크마' 씨라고 불렀다. 또 어떤 사람은 나의 성을 '나니'라고 생각하고 '나니' 씨라고 부르는 사람도 있었다. 한국 사람은 이름 석 자 쓰는 게 간단하다고 생각하지만 나는 꽤 복잡했다. 나의 고향에서는 이름 표기가 어렵거나 중요한 문제가 아니므로 그냥 웃어넘겼다.

귀화 신청하고 2년 후에 국적이 변경됐지만 내 이름으로 사는 것이 쉽지 않았다. 아이티(IT) 강국이지만 실명 인증이 안 돼서 휴대전화 개설조차 어려웠다. 누군가 직접적인 압박을 주지 않았지만 귀화자가 개명하지 않는 것에 대해 불편한 시선이 느껴졌다. 귀화하고 또 몇 년 지나 2015년에 결국 개명하기로 했다. 개명하기 위해 가정법원에 갔다.

"성이 뭐예요?"

"이씨입니다."

"어디 이씨예요?"

거기서 걸렸다. 정확히 무엇을 묻는지 알 수 없었다.

"김포 이씨입니다."

지역을 묻는 말이라고 이해하고 순간적으로 튀어나온 말이었다. 얼떨결에 본관을 김포로 하는 이씨로 창성 창본을 했다. 서류에 이름 석 자를 썼다.

'이나니.'

김포에서 내 인생의 절반 이상을 살았으니 지금은 자연스럽지만, 처음에는 '이나니'의 주민등록증이 내 것이 아닌 것만 같았다. 차크마인 내가 창성 창본해서 김포 이씨 성을 자손들에게 계속 물려준다는 생각에 갈등도 많았다. 이름을 새로 지었지만 사람들은 나를 로넬이라고 부른다. 그래서 어딜 가서 나를 소개할 때는 '김포 이씨 이나니, 로넬 차크마'라고 말한다. 이름이 여섯 번이나 바뀐 셈이다. 하지만 나를 아는 사람들은 지금도 대부분 '로넬'이라고 부른다.

68년 혹은 69년생

한국에서는 몇 년 생이냐고 묻는 사람이 많다. 그냥 주민등록증에 적힌 대로 72년생이라고 말할 때도 있다. 그런데 실제 내 생일은 1968년, 혹은 1969년쯤이다. 내가 태어나던 해를 정확하게 기억하지 못하는 건 우리 고향에서는 자연스러운 일이다. 그때 고향 사람들은 큰 사건을 기준으로 생일과 같은 특별한 날짜를 짐작한다. 가령 우리 아버지 생일은 일본과 중국이 전쟁하던 때였다는 식이다. 내 생일이 그쯤일 거라고 짐작하는 건 캅타이 댐으로 인해 부모님이 사시던 마을이 완전히 수몰되어 대부분의 마을 사람들이 랑가마티에서 다른 지역으로 이주했던 사건 때문이다.

1957~1962년에 랑가마티의 카르나풀리강Karnaphuli River에 캅타이

Kaptai 수력댐이 건설됐다. 댐이 완공되던 해에 4만 명의 줌머인이 인도로, 2만 명은 미얀마로 이주했다. 완공된 후 몇 년이 더 지난 1967년쯤 그 지역의 토지와 농경지 수천 헥타르[9]가 완전 수몰됐다. 당시 파키스탄 정부는 치타공 힐트랙 선주민의 이주에 대한 어떤 계획도 수립하지 않고 댐 건설을 강행했다. 카르나풀리강 주변에는 꽤 넓은 비옥한 농지가 있었지만 댐 건설로 농지의 절반이 수몰됐다. 그래서 그때 그 지역에 살던 선주민의 25퍼센트인 10만 명 이상이 삶의 터전을 잃고 고향을 떠나 다른 곳으로 이주해야 했다. 캅타이 댐은 치타공 힐트랙 선주민들에게 거의 이익이 되지 않았고, 오히려 주변화와 경제적인 궁핍을 가속화했다. 선주민들의 토지에서 생산되는 천연자원에 대한 소유권도 박탈당했다.

나의 작은형은 그때 태어났고, 나는 우리 가족이 이주한 다음 해에 태어났기 때문에 68년쯤일 거라고 짐작하는 거다. 조상 대대로 농사를 지으면서 살던 랑가마티에서 어쩔 수 없이 떠나야 했던 건 우리 가족만이 아니라 이웃들에게도 큰 사건이었기에 나이조차 그때를 기준으로 몇 년 전, 몇 년 후로 계산하곤 했다.

치타공 힐트랙은 '치타공 시'와 다른 곳이다. 치타공 힐트랙은 중앙이 랑가마티, 북쪽은 카그라차리, 남쪽은 반다르반인데, 캅타이 댐이 랑가마티 카르나풀리강에 세워지면서 랑가마티에 살던 사람들은 대부분 북쪽 카그라차리 지역으로 이주했다. 우리 가족이 이사한 곳은 카그라차리 내 판차리[Panchari]이다. 판차리는 정글이었고, 이미 차크마족이 씨족공동체를 이루며 살고 있었다. 사람들은 이주하기 전에 살던 사람을 '구주민', 새로 이주한 사람들을 '신주민' 식으로 불렀다. 이주한 당시는 대부분

주인 없는 땅이어서 정부가 가족당 기준을 정해 경작을 하도록 했으며 나중에 등록하는 경우가 많았다.

판차리는 치타공 힐트랙의 가장 북쪽에 위치하며 인도 트리푸라 주와 국경을 마주하고 있다. 판차리에는 남쪽으로 흐르는 쳉기강Chengi River 이 있는데, 양쪽으로는 긴 산맥이 정글을 이루고 있고, 그 사이로 강이 흐르면서 협곡을 만들어냈다. 판차리 중앙에는 축구장 수십 개 크기만 한 아주 넓고 평평한 미르지빌Mirjibil이라는 평야가 있는데, 미르지빌의 북쪽 언덕 위에 우리 마을이 있다. 빌bil은 원래 저수지 또는 거대한 연못을 의미하고, 예전에는 미르지빌이 물속에서 사는 식물인 맹그로브 숲이었다. 아마도 캅타이 댐 건설로 사람들이 판차리로 이주하면서 농지로 바뀌었을 것이다.

우리 마을은 언덕 높은 곳에 있어서 마을에서 주변 마을을 한눈에 볼수 있고, 카그라차리 시내에서 판차리 시내까지 연결된 비포장도로로 위로 오가는 차량과 사람을 구경할 수 있었다. 내가 초등학교 저학년이었을 때 그 비포장도로는 주로 사람들이 오고 가는 길이었지만 그 이후 언젠가부터 군인 차량이 늘 지나다녔고, 아침과 오후 4~5시쯤은 대중교통으로 사용하는 지프들이 지나다녔다.

나와 친구들은 주말에 수업이 없을 때나 학교 수업이 끝나고 집으로 돌아오면 모여서 언덕 아래 도로로 지나가는 차와 사람을 구경했다. 가끔은 군인들이 차에서 내려 미르지빌로 막 뛰어가는 것을 보기도 했다. 군인들은 도로 편에 있는 마을에는 마음대로 들어가서 사람들을 괴롭혔지만, 우리 마을에는 함부로 들어오지 않았다. 아마 우리 마을에는 항상

치타공 힐트랙(CHT)지도. 치타공 힐트랙은 카그라차리, 랑가마티, 반다르반으로 구성되었으며, 왼쪽의 치타공 시(Chittagong)와 다른 지역이다.

'샨티바히니'Shanti Bahinee 평화군이 있을 거라고 생각했기 때문인 것 같았다. 샨티바히니는 치타공 힐트랙 선주민인 줌머 정당 PCJSS 산하 무장 조직이다. 실제로 샨티바히니는 무장한 채로 마을에 머물다 가곤 했다.

나의 고향, 치타공 힐트랙

마을에서 학교까지 가려면 광활한 미르지빌 농지를 가로질러 한 시간쯤 걸어야만 했다. 그 길은 온통 숲이고, 논밭이었다. 나는 어려서부터 그 자연 속에서 즐기는 법을 배웠다. 나는 지금도 그때의 기억이 평화롭다. 챙기강과 랑가파니 차라 하천은 우리들의 자연 수영장이었다. 판차리의 울창한 숲속에는 온갖 야생 과일이 흔했고, 계곡도 많아서 곳곳이 아이들의 놀이터였다. 학교 갔다 집으로 오는 길에 집으로 가지 않고, 우리는 으레 바로 논밭으로 가거나 산길을 타고 숲으로 가서 거대한 블랙베리 나무에 올라가서 열매를 따 먹었다.

숲속에는 어른 팔뚝보다도 긴 열매가 있었는데, 그 안에는 손바닥보다도 큰 '길라 Ghila'라는 콩이 여러 개 들어 있다. 난 그것을 와일드 몬스터 빈 Wild monster bean이라고 이름을 붙였다. 아이들은 그 콩을 가지고 놀이를 했고, 어른들은 약재로 쓰기도 했다. 꽃이 우산만큼 큰데 그 꽃을 본 사람은 없다고 한다. 옛날에 차크마 사람 중에 칼린디 Kalindi 10)가 있었는

CHT 줌머 아이들 학교 가는 길. 사진: 탄드라 차크마(Tandra Chakma)

데, 원래는 서민 출신이었지만 길라꽃을 본 후에 왕비가 됐고, 왕 사후에 여왕이 됐다는 이야기가 있었다. 그래서 나도 숲을 지날 때마다 그 꽃을 보려고 두리번거렸다. 상상하는 것을 즐겼던 나는 만약 내가 길라꽃을 보고 왕이 된다면 무엇을 할지 상상하곤 했다. 진짜 꽃이 있기라도 하듯이 나는 꽃을 보는 상상을 하며 '왕이 되고 싶다'라고 생각했다. 왕이 돼서 힘이 생기면 좋겠다고 생각했다. 내가 왕이 된다면 어머니와 아버지도 행복하고 형들도 원하는 공부를 실컷 하고 샨티바히니 평화군도 마을 사람들도 아무 일 없이 평화롭게 살게 할 거라고 꿈을 꿨다. 그런 꿈을 상상하면 되게 행복했다.

그때는 워낙 가난해서 집에 밥만 있으면 반찬 없어도 다행이라고 여기던 시절이었기에 야생 과일은 소중한 간식이었다. 집마다 잭푸르트, 망고, 리치 등 과일나무가 많았는데 주인의 허락이 없어도 누구나 배부르게 따먹을 수 있었다. 실제로는 주인이 있는 과일나무지만 마을 안에서는 과일나무를 공동 소유처럼 여길 만큼 모두에게 개방됐다. 그런데 가끔 사고가 발생한 적도 있었다. 어느 여름날 학교에 안 가는 공휴일이었는데 친구들하고 같이 마을에서 맛있기로 소문난 그린망고를 따기 위해 나무 위로 올라갔다. 네 명이었던 것으로 기억되는데 그중 한 명이 망고나무에서 실수로 떨어졌다. 다행히 나뭇가지에 걸려 땅에 떨어지지는 않았지만 몇 분간 정신을 잃었었다. 그린망고 나무가 엄청나게 크고 높았기 때문에 만약 땅에 떨어졌다면 그 친구를 이후로 영영 못 볼 뻔했다. 떨어지면서 몸 여기저기에 상처가 나긴 했다. 그 친구 엄마가 달려와서 큰 소리로 울던 기억이 지금도 생생하다.

또 한번은 초등학교 3학년 때쯤, 어느 날 친구 세 명이랑 같이 교실에 들어가지 않고 학교 옆 마을에 가서 과일을 따면서 놀기로 했다. '옷텔'이라는 과일나무는 일반 과일나무보다 두세 배 정도 높아서 나무에 올라가야 과일을 딸 수 있었는데 올라가기가 쉽지 않았다. 우리 셋 중에서 공부는 가장 못했지만, 우리보다 나이가 많고 키도 크고 몸도 튼튼한 텡가 Tenga가 올라가기로 했다. 그 친구는 형처럼 늘 우리를 잘 챙겨줬고, 무슨 일이 있으면 앞장서서 해결했다. 그날도 텡가가 과일나무 위로 올라가서 나무를 흔들어주면 나와 다른 친구는 나무 아래에서 과일을 주워 담았다. 그런데 텡가가 나무 위쪽 가지를 붙잡고 발로 아래 나뭇가지를 툭툭 치면서 흔들다가 발아래 나뭇가지가 부러지는 바람에 손에 잡고 있던

Hille adhikkye swabone dekkhyong
어제 갑자기 꿈을 꾸었네

Hille adhikkye swabone dekkhyong puron Rangamattye
어제 갑자기 옛날 랑가마티 꿈을 꾸었다

tuttya boiyar bai~ simehi tulo uri zai~
거친 바람이 불고~ 카폭나무(Kapuk: cotton tree)의 솜이 날고

swabone dekkhyong borgang-oh par!
보르 강변 꿈을 꾸었다

vajei uttye bhuiyani~ vajei uttye goran mor~
농토가 물 위로 떠오르고~ 나의 집도 떠올랐다

Chigon hallye somajjegun balu charat hara ohdon~
어린 시절 친구들이 모래 위에서 놀고 있었다

Bana degong swabonot~ Bana degong swabonot
자꾸 꿈을 꾼다~ 자꾸 꿈을 꾼다

Bargee pekkun urijadon~ Todekkune dhan hadon
바르기 새들이 날아가고~ 앵무새들이 논에서 벼를 먹고

Mide-mide rodot boine hogilune geet gadhon
달콤한 햇살을 받으며 뻐꾸기들이 노래를 하는구나

Bana degong swabonot~ Bana degong swabonot
자꾸 꿈을 꾼다~ 자꾸 꿈을 꾼다

라자 데바시쉬 로이(Raja Devasish Roy)

치타공 힐트랙 자연과 줌 농사를 짓고 있는 모습. 사진: 안빌 차크마(Anvil Chakma)

가지에 자벌레처럼 간신히 매달리게 됐다. 아마 나였다면 팔 힘이 빠져서 땅에 떨어졌을 텐데 텡가는 그나마 몸이 튼튼해서 잘 버텼다. 다행히 다른 가지로 발을 옮겨서 내려왔다. 정말 아찔한 순간이었다.

초등학교 때는 마을 사람 모두가 먹을 것이 많지는 않았지만 어딜 가나 과일을 흔하게 따먹을 수 있었기 때문에 그나마 영양이 부족하지는 않았던 것 같다. 매주 일요일이면 마을에 장이 섰는데 내가 그날을 기다리는 특별한 이유가 있었다. 장이 서는 날에만 먹을 수 있었던 벨라 비스켓 때문이었다.

벨라 비스켓은 엄청 딱딱해서 한 개를 먹어도 입안이 다 헐어질 정도였지만 그 맛은 천상의 맛이었다. 지금도 나는 그 냄새와 맛을 기억한다. 학교에서는 유니세프에서 보내준 우윳가루를 가끔 나눠줬는데, 우리는 공책 한 장을 찢어서 고깔 모양으로 똘똘 말아 줄을 서서 가루를 받았다. 그리고는 참지 못하고 우윳가루를 받자마자 바로 그 자리에서 입에 털어 넣었다. 나뿐만 아니라 목에 가루가 걸려서 숨이 막혀서 고생했던 기억이 누구에게나 있다.

1971년에 방글라데시가 독립한 후 정부가 제대로 관리를 못 해서 사람들이 식량을 구할 수 없었던 데다 1974년엔 홍수로 인해 대기근까지 겹치면서 방글라데시에서 150만 명 정도가 사망했다. 국가에서 식량이 없어서 마을에 통밀을 그대로 나눠주면, 재래식 방앗간에 가져가 빻아서 '로티'라는 빵을 만들어 먹었다. 빵이 주식이 아니었기 때문에 늘 배가 고팠지만 어린 마음엔 로티를 간식처럼 먹고 좋아했다. "산에 가면 산마를 캐서 생긴 흙 구멍밖에 없다."라는 노래 가사가 있을 정도로 먹을 것이 귀했던 시절에 마을 사람들은 산에 가서 산마를 캐서 먹었다. "아내가 옷을 사달라고 하고, 아이들은 밥을 달라네. 산에 가면 산마를 파낸 구멍밖에는 안 보이네."라는 노래 가사도 있었다. 대나무가 많은 지역이어서 죽순도 많이 먹었는데 하도 죽순을 많이 먹어서 "죽순만 먹어서 머리카락이 빠진다."라는 말도 있었다. 여자들은 밥 대신 밀을 너무 많이 먹어서 살이 찐다는 말도 많이 했다.

그때는 1킬로그램 쌀값이 1타카 정도였는데, 소금을 구하기가 어려워서 소금값이 16타카 정도로 비쌌다. 이런 현상은 모두 대기근 이후로 생긴 일이다. 대기근으로 사람들의 마음도 함께 피폐해졌는데, 방글라데시 정부가 1977년부터 1979년 사이 벵골인 약 40만 명을 치타공 힐트랙으로 이주시키는 바람에 갈등이 깊었다. 살아내는 것 자체가 힘들었던 그때 하루 세 끼를 먹는 사람은 거의 없었다. 지금도 당시 대기근을 경험했던 사람들은 "우리가 두 끼만 먹고 살았던 사람이다."라고 할 정도로 힘든 시기였다.

쓰고 읽을 수 없는 차크마어

학교에서는 벵골어로 공부를 했지만 나와 친구들은 차크마어로 놀고, 차크마어로 꿈을 꾸었다. 마을에 학원 같은 건 없었고, 마을 형들이 아이들을 모아서 방과 후 공부를 시켜주었다. 책을 구하기가 쉽지 않아서 책 공부가 끝나면 아래 동생이나 후배들에게 물려주었다. 벵골어 교과서로 진행되는 학교 수업은 늘 어렵고 재미없었다. 우리에게 벵골어는 우리를 억압하는 지배자의 언어였고, 우리가 배우는 교과서는 지배자의 역사였다. 줌머 언어를 가르치는 학교는 없었다. 그래서 우리는 우리의 언어인 줌머어를 쓰고 읽는 것이 어렵다.

치타공 힐트랙이 영국의 완전한 지배하에 들어가고 벵골 지역이 영국 인도령으로 이양되었던 1880년 무렵부터 벵골어가 공식 언어가 됐다. 그래도 영국 식민지 때 학교에서 차크마어를 가르쳤다고 이웃집 할아버지한테 전해 들은 적이 있다. 1947년 영국 식민지가 끝날 때 치타공 힐트랙에는 차크마 왕이 농사를 위해서 데려온 벵골인이 2퍼센트 정도밖에 되지 않았다. 학교에는 벵골 선생님 한 명을 제외하고는 대부분 차크마 선생님이었고, 강의가 차크마어로 진행되었기 때문에 할아버지 세대들은 차크마어를 쓰고 읽을 수 있다. 우리 세대는 물론이고 부모 세대들도 차크마어로 말을 하지만 쓰고 읽는 것은 어렵다.

장의사나 전통요법 치료사, 무속인은 그래도 차크마어를 사용할 줄 알았다. 우리 마을에 전통 민간요법 치료사 할아버지 한 분이 계셨다. 할아버지는 늘 법문을 읽는 것으로 치료를 시작했다. 법문은 손으로 쓴 차크마어로 되어 있어서 차크마어를 알아야만 했다. 현재 젊은 사람 중에도 약재를 사용하는 민간요법 치료사인 보잇도 boidya가 있는데, 그들 역시 필수로 차크마어를 읽고 쓸 줄 알아야 한다.

내가 어릴 때는 고향에 병원이라곤 작은 국립병원 하나뿐이어서 사람들이 아플 때는 거의 전통요법 치료사 할아버지가 오셔서 차크마어로 된 치료 법문을 읽어주거나 숲속에서 약재를 가져다 먹였다. 그래도 병이 낫지 않으면 치료사 할아버지가 전통 방식으로 차크마어 치유 법문을 낭독하면서 신에게 닭을 바치는 의식도 치러줬다. 병원은 마지막으로 죽기 직전에 갔다. 그때 우리는 샤머니즘 방식으로 치러지는 전통요법을 많이 신뢰했던 것 같다.

세대가 바뀌었음에도 차크마어가 보전된 데에는 차크마족의 불교 종파 중 하나인 루리 Luhri 11)의 역할도 있다. 방글라데시 소승불교의 팔리어 pali 법문은 벵골어 글자로 번역되어 있고, 루리 불교 법문도 팔리어로 되어 있지만, 산스크리트어 법문은 차크마어로 되어 있다. 예전에는 루리 승려가 장례의식을 주도했기 때문에 차크마어를 읽을 수 있어야 했다.

우리는 일상생활에서는 차크마어로 말하고 들었지만 우리 세대와 자녀 세대는 차크마어를 읽고 쓸 줄은 모른다. 점점 모어를 유지하는 것이 어렵다. 인터넷에 올라오는 차크마 노래나 시 같은 작품도 차크마어 발음을 벵골어로 표기한 것들이다. 최근에는 방글라데시에 차크마어를 배우는 교사 동아리나 언어문화활동가들이 생겨서 차크마어로 된 자료 번역이 조금씩 가능해졌다.

방글라데시 교육부가 치타공 힐트랙 내 초등학교에서 차크마어, 트리푸라어, 마르마어 등 몇 개 언어를 배울 수 있도록 했다는데 실제 공식화되지는 않았다. 언어에는 민족의 철학과 문화가 있기 때문에 줌머 시민사회는 방글라데시 정부에 초등교육에서 각 민족의 모어를 배울 수 있도록 정책을 세우라고 요구하고 있지만 아직은 실현되지 않았다.

그동안 몇 번이나 차크마어를 배워야겠다는 생각이 들었지만 쉽지 않았다. 최근에도 내가 민족의 언어인 차크마어를 몰라서 안타까웠던 적이 있었다. 며칠 전에 나의 삼촌인 수릿 차크마Suhrid Chakma가 쓴 시집을 가까스로 찾았는데 삼촌의 시를 온전히 이해할 수 없었다. 처음엔 수릿 삼촌의 시집을 구하려고 여기저기에 수소문해 봤지만 구할 길이 없었다. 수릿 삼촌이 랑가마티 모노고르Moanoghar 학교 교사였기 때문에 혹시나 하는 마음으로 현재 모노고르 학교 교감 선생님인 친구에게 연락했다. 운 좋게 학교 도서관에서 책을 찾았다며 사진을 찍어 보내왔다. 하지만 내가 삼촌의 시를 이해하는 데는 한계가 있었다. 차크마 말이지만 벵골어 표기로 돼 있어서 먼저 음역을 한 뒤 다시 영어와 한국어로 번역해야 했다.

바르기

하디맛에
목화 꽃봉오리 핀 줌밭 위로
달빛이 쏟아질 때
황금빛 바르기 떼 날아간다
안개로 뒤덮인 치타공 언덕의 꿈처럼

언덕이 달빛에 젖어 드는 때
바르기 떼는 푸른 구름 위로 헤엄친다
사랑 충만한 삶의 보금자리 꿈꾸는
언덕 위 소녀의 떫은 가슴처럼

마투라 신의 뜻을 품고
푸른 구름 위를 가로질러
황금빛 바르기 날아가고
달빛에 젖은 푸른 언덕 위 추억을 따라
소녀의 가슴도 날아오른다

원작: 수릿 차크마(Suhrid Chakma)

번역: 로넬

* 하디맛(Hadimaz, 차크마어): 방글라데시 음력 8월.
* 마투라(Mathura)의 신: 인도 마투라 지역의 예술로 사람 형상을 한 신.

삼촌은 대학에서 벵골어 문학을 전공했고, 차크마어를 벵골어로 표기해서 시를 썼다. 삼촌의 시를 읽어볼 기회가 많지는 않았지만 신기하게도 삼촌이 사용하는 시어나 운율이 나의 시와 비슷했다. 당시 벵골 문학에도 시 형식이 있었지만 삼촌의 시는 운율이 없는 산문에 가까웠고, 은유적이고 추상적이었다. 아마 당시에 사람들은 삼촌의 시를 인정하지 않았던 것 같다. 시 형식을 지키지도 않았고, 차크마 시어를 사용했기 때문일 것이다. 삼촌은 1980년대 중반쯤 실종됐는데 아직 생사 여부를 알 수 없다. 삼촌의 시는 한참의 세월이 지난 뒤에야 유명해졌다.

나의 가족

나에겐 형이 두 명 있다. 원래는 내 아래 동생도 한 명 있었는데 아주 어릴 때 장염으로 고생하다가 약을 제대로 쓰지 못해서 일찍 죽었다. 방글라데시는 여름이면 30~40도가 넘는 더운 날씨라 위생 문제가 항상 있었다. 큰형은 우리랑 잘 어울리지 않았고, 늘 작은형과 나에게 무섭게 공부를 시켰다.

"공책 가져와, 수학 공부하자."

큰형이 공부하자고 하면 우리는 도망가고 싶을 만큼 싫어했지만 거부할 수가 없었다. 아마 내가 수학을 제일 못하는 과목이어서 더 싫어했던 것 같다. 큰형은 가난한 집의 큰아들이었기 때문에 동생들을 잘 가르쳐야 한다는 책임감을 가지고 있었다. 작은형과 나는 지금도 큰형을 무서워한다. 큰형은 공부를 잘했지만 가난 때문에 3년제 기능대학 의학과[12)]를 갔다. 큰형이 작년 4월에 작은 국립병원 원장으로 퇴직했으니 꽤 오랫동안 병원에서 근무했다.

작은형과 나는 죽이 잘 맞아서 마당에서 복싱이나 씨름을 하면서 놀았다. 작은형은 신체적으로 나보다 약했기 때문에 난 늘 작은형을 이겼다. 하지만 형이 일부러 져줄 때도 있었다. 난 10학년까지 거의 3등 정도의 성적이었지만 수학을 잘해서 늘 1등을 놓치지 않았던 작은형을 이길 수가 없었다. 작은형은 낚시도 잘했다. 낚시하러 가면 작은형이 여덟 마리를 잡을 동안 나는 작은 물고기 한 마리밖에 못 잡았다.

두 형은 현재 방글라데시 현지에 살고 있는데, 어릴 때부터 형들이랑 나는 정치적인 이념이 달랐고, 성인이 돼서도 각자의 처지가 달라서 사회 문제나 정치적인 이야기를 하는 건 늘 조심스럽고 힘들었다. 지금도 형들이랑 자주 연락은 하지만, 아이들은 잘 있는지, 하는 일이 잘 되고 있는지 하는 일상의 이야기만 한다. 나는 그것이 늘 아쉬웠지만 큰형은 가족을 책임져야 한다는 생각 때문에 정치적인 입장을 가지는 것을 조심스러워했고, 작은형도 공부 마치고 바로 공무원이 됐기 때문에 정치 이야기를 할 수 없는 상황을 이해해야만 했다. 생각해보면 형들이 가지는 책임감에 비해 나는 조금은 자유로운 입장이었다.

선택의 순간마다 나는 주로 부모님의 이념 영향을 많이 받았다. 내가 어렸을 때 아버지는 줌머 정당 PCJSS의 활동가였기 때문에 우리 집에는 정당 활동가들이 자주 왔다. 그들은 내가 어려서 잘 이해하지 못하는 이야기를 자주 들려줬다. 줌머인들이 왜 평화롭게 살지 못하게 됐는지, 왜 우리 줌머인들이 위험을 무릅쓰고 평화군 활동을 하는지에 대한 이야기였다. 어린 나이였지만 나는 그들의 이야기에 감동했고, 나도 그런 사람이 되고 싶다고 생각했다.

어머니는 평화군을 지원하기 위한 여성협회 'PCMS'Parbatya Chattagram Mahila Samity 13)의 초대 당원이었다. 1978년쯤, 당시 여성협회는 마을 여성을 상대로 샨티바히니 평화군을 지원하기 위해 닭 등의 가축을 키우고, 기금을 모으는 조직 활동을 했다. 마을 사람들 형편이 어렵다 보니 기금 모으는 일을 하는 어머니를 미워한 마을 사람도 있었다. 여성협회는 현재 여성들의 권리를 위해 다양한 정치적 활동을 하지만 어머니가 활동했던 초기에는 식량이나 기금을 모아서 샨티바히니 평화군을 지원하는 정도였던 거 같다.

1975년쯤 여성협회 창립 직후 사찰에서 평화군이 주도하는 활동가 간담회 때 엄마가 여성 대표로 발언하던 모습을 본 적이 있다. 그런데 친척들이 엄마가 여성협회 활동하는 것을 심하게 반대했다. 그때는 남성 중심 사회였기 때문에 여성들이 외부 사회 활동하는 것을 좋게 보지 않았다. 언젠가 친척들로부터 무슨 소리를 들었는지 어머니가 펑펑 울던 모습도 기억난다.

나를 포함해서 우리 3형제의 교육비와 생활비가 많이 필요할 때였지만 아버지가 월급을 받는 상황이 아니었기에 양말 하나 사는 것도 어려울 정도로 우리 집은 늘 가난했다. 시인인 수릿 차크마Suhrid Chakma 삼촌은 우리 마을로 자주 놀러 왔는데, 딸 부잣집인 친구 집에 놀러 갈 때 나를 데려가곤 했다. 하루는 그 집에 도착하자마자 마당에 풀어 놓은 강아지가 내 양말을 물어뜯어 크게 구멍이 났다. 우리 집 형편 때문에 구멍 난 양말을 보며 너무 속상해 하고 있는데, 수릿 삼촌이 나를 달래며 양말을 꿰매줬다. 우리 집 돼지가 죽었을 때도 수릿 삼촌이 시장에 가져다가 팔아줬던 기억이 난다. 가난했지만 내게는 가까이에 좋은 삼촌이 많았다.

정확하게 몇 살 때인지는 모르겠지만 1980년 바로 전인 건 분명하다. 이때 나는 엄마 뒤를 늘 졸졸 따라다닐 때였다. 지금도 잊지 못할 생생한 기억이 있다. 그때 또 다른 외삼촌이 우리 집에 5에이커(약 6천 평) 농지를 빌려줘서 아버지가 당 활동을 하면서 열심히 벼농사를 지었다. 외삼촌은 재미있는 사람이었다. 실제로도 부자였지만 자랑하길 좋아해서 과장되게 말하곤 했다. 우리 집은 친척 중에 가장 가난했다. 그런데 부모님은 우리 3형제한테 일을 시키지 않고, 공부하라고 했다.

"돈도 없으면서 자녀교육을 더 신경 쓰네!"

우리 집보다 더 잘 사는 집 아이들은 나이가 어려도 밭에 나가서 일하는 경우가 많아서 그랬는지 마을 사람들이 그렇게 흉보는 소리를 들은 적이 있다.

"그 사람들 거기 가만히 있으라고 해. 내가 돈을 그 사람들한테 던져서 깔려 죽게 할게. 돈벼락 맞아보라고 해!"

외삼촌은 마을 사람들이 우리 가족을 무시하는 걸 그렇게 위로해 주곤 했다. 외삼촌은 사탕수수 농장을 했는데 가루를 만들기 전 원액을 대량 생산했다. 같은 마을은 아니었지만 외삼촌 집에 가면 그 원액을 먹을 수 있어서 나는 그 집에 가길 좋아했다.

외삼촌이 내어 준 농지는 집에서 3킬로미터 정도 떨어진 곳이었지만 산과 숲을 지나가야 했기 때문에 아주 멀게 느껴졌다. 아버지는 논밭에 임시로 만든 대나무집에서 생활했다. 그곳은 우리 마을에서는 가까웠지만 타나(경찰서)Thana는 아주 먼 곳이었고, 마을도 집도 없었다. 아버지는 당시에 줌머 정당 소속 활동가였기 때문에 집에서 사는 것이 안전하지 않아서 농지가 있는 그곳에서 따로 살았다는 것을 나중에야 알게 됐다.

당시 마을에서 방글라데시 군인이 때때로 줌머 정당(PCJSS) 활동가와 샨티바히니 평화군 체포 작전을 수행했기 때문에 줌머 운동을 하던 활동가들은 항상 정글 속에서 숨어 살아야 했다. 난 조금 철이 들어서야 그때 아버지가 혼자서 얼마나 외로웠을까 하는 생각을 했다.

엄마가 아침마다 형을 학교로 보내고 아버지가 있는 밭으로 갈 때 나도 따라가곤 했다. 아침에 엄마를 따라서 맨발로 산길을 걸어가면서 야생동물을 마주하고, 새소리를 듣고, 가다가 야생 과일도 따 먹다가 어머니에게 빨리 걷지 않는다고 야단을 맞기도 했다. 아버지, 어머니가 밭에서 일할 때 나는 주로 수로에 내려가서 물놀이를 했다. 어쩌다 작은형이 함께 따라가는 날엔 어김없이 둘은 민물 금장어 낚시를 했다. 낚시하다가 거머리에게 물릴 때도 많았고, 작은형이 금장어를 계속 잡아 올릴 때마다 한 마리도 못 잡은 나는 약이 오르기 일쑤였다. 그래도 형이랑 그렇게 낚시하는 일이 즐거웠다.

아버지가 그곳에서 농사를 지은 지 2년쯤 됐을 즈음 방글라데시 군인들에게 아버지 거처가 들통났다. 햇볕이 뜨겁게 내리쬐던 어느 날, 아버지가 혼자 논밭에서 일하고 점심을 먹기 전에 우물에서 몸을 씻고 있을 때 갑자기 군인들이 나타났다. 군인들이 아버지 얼굴은 몰랐기 때문에 아버지에게 다가와 아버지의 이름을 부르면서 그 사람이 어디 있느냐고 물었다. 아버지는 침착하게 말은 하지 않고 손가락으로 대나무집을 가리켰다. 그리고 군인들이 대나무집으로 달려가는 사이에 아버지는 논밭을 가로질러 산으로 뛰어 달아났다.

"탕 탕 탕."

뒤늦게 눈치챈 군인들이 총을 쏘면서 아버지 뒤를 바짝 쫓아갔다. 총소리는 1분 가까이 계속됐다. 아버지를 쫓던 총소리는 수 킬로미터 떨어진 우리집에서도 아주 잘 들렸다. 당시 나는 어머니와 작은형이랑 집에 있었는데, 총소리를 듣고 직감적으로 아버지에게 무슨 일이 생겼다는 것을 알 수 있었다. 우리는 불안함과 걱정으로 군인들이 돌아가기를 기다렸다.

정부군에 죽을 뻔 했던 아버지

총소리가 그치고 한참 시간이 흐른 뒤에 우리는 아버지 밭으로 뛰어갔다. 눈물 흘릴 겨를도 없이 밭에서 아버지를 찾았다. 아버지가 죽었을 거라고 생각했기에 시신이라도 찾기 위해서 논밭을 샅샅이 뒤졌다. 아버지 흔적은 없었다. 그제야 눈물이 터졌다. 시신을 찾지 못한 우리는 울면서 다시 옆 산으로 올라가 또 한참을 찾았다. 그렇게 몇 시간이 지났던 것 같다. 아버지 시신조차 찾을 수 없다는 절망감에 넋을 놓고 있는데, 아버지가 우리 앞에 나타났다. 아버지를 다시 만났다는 게 꿈만 같았다.

그날 이후로 아버지는 수년 간 스스로 수배자처럼 몸을 사리고 살았다. 줌머 마을 안에서는 일상생활을 했지만, 시장이나 공공기관 같은 공개적인 장소는 가지 않았다. 우리 가족은 농사조차 지을 수 없었고, 생활은 더 힘들어졌다. 어머니는 이웃집 농장에서 일당으로 일했고, 우리 3형제는 우물에서 물을 길어오고, 숲에서 땔나무를 해다 집 마당 한쪽에 쌓았다. 형들과 나는 집에서 키운 잭푸르트와 망고 등 과일을 4~5킬로미터 떨어진 시장에 가서 파는 일도 했다.

그때는 샨티바히니가 줌머 여성들이 시장에 가는 것을 금지해서 어머니는 시장에 갈 수 없었다. 시장처럼 사람들이 많이 모이는 곳에서 일부 경찰, 군인, 일반 벵골인에 의해 줌머 여성들이 성희롱, 성폭행 등 비인간적인 일을 자주 당했기 때문이다. 물론 모든 지역에서 그런 것은 아니고 샨티바히니 통제지역에서 특히 그랬다.

당시 나는 초등학교 저학년이었는데, 아이들이 아버지의 손을 잡고 시장에 가는 것이 너무 부러웠다. 다른 친구들은 아버지랑 시장 구경을 하러 가는데, 우리 3형제는 무거운 과일 상자를 싣고 가서 팔고, 집으로 올 때는 일주일간 필요한 식용유 병이나 케로신 기름통, 식자재 등을 싣고 와야 했다.

치타공 힐트랙 대부분 지역에서 일요일마다 장을 열었고, 시장은 장날마다 축제 분위기였다. 돈을 주고 놀이기구도 탈 수 있었고, 공짜로 공연도 볼 수가 있었다. 장날에 시장에 가면 시장 안에 있던 힌두교 사원에서 노래와 춤 같은 종교의식을 구경할 수 있었다. 현재는 상인 대부분이 벵골 무슬림이지만 그때는 힌두교인 벵골인이 다수였다. 그들은 영국 식민지 때 이주한 사람들인데, 줌머인은 그들을 이주민으로 대하지 않았고, 사회문화적 갈등도 별로 없었다.

아버지는 가족을 위해 샨티바히니를 떠나야만 했다. 샨티바히니 평화군 조직은 군대와 비슷한 지하조직으로 줌머인의 후원금과 치타공 힐트랙 개발사업자로부터 걷은 세금[14]으로 운영되었기 때문에 활동가 월급이나 활동비를 챙겨줄 여력이 되지 않았다. 아버지는 가정을 돌보지 못한다는 것 때문에 늘 고민이 많았다고 들었다. 결국 아버지는 당 활동을 멈추고 농사에 전념했다.

아버지가 샨티바히니 활동을 그만둔 후에도 활동가들이 우리 집에 자주 왔다. 그들은 우리 가족과 함께 식사하거나 가끔은 나에게 비누, 치약 같은 생필품을 사오라고 심부름을 보냈다. 어쩌면 그래서 아버지가 활동을 관뒀지만 늘 경찰의 체포나 폭행의 두려움을 가지고 있었고, 공개장소에 가지 않았다. 실제로 한번은 아버지가 시장에서 체포된 일이 있었다. 다행히 지역에서 영향력 있던 먼 외삼촌의 도움으로 아버지가 밤늦게 풀려났다.

그때 나는 초등학교 5학년이었는데 늘 위협이 되는 정치적 상황은 우리 가족을 흩어지게 했다. 나는 일 년 후에 공부를 위해 걸어서 하루 정도 걸리는 디기날라 지역에 사는 먼 외삼촌집으로 갔다. 외삼촌은 디기날라에서 기숙형 학교를 운영하고 있었다. 큰형과 아버지는 랑가마티로 가서 아버지는 농사 대신 다른 일을 했고, 큰형은 학업에 매진했다. 엄마와 작은형은 집에 남았다. 우리 집에서 디기날라까지는 직선거리로 30~40킬로미터 정도였지만 남북으로 길게 뻗은 산을 건너가야 했기에 거의 하루가 걸렸다. 그때는 비포장도로로 지프차를 타고 가도 몇 시간 걸리는 거리였다. 6학년[15] 때라 부모를 떠나 그렇게 먼 곳으로 가는 것이 마음이 아팠다. 집을 떠나던 날 어머니가 억지로 눈물을 참던 모습이 아직도 생각난다. 가족이 그렇게 뿔뿔이 흩어져서 살았다. 그러면서도 늘 호기심이 많았던 나는 새로운 곳으로 간다는 기대감도 은근히 있었다. 내가 샨티바히니 평화군 활동을 하기 전까지 나는 외삼촌 집에 머물며 학교를 다녔다.

나의 기억 속에 치타공 힐트랙의 초록 언덕, 강물, 꽃, 바람은 여전히 아름답고 평화롭다. 어린 시절 가난했지만 나의 내면의 자유와 사랑과 꿈의 원천은 치타공 힐트랙의 자연이었다.

2. 지배로부터의 자유

나의 이야기를 듣고
당신은 무엇을 알 수 있나요?
왜 가슴이 떨렸는지 모르겠어요
그들의 폭압
우리의 저항에 반격하는
그들의 무자비한 공격
지배자의 웃음
'지배로부터의 자유'라는 말 없는 슬로건
자꾸만 가슴이 떨려요
지배자들이 점령한 다카의 거리
나 같은 사람이 어디 있나요?
죽음을 기다리는
그는 나의 죽음일지도 모르겠어요

2021년 2월 12일, 로넬

치타공 힐트랙-파키스탄에서 방글라데시 치하로

전투기가 하늘을 날아다닌다. 전투기 뒤를 또 다른 전투기가 따라간다. 사람들의 비명소리. 그 소리를 따라간다. 사람들이 높은 구릉 위에서 아래쪽으로 보따리를 던진다. 방향을 정하지 못하고 이리저리 도망가는 사람들. 엄마, 큰엄마, 사촌 누나들의 얼굴은 공포와 눈물로 뒤범벅이다. 어두운 그림자가 그들의 얼굴을 뒤덮는다.

또 꿈을 꾸었다. 벌써 50년 전인 1971년, 네 살 때쯤의 희미한 기억이 또렷하게 되살아난다. '자유의 전사들' 또는 '해방군'이라 불리던 벵골 부대 무크티바히니 Mukti Bahinee 16)가 줌머 마을을 점령했다. 줌머인에 대한 살인과 방화 등 무차별 공격을 감행했던 일들이 여전히 되살아난다.

치타공 힐트랙에서 조용히 농사지으며 대대손손 살아온 줌머에게 근대 역사는 모질고 혹독했다. 치타공 힐트랙은 인도가 영국 식민지였을 때 인도 땅이었고, 인도·파키스탄이 영국에서 독립할 때는 파키스탄에 속했다. 그러다가 파키스탄 내부 민족 간의 갈등으로 동파키스탄과 서파키스탄이 전쟁을 치르고, 동파키스탄이 방글라데시로 독립하면서 지금은 방글라데시 영토에 속해 있다.

치타공 힐트랙은 인도가 영국의 식민통치를 받던 시절에는 특별지역으로 자치가 허용됐다. 하지만 1947년 인도 해방과 거의 동시에 파키스탄의 분리독립으로 치타공 힐트랙이 파키스탄에 속하게 되면서 선주민의 자치권은 점차 훼손되어 갔다. 원래 치타공 힐트랙의 지도자들은 파키스탄에 속하지 않고 인도에 속하는 것을 원했다. 영국 정부가 인정했던 자치권 때문이었다. 그런 의사를 표명하기 위해 파키스탄이 분리독립을 선언할 당시 치타공 힐트랙 지도자들은 1947년 8월 15일 랑가마티에 모여 인도의 국기를 게양했다. 하지만 며칠 후 파키스탄군이 치타공 힐트랙을 점령하고 파키스탄 국기를 게양했다. 인도에 속하기를 원했던 치타공 힐트랙 지도층은 탄압을 피해 인도로 떠났다.

그 이후 몇 번의 시도 끝에 1962년 파키스탄 정부는 헌법 개정을 통해 치타공 힐트랙의 특별 지위를 박탈했고, 선주민의 자치권은 상실됐다. 또한 외부인의 토지 접근이 허용되면서 점차적으로 선주민의 토지에 대한 권리도 약화됐다. 거기다 캅타이 댐 건설로 인해 10만 명 이상의 치타공 힐트랙 선주민들이 삶의 터전을 잃고 고향을 떠났다. 캅타이 댐 건설은 파키스탄 입장에서는 전력 생산, 목재와 자연을 활용한 산업을 발전시키는 동력이 됐다. 그런데 평야 지역과 방글라데시의 수도 다카에는 전기가 공급됐지만 정작 선주민 마을에는 전기가 공급되지 않았다.[17] 그렇게 나의 할아버지와 아버지 세대의 모질고 험한 차별과 이주의 소용돌이는 우리 세대까지 이어졌다.

1971년 동파키스탄(벵골, 방글라데시)이 독립을 선언하고 서파키스탄(파키스탄)과 전쟁이 시작되었을 때 줌머 중 가장 큰 민족인 차크마의 왕 '라자 트리디브 로이'Raja Tridiv Roy[18]는 파키스탄을 지지했고, 왕의 지지자 일부는 파키스탄 군대에 입대하여 싸우기도 했다. 방글라데시 독립전쟁은 벵골족 중심으로 진행됐지만 일부 줌머인도 방글라데시 독립

노스탤지어

직장에서 가까운 곳에
작은 덤불이 있고,
시냇물이 흐르는 곳이 있다
나는 매일 정오에
녹색 그늘 아래 앉아서 그곳을 바라본다
부드러운 바람이 불어와
계곡을 지나고
지저귀는 작은 새들이
내 마음을 두드린다
치타공 푸른 언덕을 기억하라고 한다

오 나의 고향이 그곳에 있구나
고향의 푸른 나뭇잎과 풀들은
붉게 변해서 마르고
꽃은 더이상 피지 않는다
남풍도 불지 않고
언덕의 샘물은 말라
강물도 느리게 흐른다
이젠 예전처럼 고향에서
어린 소녀들의 웃음은 더이상 들리지 않는다

그래도 여전히 내 마음속에
고향은 꿈과 사랑이 있고
치타공 언덕은 푸르구나

2014년 6월 18일, 로넬

전쟁에 참여했다. 파키스탄이 패배한 이후 샨티바히니 평화군에 참여한 사람들은 당시 파키스탄을 지지했던 군인들이 많았다.

전쟁이 막바지로 치달으면서 방글라데시 독립이 거의 확정되던 1971년 12월 5일 일요일, 무크티바히니는 판차리 바자르 Bazar 시장에서 또 사람들을 공격했다. 그때 우리 마을 사람을 포함해서 16명이 사망했는데, 그중에 큰아버지와 아버지의 사촌 형도 있었다. 나는 잘 기억하지 못했는데, 나중에 어른들이 하는 이야기를 듣고서야 그때 온 가족이 울던 모습이 꿈이 아니라 현실이었다는 것을 알았다.

그날의 사건이 있기 전에 큰아버지가 시장 가는 길에 부엉이 한 마리가 갑자기 나타나 잡아서 집으로 가져갔다고 한다. 차크마 중에는 부엉이가 행운의 새라고 여기면서도 부엉이를 보는 시간이 언제인지에 따라 나쁜 일이 생길 때도 있다고 믿는다. 그래서 그들은 그 부엉이가 큰아버지의 죽음을 미리 알렸다고 말한다. 사람들은 때로 재앙이나 공포에서 벗어나기 위해 이런 징크스를 만들어내는 게 아닌가 싶다.

벵골 부대인 무크티바히니가 줌머 마을을 공격했고, 마을에 주둔해 있던 파키스탄 군대가 철수하자 무크티바히니는 치타공 힐트랙 주요 지역을 장악하고, 판차리 시장, 쿠키차라 마을 등을 동시에 공격했다. 파키스탄 군인 색출 작전이라는 이름하에 치타공 힐트랙 지역은 일상적인 전투가 벌어졌다. 줌머인은 파키스탄 군대의 협력자로 취급되어 무크티바히니의 표적이 되었고, 살인과 약탈, 방화, 강간의 표적이 된 줌머인은 정글 속으로 도피했다. 독립 이후에도 몇 년 동안 줌머 마을에 대한 공격은 끊이지 않았다.

무크티바히니가 마을에 도착하기 전에 마을 사람들은 도망가기 위해서 낮은 언덕 위로 생활용품을 미리 던져두었다. 그렇게 미리 준비해도 막상 무크티바히니가 오면 마을 사람들은 겁에 질려 비명을 지르면서 이리저리 방향을 잃고 도망쳐야 했다. 무크티바히니는 그렇게 검은 그림자처럼 수시로 마을을 덮쳤다.

9개월의 전쟁이 끝나고 그해 12월 16일 동파키스탄은 파키스탄으로부터 분리독립해서 방글라데시 국가를 수립했다. 1971년 전쟁이 끝났기 때문에 치타공 힐트랙에도 평화가 올 거라고 기대했으나 희망은 물거품이 되었고, 혹독한 시련이 기다릴 줄은 아무도 몰랐다.

벵골인들은 박해를 받던 동파키스탄 사람이 아니라 벵골족의 나라 방글라데시 사람이 되었다는 것에 대해서 강한 자부심을 느꼈다. 강한 벵골 민족주의는 방글라데시 국가이념의 근간이 됐다.

벵골인이 돼라

당시 치타공 힐트랙 카그라차리 지역의 국회의원이자 줌머 자치권 운동의 선구자였던 엠 엔 라르마 M. N. Larma를 중심으로 선주민 지도자 22명은 4개 요구사항을 담은 의견서를 수상에게 전달했다.[19] 선주민들에게 별도의 입법 권한과 치타공 힐트랙 소수민족 왕들의 권한을 보장하고, 선주민의 의견 수렴 없이 방글라데시 중앙정부가 치타공 힐트랙에 개입하는 것을 지양하라는 내용이었다. 그러나 셰이크 무지부르 라흐만 Sheikh Mujibur Rahman 수상은 선주민 지도자들의 자치권 요구를 바로 거부했을 뿐만 아니라 그 의견서를 바닥으로 던졌다. 줌머 지도자들과 수상의 만남은 3~4분 만에 끝났다.[20]

"방글라데시 영토에 사는 모든 사람이 벵골족이다. 당신의 정체성을 잊고 벵골인이 되어라."

수상은 방글라데시에 사는 모든 소수민족들에게 종족 정체성을 포기하고 벵골인이 될 것을 강요했다.

1972년 줌머인은 치타공 힐트랙 소수민족과 연합해서 민족연합당(PCJSS)을 만들고 방글라데시 헌법기초위원회에 다시 치타공 힐트랙 자치권에 대한 의견서를 제출했다. 하지만 같은 해 11월 4일에 발효된 방글라데시 헌법은 소수민족의 민족 정체성은 인정하지 않았다. 1972년 채택된 헌법 9조에는 "동일한 언어와 문화에서 비롯되어, 독립전쟁 과정에서 단결되고 결연한 투쟁을 통해 주권을 가진 독립 국가로서의 방글라데시를 일궈낸 벵골 민족의 단결과 연대는 벵골 민족주의의 토대가 될 것이다."[21]라고 명시했다.

지금까지도 벵골인들은 말한다.

"당신들이 벵골족 되면 진급하는 거잖아. 큰 민족에 속하면 좋지 뭘 그래!"

기가 막히는 노릇이다. 어떻게 자신의 뿌리를 잘라버리라는 말인가. 주류집단의 폭력은 물리적인 것뿐만 아니라 그들의 지배적인 의식에서 나오는 일상적인 말과 행동에도 있다. 줌머인은 황색 피부에 낮은 코, 넓은 이마, 직모를 가진 몽골계 외모이고, 벵골인은 검은 피부와 높은 코, 숱이 많은 곱슬머리를 가진 드라비안계 외모이다. 그리고 무엇보다도 벵골 인구 대부분이 무슬림인 반면 줌머인은 불교도가 많다. 민족정체성 면에서 완전히 다른 민족이다.

"줌머인은 벵골인과 다르지 않다."

이 말은 외모와 언어와 종교가 다르지만 모두 소중하다는 것처럼 들리기도 한다. 그런 의미라면 맞는 말이다. 문제는 이런 말이 줌머인이 겪었고, 지금도 겪고 있고, 앞으로 겪을지도 모르는 차별과 배제, 폭력을 아무렇지 않은 것으로 은폐하거나 혹은 희석해 버리는 것에 있다. 민족의 정체성을 포기하라고 하지 않고, 상대방의 있는 그대로를 인정하고, 존중하면 된다. 현재 지구상에 있는 국가 중 완전히 단일한 하나의 민족만으로 구성된 국가는 거의 없을 것이다. 한 국가 내에 다양한 민족이 공존한다.

민족정체성을 포기하라는 말에 많은 줌머인이 줌머 정당인 PCJSS의 무장 조직인 샨티바히니 평화군에 가담하기 위해 산으로 들어갔다. 그들을 '게릴라'라고 부른다. '줌머'는 단순히 화전민이라는 의미를 넘어 11개 소수민족의 정치공동체로 결집해 나갔다.

1980년 후반에 인도에서 차크마 콘퍼런스가 있었다. 그런데 줌머 민족의 통합을 위해서 소규모 네오 내셔널리즘으로 가면 안 된다고 생각하고 줌머 정당(PCJSS)은 콘퍼런스를 반대했다. 방글라데시 정부가 정책적으로 줌머들의 통합과 연대를 저지하고 방해하기 위해서 소수민족을 분리시키려는 상황이기 때문에 '줌머'라는 개념은 중요했다.

줌머 정당(PCJSS)은 치타공 힐트랙 선주민의 권리를 강조하고, 선주민들의 결집을 위해 '줌머'라는 개념을 중심으로 연대해 나갔다. 25년 동안 게릴라전을 유지시킬 수 있었던 것도 줌머라는 개념 때문이다.

1980년 3월 25일, 극단적인 벵골 민족주의자들에 의해 줌머인이 대량 학살 되던 그날을 국제사회는 끔찍한 폭력과 학살이 자행된 '집단학살' creeping genocide, '민족문화 말살 행위' ethnocide가 있던 날이라고 규정한다. [22] 벵골군 간부가 불교사원 재건을 논의하자며 사람들이 대규모로 모이는 랑가마티 칼람파티 Kalampati 카우칼리 Kaukhali 시장과 포아파라 Poapara 시장 장날에 줌머인을 모이게 했다. 사람들이 모이자 군인들은 사람들을 포위한 뒤에 비무장한 아이와 여성 가릴 것 없이 무차별적인 발포를 시작했다. 그때 300여 명의 줌머인이 사망했고, 집은 불에 타서 파괴됐으며, 불교 사원과 불상이 파괴됐다. 벵골 정착민들은 군인들의 학살을 도왔다. 시신을 집단으로 어딘가에 몰래 묻어버려서 찾을 수도 없었다.

그 사건이 일어나기 2~3년 전에도 디기날라 지역에서 또 하나의 사건이 있었다. 그때 샨티바히니가 처음으로 방글라데시 군대를 공격했다. 그것 때문에 방글라데시 군인들이 디기날라에서 마을 사람들을 공격해서 사람들이 대규모로 여기저기로 피신했다. 그때 우리 집에도 피난 온 사람들이 있었는데, 함께 온 아기가 너무 많이 울었던 기억이 난다.

그 전후로도 방글라데시 군인들은 낮에는 마을을 습격하고 무고한 사람을 잡아갔다. 밤에는 샨티바히니를 체포하기 위해 의심되는 마을을 습격해서 불을 지르고, 몽둥이를 휘둘렀다. 우리 가족만이 아니라 수많은 가족이 공포에서 벗어나기 위해 다른 마을로 떠나거나 가족이 샨티바히니 활동을 하는 경우 가족의 안전을 위해 뿔뿔이 흩어졌다. 그렇게 치타공 힐트랙 선주민의 공동체는 서서히 해체되어 갔다.

방글라데시 정부는 1979~1984년 사이에 '국토의 균형 발전'이라는 명분으로 비밀 이주정책을 펴서 40만 명의 벵골인을 치타공 힐트랙으로 이주시켰다. 그리고 게릴라 진압이라는 명분을 앞세워 치타공 힐트랙의 요지에 벵골 군대를 배치했다. 방글라데시 정부의 벵골인 이주정책과 군사화 정책으로 치타공 힐트랙 선주민은 농토를 잃었고, 일상적인 폭력으로 고향을 떠났다.

줌머인은 게릴라 투쟁으로 저항했다. 1986~1997년 사이에 방글라데시 군인과 샨티바히니 평화군 간의 전투는 계속됐다. 이 과정에서 거의 2만 명 정도의 줌머인이 사망했고, 인도 국경을 넘어 트리푸라 지역으로 피난을 떠나거나 멀리 해외로 망명을 했다. 벵골 민족주의가 치타공 힐트랙 자연과 토지를 강탈하고, 선주민에 대한 인권 탄압의 강도를 높여갈수록 줌머인의 불만과 저항은 줌머 민족의 정체성 형성을 가속화했다.

줌머인을 더욱 공포스럽게 한 것은 치타공 힐트랙으로 이주한 벵골 정착민들의 일상적인 차별과 폭력이었다. 시장과 상권을 독점하기 위해서 그들은 줌머 상인들에게 싼값에 물건을 넘기도록 강요했다. 줌머 상인들은 협박 때문에 공정한 거래를 할 수 없었다. 농경지에서의 폭력, 벵골 사업가들의 차별이 멈추지 않아 줌머인은 생업에 종사하기 어려웠다.

파키스탄으로부터 벵골인이 당했던 박해는 방글라데시 독립 이후 그대로 줌머인에게 전이된 셈이다. 벵골인 역시 독립하기 이전에 파키스탄 민족주의자들의 혹독한 인종차별과 박해의 대상이었다.

치타공 선주민에 대한 차별의 역사

- 1666년: Chittagong(당시 Karpas Mahal)지역은 무굴제국에 의해 Bengal(현 방글라데시, 인도 웨스트벵골 주)에 합병돼서 Chakma와 Mughal 간에 전쟁.
- 1713년: 차크마 왕과 무굴 협정체결. 무굴 황제는 면화로 공물 받을 조건으로 차크마 왕에게 치타공 힐트랙 인근 지역에서 무역과 상업을 할 수 있는 권리 부여.
- 1757년: 영국 동인도 회사는 플라시(Plassey) 전투에서 승리를 거두어 벵골(Bengal)의 실질적인 통치자가 됨. Chakma Raja(Chakma 왕)는 평원 지역에서 무역의 특권을 누리기 위해 영국에 9maund(350kg)의 목화를 지급하기로 합의.
- 1777~1784년: Chakma Raja는 10년간 영국과의 지속적인 전투 전개.
- 1787년: 영국의 경제 봉쇄로 Jan Bakhs Khan(Chakma 왕)은 영국과 협상.
- 1860년: 치타공 힐트랙은 영국에 합병되어 벵골(Bengal)의 행정구역으로 편입.
- 1881년: 선주민으로 구성한 치타공 힐트랙 자치경찰법(CHT Frontier Police Regulation) 제정.
- 1900년: 제한된 자치권과 왕의 지위 인정. 치타공에서 외부인의 정착 금지 등 선주민 보호 대책으로 치타공 힐트랙 조례 제정.
- 1947년: 영국의 통치가 끝나고, 치타공 힐트랙은 파키스탄에 합병.
- 1964년: 파키스탄 정부, 치타공 힐트랙 자치경찰법 폐지. 치타공 힐트랙 시역의 특별한 지위(Excluded Area)23)는 부족 지역(Tribal Area)도 변경하여 약화.
- 1957~1962년: 캡타이 댐 건설로 10만 명의 줌머 선주민 강제 이주.
- 1971년 : 동파키스탄 분리 독립하여 방글라데시 탄생. 당시 국회의원인 Raja Tridiv Roy(Chakma 왕) 파키스탄으로 망명.
- 1972년: 엠 엔 라르마(M. N. Larma)가 주도한 줌머 선주민 대표단, 방글라데시 초대 수상 Sheikh Mujibur Rahman에게 치타공 힐트랙 자치권 요구 성명서 제출. 수상의 거부와 함께 "모든 방글라데시 국민은 벵골인이다." 헌법 제정.
- 1972: 줌머 정당 민족연합당(PCJSS)과 무장조직 샨티바히니(Shanti Bahinee)를 설립하여 방글라데시 상대로 게릴라전 선포. 1997년 평화협정 이전까지 25년간 게릴라전.
- 1977: 방글라데시 정부는 40만 명의 벵골인을 치타공 힐트랙(CHT)에 이주시키고 대규모의 군대 배치.
- 1981~1983: 치타공 힐트랙 3개 행정구역(Khagrachari, Rangamati, Bandarban) 분리.
- 1980~1997: 벵골 군대와 벵골 정착민에 의한 조직적 학살.
- 1989: 치타공 힐트랙 자치구(District Council law) 제정.
- 1997: 치타공 힐트랙 평화협정 체결과 불이행.

인종과 언어 그리고 문화면에서 벵골인과 파키스탄 사람은 달랐다. 전쟁 기간에 수많은 벵골인이 고문과 성폭행의 희생물이 됐다. 파키스탄 점령군에 의해 연령과 성별을 망라한 3백만 명의 벵골인들이 잔인하게 살해당하기도 했다.

샨티바히니 평화군에 가담

1985년 1월. 한국의 봄보다는 따뜻하지만 치타공 힐트랙은 겨울이었다. 나는 고등학교 졸업 자격시험을 보기 한 해 전인 17세에 샨티바히니에 입대했다. 내게 고등학교 시절은 사실상 학교생활 대신에 정당 활동을 한 시기이다.

그때는 샨티바히니의 활동이 정착된 상태였다. 줌머라면 누구나 어떤 방식으로든 샨티바히니 활동에 직접 참여하거나 샨티바히니 민병Militia이라고 생각할 만큼 동조자가 많았고, 존재감이 컸다. 대부분의 줌머인, 심지어 10대 학생조차도 샨티바히니 평화군에 가담하는 분위기였다. 나역시 자연스럽게 샨티바히니 평화군에 입대했다.

줌머정당 활동가였던 아버지로 인해 우리 집에는 영향력 있는 정당 지도자들이 자주 드나들었고, 어린 나이였지만 귀동냥으로 들은 이야기를 통해 '나도 그렇게 살겠다'라는 의지를 자연스럽게 갖게 했던 것 같다. 아버지의 줌머 정당 활동 때문에 엄마와 우리 형제들은 늘 불안해 하면서 살았고, 평범한 가정처럼 정상적인 생활이 불가능했지만 아버지를 원망한 적은 없다. 오히려 민족을 위해 개인적인 행복을 내려놓은 아버지와 아버지의 동료들을 보면서 평화군이 된다는 것은 '큰 뜻을 품고 헌신하는 고결한 정신'을 가지는 일이라고 생각했다. 존경스러웠다.

나는 샨티바히니에 가담하기 전에 한 친구의 집에 자주 갔었는데, 그 이유는 그 친구의 매형이 샨티바히니의 리더이자 '자르부아'Jarbua 였기 때문이었다. '자르부아'는 '숲으로 간다'라는 의미로 사람들은 샨티바히니를 그렇게도 불렀고, 혁명가라는 뜻으로 비플로비Biplobi 라고도 불렀다. 나는 친구 매형으로부터 줌머 운동과 샨티바히니의 투쟁에 관한 이야기를 듣는 것에 관심이 많았기 때문에 더 자주 갔다.

내가 아버지와 아버지의 동료들, 친구의 매형에게 들었던 샨티바히니 활동의 목표는 내가 게릴라에 가담하는 가장 큰 이유였다. 그들은 한결같이 샨티바히니의 첫째 목표는 치타공 힐트랙의 자치·자결권을 확보하는 것이고, 최종 목표는 '모두를 위한 자유'라는 것을 강조했다. 나는 친구랑 샨티바히니에 입대하기로 결심했다. 내가 샨티바히니에 가담하게 된 이유를 하나 더 들자면 나의 꿈이자 자유로운 상상의 원천인 치타공 힐트랙의 초록 언덕, 친구들과 놀던 강과 숲, 새소리이다. 나와 친구들, 가족의 사랑이 곳곳에 새겨진 치타공 힐트랙의 자연을 되찾고 싶었다.

나의 가족은 뿔뿔이 흩어져 살고 있었고, 나는 외삼촌이 운영하던 기숙학교를 다니고 있을 때였다. 샨티바히니에 입대한다는 것을 가족뿐만 아니라 나를 돌봐주던 외삼촌한테도 말하지 않았다. 또래 친구들 역시 가족들이 위험하다고 반대할 것이 뻔해서 보통은 말하지 않고 그냥 그렇게 갔다. 친한 친구에게도 말을 하지 않고 조용히 갔다. 방글라데시에서 소수자로 이런저런 차별을 감수하면서 살 수도 있었겠지만 그렇게 살기를 거부한 나와 내 친구들은 어린 나이에 게릴라에 가담했다. 하지만 쉬운 결정은 아니었다. 가족과 친구, 일상의 관계를 포기해야 하는 일이었다.

산으로 들어간 뒤 은신처에서 첫 번째 노숙을 했다. 샨티바히니 활동가들은 방글라데시 군대의 습격 위험 때문에 밤에는 마을이 아닌 정글에서 노숙하곤 했다. 나는 그날 밤 정글의 지붕 없는 임시 거처에 누워 하늘의 달과 별을 바라보며 내 인생에서 최고로 아름다운 밤을 보냈다. 내가 선택한 길에 대한 기대감, 두려움, 불안감으로 거의 잠을 자지 못했다.

다음 날 아침 임시 집합소에 모였다. 전날에 봤던 백발의 나이 지긋해 보이던 활동가와 처음 보는 활동가도 여럿 있었다. 그중에 나이가 많고 몸집이 뚱뚱한 선배가 나에게 다가왔다.

"음… 공부를 조금 더 많이 한 후에 들어오는 게 좋겠다."

아마도 내 나이가 어려서 그런 것 같았다.

"그리고 우리가 너를 어떻게 믿고 받아들이겠나? 여기에서는 신분 노출이 돼서도 안 되고, 비밀을 유지하는 게 생명이다."

그러면서 나를 받아들이기 어렵다고 했다. 샨티바히니 활동을 하기 위해서는 가장 낮은 단계에서부터 밟아야 하는 인터뷰 절차가 있었다. 샨티바히니 활동은 전체 대원의 생존이 걸린 일이었기에 그 누구도 믿지 않는 게 활동 수칙이기도 했고, 그때는 샨티바히니 내 계파 간의 갈등이 고조되다가 정리되던 시기라 신중할 수밖에 없었을 것이다.

"저희 아버지가 당원이셨습니다."

그렇게 말은 했지만 나의 신분을 증명해 보일 방법이 없어서 난감했다. 샨티바히니 가입이 며칠 유예됐지만 다행히 나의 아버지를 알고 있는 사람이 있었다. 그는 고등학교 교장으로 지내다가 샨티바히니 리더로 활동하던 먼 친척 매형이었고, 그가 나의 보증인이 된 셈이다.

며칠 후에 산속 시설로 가서 많은 신규 당원을 만났다. 대부분이 고등학생이었고, 대학생도 한두 명 있었던 것 같다. 먹는 것이 자유롭지 않아서 배가 고플 때가 많았지만 혼자가 아니었고, 부족해도 함께 나눠 먹고, 함께 일했기 때문에 견딜 수 있었다. 물론 그중에는 적응하지 못해서 후회하는 친구들도 있었다.

1985년 가을쯤 여러 지역에서 모인 2기 신규훈련병 97명은 훈련소에서 아주 힘든 군사훈련과 정치교육을 받았다. 아침밥을 먹기 전부터 시작된 훈련은 밥 먹는 시간과 잠깐의 휴식 시간을 제외하고 오전 내내 이어졌다.

나 역시 고달픈 훈련과 정치교육이 힘들었다. 선배들은 투철한 이념 무장을 위해 항상 책을 읽고 공부했다. 그 이념대로 후배들이 따라 하기를 바라면서 일상을 통제했기 때문에 놀 생각은 엄두도 낼 수 없었다. 그래야 비밀이 유지되고, 목적에 따른 활동을 할 수 있었기 때문이다. 어쨌든 후회한다 하더라도 누구든 한 번 들어가면 포기하고 나오기가 쉽지 않았다.

내가 샨티바히니 평화군 활동을 하고 1년쯤 지났을 때, 내가 다녔던 기숙학교는 파괴되었고, 많은 사람이 인도 트리푸라 주로 난민이 되어 떠났다. 만약 내가 샨티바히니에 가담하지 않았다 하더라도 나는 어차피 디기날라 학교에 머물기는 어려웠을 것이다.

샨티바히니에서는 이념 학습과 정신훈련을 많이 한 편이다. 찢어진 옷을 꿰매서 입는 것도 정신교육의 하나였다.

"언젠가는 우리 민족의 인권을 지키고, 나 자신도 변하고, 우리가 언젠가는 전쟁을 없애고 세계평화를 이룰 수 있다. 즉 우리의 역할은 세상을 변화시키기 위한 것이다."

정신 무장을 할 때 자주 듣는 말이었다. 당시 샨티바히니의 정치 이념과 대다수 일반 줌머인의 생각은 차이가 있었다. 일반적으로는 샨티바히니 평화군의 목표를 '치타공 힐트랙의 자치권 보장 혹은 독립'으로 생각했다. 나도 그런 생각으로 샨티바히니에 가담했다.

그런데 교육을 받을 때 주로 들었던 말은 "샨티바히니의 장기적인 목표는 치타공 힘트랙의 자치권 확보에 있지만 최종 목표는 노동자와 농민을 포함한 모든 인류의 자유와 해방이다."는 것이었다. 민족을 넘어 더 큰 것을 지향하고 있다는 것이 아주 멋지다고 생각했다. 훈련이 힘들어도 대의를 이루기 위한 길에 들어섰다는 것이 자랑스러웠다. 그것은 당시 줌머 정당인 PCJSS의 최고 지도자인 엠 엔 라르마 ^{M. N. Larma} 의 사상에서도 엿볼 수 있었다. 그는 절에 가서 기도하는 사람은 아니었지만 벌레 한 마리 죽이지 않을 만큼 종교적이면서도 벵골족조차 적으로 규정하지 않고 함께 연대해야 할 대상으로 여겼다.

신규훈련생 군사훈련과 정치교육을 마친 후에 각 지역 활동을 위한 자리 배치를 받았다. 나는 DRF ^{District Reserve Force} 게릴라부대 대대 소속 대원으로 선정되어 판차리 LP ^{Logang-Puigang Area24)} 팀으로 배치됐다. 나의 첫 번째 임무가 부여됐다. 나는 지역 곳곳에 다니면서 주민들을 만나 협조를 구하는 등 조직홍보 활동을 했고, 샨티바히니를 위한 모금 활동을 주로 했다. 그 지역 최고의 지휘관과 함께 다니면서 대중 연설하는 것도 배우고 사실상 보조활동가이자 정치 수습생이었다.

LP 지역은 인도 트리푸라 주 국경지대여서 전략적인 의미가 아주 중요했다. 샨티바히니 수뇌부와 무장 부대는 인도 국경 부근 산속에 있었기에 긴급문서, 소식지 등을 전달하기 위해서는 가끔 4~5시간 정도를 걸어서 인도를 오가야 했다.

1986년 5월 1일, 판차리의 한 지역에서 벵골 정착민Bengali Settlers25)과 방글라데시 군인들에 의해 100여 명의 줌머인(대부분 차크마족)이 죽임을 당하는 대학살이 일어났다. 그 사건이 일어나기 2일 전인 1986년 4월 29일에 샨티바히니 게릴라군이 방글라데시 국경수비대26) 부대시설을 포함한 벵골 정착민을 공격한 일 때문이었다. 이에 대한 보복으로 방글라데시 국경수비대와 벵골 정착민들이 여러 줌머 마을주민들을 한곳에 모이게 해서 학살을 가했다.

이때 그 지역 줌머인은 공포에 떨었고, 그런 일이 다시 일어날까 두려워 산속으로 피신하여 인도 트리푸라 주로 떠났다. 산을 타고 인도로 가는 피난 길로 줌머인을 호위해서 안전하게 인도 국경까지 이동할 수 있게 지원하는 일을 나를 포함한 LP지역 활동가들이 자연스럽게 맡게 됐다.

며칠 동안 밤낮을 가리지 않고 임무 수행을 하다가 카그라차리 구청이 있는 MK Matiranga-Kharachari 지역 모금 담당으로 다시 발령받았다. MK 지역은 마티란가와 카그라차리 지역을 말하는데, 다른 지역에 비해 위험도가 가장 높은 지역이었다. 카그라차리 시내에 방글라데시 국경수비대 37대대, 203 육군 여단, 무장경찰대대, 경찰청 등 방글라데시 정부의 주요 군사기관이 집중적으로 배치되어 있었기에 샨티바히니 입장에서는 늘 긴장할 수밖에 없었다.

MK 지역이 위험한 지역으로 알려진 또 하나의 이유가 있었다. 줌머 정당 내 무장 조직인 샨티바히니는 이념의 차이와 정치적 목표의 차이로 내부 조직이 분열됐었다. 당시 샨티바히니 주류였던 람바그룹^{Lamba Group}은 친 인도계파^{pro-India}로 장기 투쟁을 주장했다. 반면 단기 투쟁을 주장했던 바디그룹^{Badi Group}은 PCJSS 정당과 샨티바히니를 창립한 최고 지도자 엠 엔 라르마를 암살하면서 두 조직 간의 무력 충돌이 1983~1985년 사이에 격하게 치달았고, 양측의 인명 피해도 컸다. 이때 인도의 군인들이 개입하여 바디그룹의 무기를 빼앗자, 바디그룹은 1985년 4월 29일에 방글라데시 정부에 항복했다.

내가 샨티바히니에 가담하던 즈음 바디 그룹은 방글라데시 정부에 항복하면서 방글라데시 군인과 협력하여 샨티바히니의 반대편에 서서 줌머 민족의 자치권 투쟁을 방해했다. 그들은 샨티바히니의 기밀과 전략을 잘 알고 있었기 때문에 카그라차리 시내에 거주하면서 방글라데시 군대에 정보를 제공하고 때때로 샨티바히니 활동가를 체포하는 작전에 직접 참여하여 공을 세운 대가로 금전적인 보상을 받는 일도 있었다. 그들은 MK 지역의 샨티바히니뿐만 아니라 줌머 마을의 일반인에게도 피해를 입혔다.

MK 지역에서 비무장 활동

샨티바히니는 무장 세력이지만 대원들은 무장과 비무장 두 유형으로 역할이 나뉘어 있었다. 무장대원들은 군사작전, 모금 활동 역할을 하지만, 비무장 대원들은 민사(토지, 자산 관련)와 행정(마을 재판, 범죄, 사회적 분쟁 해결 등) 일을 맡아서 했다. 비무장 대원들은 비교적 나이가 많고 학력 높은 당원으로 구성되어 있었다. 나는 나이도 어렸고 경험도 적어서 MK 지역 담당 역할을 맡은 것이 부담스러웠다. 내가 하던 일은 군사작전이 아니었지만 세금(정당 후원금) 받는 활동을 할 때도 군사적인 행동을 해야 했기 때문에 너무 위험했다. 나는 신분을 숨기기 위해 변장을 할 때도 있었고, 평화군 전투복을 입고 무장한 채로 만화영화의 톰과 제리처럼 뱅골 군 첩보 대원들과 쫓고 쫓기는 일이 많았다.

국가기관에 납부할 세금과 별개로 샨티바히니는 줌머 주민으로부터 년 단위로 정해진 자발적인 후원금을 받았고, 그와 별개로 목재나 대나무 등 자연 자산과 관련 사업에서 정해진 금액을 세금 형식으로 받았다. 줌머인이거나 아니거나 예외 없이 세금을 내야 했는데, 말 그대로 샨티바히니는 치타공에서는 대안적^{Alternative} 정부를 운영한 것과 다름이 없었다. 샨티바히니 조직은 도시 중심부와 뱅골인이 사는 지역을 제외하고 치타공 힐트랙 전체에 탄탄하게 뿌리를 내렸었다. 어떤 지역에서는 뱅골인도 샨티바히니에게 협조를 했는데, 그들은 뱅골 영주자^{Permanent residents27)} 였다. 뱅골 영주자는 이후 정부 주도로 이주한 뱅골 정착민과는 다른 초기 이주자였고, 줌머인과 인종, 사회 문화적 갈등이 약간 있었지만 게릴라전 시기에 서로 적대적이지는 않았다.

치타공 힐트랙 지역의 도로 건설, 시설 건축 등 개발사업에 참여하는 업체들은 개발사업예산에서 정당 배당금에 해당하는 세금을 샨티바히니에 납부하는 것에 동의했다. 건설업체들 대부분은 벵골족이어서 직접 만나서 세금 받는 일이 쉽지 않았다. 그래도 대부분의 벵골 사업자들은 치타공 힐트랙 개발사업에 참여하면서 사업예산에서 2~5퍼센트 세금을 샨티바히니에게 지급하는 일에 익숙했다. 그런데 사업자 중에는 세금 납부에 동의하지 않는 경우도 있어서 현장에 찾아가서 작업을 중단시키기도 했다. 간혹 그들 중에 누군가 미리 벵골 군인에게 신고하면 무력 충돌이 벌어지는 경우도 있고, 샨티바히니 대원이 군인에게 체포되는 경우도 많아서 현장에 직접 찾아가는 일은 늘 위험했다. 나 역시 여러 번 군인들에게 습격당해서 체포될 뻔했고, MK 지역에서 함께 활동하던 대원이 군인의 습격으로 죽임을 당한 사건도 있었다.

MK 지역에서 임무를 시작하고 나서 지역 특성상 나는 산림부와 CHT개발위원회[28] 공무원들과 상대하는 일이 가장 많았다. CHT개발위원회는 토지를 소유하지 못한 줌머인을 정착지원사업 명목으로 카그라차리 지역에서 운영하는 대규모 고무농장에서 일하게 했다. 그 지역에서 활동하면서 고무농장 노동자로 일하던 젊은 줌머인을 매일 마주하고 함께 지냈던 시간이 내겐 참으로 소중했다. 그 지역뿐 아니라 치타공 힐트랙 전역에는 목재, 대나무, 과일 농원 관련 사업들이 많았다.

팀원들은 나를 포함해서 3명이었다. 당에서 우리에게 제공된 무기는 소총 2정과 수류탄 몇 개에 불과했다. 우리 팀의 주요 업무는 군사작전이 아니어서 무기는 필요하지 않았지만 자기방어를 위한 무기가 지급됐다. 우리가 가진 인력과 무기력이 그 정도로 열악하다는 것을 방글라데시 군인이나 지역 주민들은 모르고 있었다. 만약 그 비밀이 알려졌다면 나와 우리 팀원들은 벵골 작전팀에 의해 단박에 생포되었을 것이다. 가끔 물건을 옮기거나 안내망을 넓히는 데 필요한 인력을 고무공장 노동자들이 보충해주었다.

고무농장 노동자들은 여러모로 나를 도왔다. 샨티바히니 활동을 시작하기 전에도 여러 번 카그라차리 시내에 가본 적이 있었지만 그 지역에 아는 사람도 없고 거주한 적이 없었기 때문에 완전히 낯선 곳이었다. 그때 고무농장 노동자들의 일부는 나를 따라다니면서 지역 구석구석을 알려 주었다. 그들 대부분은 고등학교나 대학 방학 기간에 일용직으로 일하러 오거나 직업을 가지지 못한 청년들이었다. 그들을 만나 이야기하면서 고무농장에서 CHT개발위원회의 공무원들에 의해 노동 착취가 벌어지고 있다는 사실을 알게 됐다.

MK 지역으로 발령된 지 며칠도 안 지나서 노동자 몇 명이 내게 찾아와서 도움을 호소했다. 그들의 호소 내용은 CHT개발위원회 사업 담당자(PM) Project manager가 부당하게 노동을 시키고, 마음대로 해고한다는 것이었다. 그러면서 그들은 샨티바히니의 개입을 요청했다.

나는 CHT개발위원회 사업 담당자 앞으로 시간과 장소를 정해서 공식적으로 회의에 참석할 것을 요구했다. 사업 담당자는 아직 고등학교조차 졸업하지 않는 나에 비해 나이도 두 배 이상 많고, 석사학위를 가진 고학력자였다. 그래서 실은 속으로 '사업 담당자가 내 말을 들을까?' 하고 걱정했었다. 그런데 그 사람이 정해진 장소에 시간 맞춰 출석했다. 나보다는 샨티바히니를 더 두려워했을 것이다.

마을 대표와 CHT개발위원회 공무원 몇 명과 함께 참석한 사업 담당자, 그리고 내가 함께 회의를 시작했다. 먼저 고무농장 노동자들의 이야기를 들었다.

"이제 형님이 대답해 보세요."

"사실은 이들이 정규직이 아니라서… 그랬습니다."

"정규직이 아니라는 이유로 그렇게 한 것은 잘못된 게 아닙니까? 더구나 형님은 같은 민족 아닙니까?"

나는 사업 담당자를 배려해서 형님이라고 불렀다. 샨티바히나나 정치 활동가들은 나이와 상관없이 정치 후배들은 선배들을 '형님'이라고 부르는 전통이 있다.

"내가 잘못했습니다. 계속 일을 할 수 있도록 조치를 취하겠습니다."

사업 담당자의 대답을 듣고 고비를 넘겼다는 생각에 안도의 숨을 쉬었다. 양측의 이야기를 듣고 나는 10분 정도 일방적인 연설을 했다. 연설 내용은 양측의 잘잘못을 가리는 게 아니었고, 줌머 민족의 인권 보호와 이념투쟁에 관한 것이었다.

"우리는 줌머 민족으로서 벵골족이 아닌 우리끼리라도 서로 돕고 살면 좋겠습니다. 우리는 언어, 종교, 전통 등 모든 문화를 잃어 가고 있습니다. 힘도 없고, 재산과 우리의 많은 권리를 빼앗기고 있습니다. 우리의 권리를 되찾기 위해서는 힘을 모아서 함께 앞으로 나가야 합니다. 오늘은 화해했지만 이번 일로 감정을 가지면 안 됩니다. 라르마가 말한 것처럼 오늘 일은 서로 용서하십시오."

나의 연설이 끝나고 이어진 회의를 통해 해고된 노동자들이 다시 복직되도록 조치를 마무리했다. 그날의 사건으로 지역 주민들과 샨티바히니 안에서 나에 대한 신뢰가 높아지고, 능력 있는 활동가로 인정받는 계기가 됐다.

모금이나 세금을 걷는 활동 외에도 나는 할일이 많았다. 주기적으로 여러 마을을 방문하여 마을의 치안, 안녕과 질서를 확인하는 일도 했다. 특히 마을 대표를 만나 마을에서 도박, 술판매 등 비사회적인 행동을 자제하도록 권고하는 일도 했다. 음주와 도박은 당 차원에서 금지한 일이다. 샨티바히니 무장 작전팀과 달리 우리 현장 활동가들은 거주 시설이나 머무는 장소가 정해져 있지 않았다. 밤에는 보통 숲이나 산속 화전 농장에서 일꾼들과 함께 자고 아침에 일어나 마을을 옮겨 다녔다. 밥걱정은 전혀 없었다. 마을주민들이 자진해서 돌아가면서 아침 점심 저녁 세 끼니마다 우리를 초대해서 따뜻한 밥을 대접했다.

가끔은 굶어야 할 때도

줌머 마을 사람들은 샨티바히니와 정당에 대한 신뢰가 있었고, 평화군 활동가들의 희생에 대해 진심으로 감사하는 마음이 있었다. 가끔은 굶어야 할 때도 있었다. 어디에나 첩자들이 있었기 때문에 갑자기 방글라데시 군인들이 마을에 진입해서 수색 작전을 할 때는 꼼짝없이 숲속에서만 지내야 했다.

MK 지역에서 활동하면서 마을 대표, 학교 교사, 선출직 주민 대표들을 자주 만날 수 있었다. 그분들의 도움 없이 할 수 있는 일이 별로 없었다. 그들은 우리에게 군과 경찰의 행보, 정부의 개발사업 정보를 알려주었고, 샨티바히니와 공무원, 개발사업자들의 소통 채널 역할도 했다. 샨티바히니를 도와주다가 벵골 군인에게 잡혀가서 고문을 받거나 큰 피해를 볼 수도 있기 때문에 실은 매우 위험한 일이었다. 그들은 치타공 힐트랙 자치권 투쟁에서 숨은 공로자였다. 나는 체포된 이후에 그들을 군부대 보호시설에서 다시 만날 수 있었다.

MK 지역에서 우리 3명 이외에 활동가 1명이 더 있었다. 그는 나의 대선배였고 당의 지역 국장이었다. 지역 국장은 당의 지도부가 정한 지역 민사분야의 최고책임자이다. 당에서 정한 행정구역마다 지역 국장과 부국장이 있고, 무장투쟁 영역은 지역 지휘관과 부지휘관 순으로 여러 명이 활동한다.

당에서 MK 지역에 이렇게 많은 샨티바히니 활동가를 배치하는 데에는 여러 가지 이유가 있다. 무엇보다도 이 지역은 방글라데시 정부의 병력이 집중되어 있어서 되도록 우리 측의 피해를 줄이기 위해 이 지역에서는 군사적 행동을 전략적으로 피했다. 여기에는 카그라차리 지역에서 북쪽으로 20킬로미터 떨어진 판차리 지역의 줌머 주민 절반 이상이 인도로 난민이 되어 떠난 상황이었기 때문에 카그라차리 지역 주민만큼은 더는 난민이 되면 안 된다는 판단도 작용했다.

또한 이 지역에는 구청과 국가행정 시설이 집중된 지역이라 벵골인이 많고, 여러 지역에서 오는 다양한 계층의 줌머인이 사는 지역이라 관리하기 어렵기 때문에 가급적 민사분야의 역할 비중을 확대한 것이다.

그런데 내가 배정되었던 MK 지역에 모금팀 외에 무장팀이 없어서 지역 사람들은 나를 지휘관으로 착각했다. 원래 내 직책은 모금책이어서 모금 활동과 예산을 마련하는 일이 주 임무였지만 지역에 지휘관이 없다 보니 사실상 지휘관 직책을 대행한 것과 다름없는 역할을 했다. 지역 주민들이 다양한 문제로 찾아올 때마다 정말 부담스러웠다. 토지문제, 마을 범죄, 심지어 술 먹은 남편에게 폭력을 당하는 가정사에도 개입해야 하는 경우가 있었다. 그때 나는 나이가 어렸기 때문에 할아버지나 아버지, 어머니 나이쯤 되는 사람들을 상대해야 하는 일이 쉽지 않았다.

그럼에도 그런 일들이 가능했던 것은 당의 시스템 때문이었다. 당은 체계적인 조직력과 투쟁의 정확한 목적의식이 있었다. 그리고 샨티바히니 활동가들의 도덕적이고 윤리적인 정신과 태도를 잘 관리했고, 샨티바히니 활동가들과 줌머 주민 사이의 은밀한 연대를 위해 노력했다.

보통은 돈이 많고, 사회적 영향력도 막대하고, 정부 행정기관과 가깝게 지내는 사람은 나처럼 나이가 어리고 저학력의 활동가들을 무시하는 경향이 있다. 하지만 샨티바히니 조직 시스템 안에서는 학력, 나이, 경제력, 사회적 지위를 막론하고 당의 지휘와 결정이 가장 중요했기 때문에 내가 가진 조건이 문제가 되지 않았다. 당의 힘으로 모든 일이 가능했다.

또한 당의 지침에 따라 샨티바히니는 1개 마을 또는 2개 마을을 묶어서 마을공동체 조직인 '폰차엣'panchayat과 '주보 사미티'Jubo Samity 청년회를 설립했다. 폰차엣 마을회는 국가가 인정한 전통 마을회와는 별개의 조직이다. 원래는 오래전부터 마을마다 줌머 왕이 임명한 '카르바리'라는 마을 대표가 있는데, 이 사람들은 방글라데시 정부로부터 일정 금액의 수당을 받는 공식적인 직책이었다. 마을에 문제가 생기면 카르바리 마을 대표의 집 마당에서 재판할 정도로 마을의 대소사를 주관하는 권한을 가졌다. 카르바리 직책은 현재까지도 남아 있는데, 치타공 힐트랙에서 폰차엣 마을회가 설립된 경우 폰차엣 의장은 카르바리보다 더 큰 힘을 가지고 있었고, 카르바리가 폰차엣의 의장을 겸임하기도 했다. 그만큼 폰차엣 마을회는 줌머 마을공동체의 중요한 조직이다.

하지만 폰차엣 마을회와 청년회는 줌머 정당이 주도하는 마을의 반정부 비밀 조직이기 때문에 방글라데시 정부군 시설과 가깝거나 샨티바히니의 접근성이 떨어진 마을에는 설립할 수 없었다. 이 두 조직 덕분에 마을에서 벌어지는 사회, 경제, 정치적인 문제를 샨티바히니가 함께 풀어갈 수 있었다. 두 조직은 주로 샨티바히니 활동가들을 위한 식량 지원, 교통안내, 그리고 마을에서 마을로 군인들의 순찰이나 작전 정보를 전달하기 위한 인간 사슬gononline 29) 등 보조 역할을 했다.

샨티바히니의 처분이 강력했어도 대부분의 줌머인은 흔쾌히 동조하고 도와줬다. 마을에 무슨 일이 있으면 사람들은 경찰서에 가지 않고 샨티바히니에게 찾아와 부탁할 정도로 시스템이 잘 되어 있었다. '타나(경찰서) 앞으로 가나(시각장애인)도 안 지나간다'라는 속담이 있을 정도로 방글라데시 군인이나 경찰보다는 샨티바히니를 더 신뢰했다.

"MK 지역에서 철수하고 소속 군단 본부DRF 30) 로 돌아오라."

1986년 가을쯤 당으로부터 명령이 떨어졌다. 본부는 방글라데시 카그라차리 지역과 인도 국경지대 사이 산속에 있었다. 나는 명령에 따라 곧바로 본부로 갔고, 거기에서 샨티바히니 2인자를 만났다.

"그동안 위험한 MK 지역에서 활동하느라 고생했다. 당에서 포상으로 한 달의 휴가를 주기로 했으니 좀 쉬어!"

1년 6개월 만의 휴가였다. 생각지도 못한 휴가여서 무엇을 해야 할지 고민됐다. 일단은 카그라차리로 돌아가서 며칠 쉬었다가 부모님의 고향인 랑가마티를 다녀와야겠다고 생각했다.

3. 랑아비를 찾아 나선 길

눈길을 걸으며
아는 노래 한두 자락 부르며
당산 가는 버스를 타는 곳까지
가다가 떠오른 생각

인생은 겨울 눈길처럼
미끄러질 위험이 있어도
미끄러지는 재미가 있다
재미를 위해 일부러 미끄러지는
아이들, 10대 중학생들
자유롭고 아름답다

버스를 탔다
이제 한 시간만 더 가면 당산역
거기까지 가는 길에 있을지도 모를 위험
그럼에도 자유를 누릴 수 있는 미끄럼 길
그 길을 계속 가고 싶다

2015년 1월 19일, 로넬

체포되다

하루아침 한순간에 인생이 어둡게 변할 수 있다는 생각을 전혀 해본 적이 없었다. 나 개인의 이익과 미래보다는 민족을 위한 대의로 뜨거웠던 시절이었기에 암울한 미래를 생각해 본 적이 없었다. 부모님과 형들은 내가 좀 더 안전하게 살기를 원했고, 공부도 더 하기를 바랐다. 하지만 나는 그런 생각을 거의 하지 않았다.

그때 방글라데시 정부는 평화 사업의 일환으로 샨티바히니 대원이 정부에 항복하고 일상생활로 돌아오면 돈을 주고 개인의 자격과 학력에 따라 공무원 같은 일자리도 주었다. 무기까지 반납하면 추가로 고액의 보상금도 받을 수 있었다. 실제로 많은 샨티바히니들이 항복을 선택하고 기회를 누렸다. 심지어 샨티바히니가 아닌 사람들도 자신을 샨티바히니라고 사칭하고 사냥용 총을 반납해서 보상받은 이도 있다.

당시에는 4개 도시에 큰 규모의 국립대학인 의과대학, 치과대학, 농업대학이 있었는데, 거기에 입학하려면 치타공 힐트랙 행정을 실제 총괄하는 24보병대의 총사령관 또는 치타공 힐트랙 지역 여단장에게 추천서를 받아야 했다. 1973년에 치타공 힐트랙에서의 군정 시행에 관한 방글라데시 정부 명령이 내려진 이후 행정을 군대가 담당하고 있기 때문이다. 4년제 국립대학은 교육비가 거의 무료였지만 경쟁률이 심해서 줌머인 자녀들이 진학하는 경우는 거의 드물었다. 군대의 추천서를 받고 치타공 힐트랙 선주민 쿼터 Paharee-quota31)로 소수의 줌머 학생들이 4년제 대학교에 진학할 수는 있었다. 하지만 샨티바히니 대원이나 그들의 자녀들은 아무런 기회를 누릴 수 없었고, 오히려 샨티바히니 활동에 무관심하거나 반대했던 사람, 혹은 정부군의 협력자들이나 그들의 자녀들에게 선택의 기회가 더 주어졌다.

당시에는 공무원들의 비리가 현재보다 심각했는데, 공무원이 된 사람들이 뇌물받는 일은 비일비재했다. 사람들에게 공무원이 되는 것은 좋은 일자리를 얻는 것이고, 성공하는 것으로 인식됐다. 그래서 자녀들이 공무원이 되는 것을 아주 자랑스러워했다. 나는 많이 어리기도 했고, 나의 머릿속은 온통 줌머, 샨티바히니로 가득 찼기 때문에 사람들이 왜 공무원이 되고 싶어하는지를 생각조차 해본 적이 없다.

그때 치타공 힐트랙 지역에는 한곳에서 다른 곳으로 이동하는 '자유'가 없었다. 대표적인 도로변에는 1~2킬로미터 간격으로 군대 임시 수비시설과 검문소가 있었다. 임시 수비시설은 보통 새벽 7~8시부터 저녁 5~6시까지 가동되었고, 검문소들은 도로변 부대시설에서 매일 24시간 가동됐다. 그 시설들은 샨티바히니 평화군에 의해 벵골 군대의 군용차가 공격당하는 것을 막거나 샨티바히니 평화군의 이동을 저지하려고 세운 것들인데, 실제 피해는 일반 주민들에게 돌아갔다.

일반인이 이동 중에 별 탈 없이 검문소를 통과하는 것은 행운이라고 생각할 만큼 위험했다. 운이 안 좋을 때는 검문소를 지나가던 일반인들이 방글라데시 군인에게 체포되거나 폭행당하는 일이 자주 있었다. 당시 군인들이 누군가를 체포할 때 영장이 필요 없었고, 경찰이나 군인들이 누군가를 샨티바히니 평화군이나 조력자로 의심만 해도 체포하고 구금시킬 수 있었다. 내가 다녔던 기숙학교 운영자였던 외삼촌도 카그라차리 시내에 있는 교육청을 다녀오던 길에 악명 높던 보이러파 Voiropa 검문소에서 군인으로부터 여러 사람과 함께 이유 없이 폭행당한 일이 있다. 카그라차리 지역은 다른 소수민족은 없고, 차크마, 마르마, 트리푸라족이 주로 거주하는 곳인데, 군인들이 줌머를 폭행할 때 정부군이 가장 미워하는 차크마족은 3대, 마르마족은 2대, 트리푸라족은 1대를 맞았다는 말을 외삼촌에게 들었다. 차크마, 마르마, 트리푸라가 줌머 중에는 비교적 규모가 큰 순서이기도 하고, 방글라데시 반정부 활동을 주도적으로 한 순서이기도 했다. 차크마, 마르마, 트리푸라 3개 민족 모두 피해자이지만 방글라데시 정부의 차별정책은 묘하게 소수민족 간의 갈등 요인이 됐다.

시외 차량 이동은 임시 수비시설에서 군인들이 근무를 시작해야만 허용됐다. 보통은 오전 9시부터 오후 4시 사이에 차량 이동이 가능했다. 오전 9시경, 차량 이동이 가능한 시간이 되면 검문소를 지나기 위해 차들이 긴 행렬로 늘어서 있다. 도로변 임시 수비시설에 근무 중인 군인들은 차량이 통과할 때까지 계속 호루라기를 불었다. 그 호루라기 소리는 늘 이동 중인 사람들에게 위압감을 주었다.

1986년 10월 23일 아침 8시, 나는 당에서 준 포상 휴가를 위해 집에 갈 준비를 마치고 카그라차리 버스정류장으로 가서 한 사람을 만났다. 그는 랑가마티 지역의 공무원인데 차크마 사람이다. 고향 카그라차리에서 휴가를 마치고 근무처로 다시 돌아가는 길에 나와 동행하기로 한 것이다. 공무원들은 검문소에서 공무원증만 보여주면 의심을 덜 받기 때문에 아무래도 안전했다. 그와 함께 치타공 시로 가는 버스를 탔다.

9시가 되자마자 긴 행렬로 기다리던 차들이 함께 출발했다. 카그라차리에서 출발하는 시외버스와 차들은 쳉기강 다리 앞에서 출발한다. 그곳에도 24시간 가동되는 검문소가 있는데, 그날은 이상하게 출발할 때 검문을 하지 않고 차량을 통과시켰다. 다행이다 싶었지만 혹시 모를 만약의 사태에 긴장감을 놓지 않았다.

차가 15킬로미터쯤 달려서 자리야 파라 jaliya para 부대 검문소쯤에 도착했다. 모든 차량이 군인들로부터 이동금지 명령을 받고 그 자리에 그냥 정차돼 있었다. 무장한 군인과 사복을 입은 군인들이 버스마다 한 명한 명 신분증을 확인하고 있었다. 줌머인은 외모에서 차이가 나기 때문에 모두 검문 대상이었다. 당시 방글라데시에 주민등록증 제도가 없었지만 줌머인은 예외로 학교, 행정기관, 군부대 등에서 신분증이나 샨티바히니 관계자가 아니라는 신원 증빙서류를 발급받아야 했다. 만약 검문할때 신원 확인이 안 되는 경우는 무조건 샨티바히니 평화군으로 취급되어체포됐다.

분위기를 보니 군인들이 누군가를 대상으로 체포 작전을 수행하고 있다는 생각이 들었다.

'설마, 나를 모르겠지.'

내가 탔던 버스에서 나는 나이가 가장 어렸던 것 같다. 비밀을 유지하기 위해 개인 신분을 숨기고 가명을 사용했고, 활동가들과도 서로 가족이나 고향 이야기를 나눈 적이 없다. 설사 군인들이 내 이름을 알고 있다하더라도 내 얼굴은 모를 거라고 생각했다. 나와 동행한 공무원이 공무원증을 보여주자 군인들이 한번 확인하고는 그냥 지나갔다. 군인들은 검문을 마치고 포기한 채 버스에서 내렸다. 그런데 사복을 입은 군인 한 명이 내가 탄 버스에 다시 올라왔다. 그는 사냥감을 찾은 들짐승처럼 나의 얼굴에서 눈을 떼지 않고 뚜벅뚜벅 나에게 다가왔다.

"신분증을 보여달라!"

나는 학교장한테 받은 신분증을 내밀었다. 사복 군인은 그 신분증을 보자마자 나의 몸을 꼼짝 못 하도록 붙잡았고, 동시에 몇 명의 군인이 버스로 올라와 나를 결박하고 손목에 수갑을 채웠다. 나를 도와주려고 함께 탔던 공무원도 체포됐다. 그때 이미 나에 대한 정보가 새어 나갔고 경찰과 군인에게 수배된 상태였는데, 나와 조직이 눈치채지 못했을 뿐이다. 불과 몇 개월 동안의 MK 지역 활동으로 나는 젊고 정의로운 활동가로 인정받았고, 그것이 체포의 위험성을 높였을 것이다. 1985년 봄부터 1986년 가을까지 1년 6개월 동안의 샨티바히니 활동이 끝나는 순간이었다.

나는 체포돼서 포승줄에 묶인 채로 카그라차리 본부로 끌려가서 조사받았다. 이동할 때 내 눈은 가려져 있었기 때문에 어디로 가는지 몰랐었다. 도착하자마자 나는 취조실 의자에 앉혀졌고, 관계자들은 나를 고문하기 위한 도구들을 가져왔다. 나는 밤새 고문받고, 독방에 갇혔다. 일주일 후에 치타공 시 육군 24사단 본부로 이송됐다. 내가 있던 방 옆방에는 벵골 수감자들이 있었는데 반국가 행동으로 갇힌 것 같았다. 그들과 나는 수시로 문 앞으로 나오라고 해서 주먹으로 맞았다. 힌두교인에게는 억지로 못 먹는 소고기를 먹게 해서 토하면 토한다고 때렸다.

며칠 후에 나는 카그라차리 군부대 구금시설로 이송됐다. 구금시설 내에 방은 2.5제곱미터 정도로 좁았고, 안에 화장실도 없었다. 옆방은 3제곱미터 정도 되는 크기에 여러 명이 갇혀 있었다. 건물 앞에는 잭푸르트나무가 있었는데, 체포되어 온 줌머인이 그 나무 아래에서 군인들에게 공개적으로 고문을 당하는 모습을 매일 볼 수 있었다. 고문받는 모습을 볼 때마다 내 몸도, 마음도 함께 고통스러웠다. 공개적인 고문은 아마도 그런 걸 노린 전략이었을 것이다. 가끔 부사령관이나 군 정보원들이 나를 데려가서 심문할 때도 있었다. 고문이나 심문이 두렵지는 않았다. 심문할 때 군인들은 그들이 원하는 정보를 내가 말하지 않을 때 매질을 했다. 어느 날은 새벽까지 심문과 고문이 이어졌고, 끝나면 수갑을 찬 채로 어두운 감방 안에 다시 갇혔다. 어느 날은 나에게 샨티바히니 옷을 가지고 와서 입으라고 하고 실제 게릴라 활동을 하는 것처럼 하고 비디오 영상을 찍었다. 선전용이었다.

어느 날 군 정보원에게 조사받고 있을 때 어머니와 아버지가 찾아오셨다. 샨티바히니 활동을 할 때 작은형이 한번 찾아온 적이 있었지만, 부모님은 너무나 오랜만이었다. 정보원은 구금된 사람들이 기자나 가족을 만날 때는 잠시 수갑을 풀어준다. 어머니가 우셨다. 나 때문에 걱정을 많이 했는지 어머니의 얼굴이 수척해 보였다. 죄송했다.

"어머니, 걱정하지 마세요. 곧 나갈 거예요. 문제없어요."

나는 간신히 웃으면서 말했다. 감옥에 갇히기는 어린 나이였지만 이 정도의 각오 없이 선택한 길이 아니었다. 길지 않았지만 나는 샨티바히니 활동하면서 사람의 소중함, 소수자의 권리, 도움과 나눔, 지도와 윤리, 용서와 화해 같은 가치를 배웠다. 그때의 활동 경험은 한국에서 재한줌머인연대를 조직하고, 줌머인의 생존 전략을 세우고, 시민단체들과 연대하는 과정에서 큰 힘이 됐다.

게릴라였던 사람?

언젠가 김포지역의 한 활동가가 나를 두고 '게릴라였던 사람'이라고 말하는 걸 들은 적이 있다. '그래서 위험한 사람'이라고 생각한다는 것인지, 말한 사람의 의도는 지금도 알 수 없다. 다만 왜 무장투쟁을 해야만 했는지에 대한 관심보다는 저항의 방식만을 바라보는 것 같아 아쉬웠다. 생각해보면 한국 사회는 오랫동안 분단체제가 만들어낸 반공 이념으로 인해 '게릴라'를 극단적인 무장 세력 정도로 인식하는 경향이 있는 것 같다. 레지스탕스나 게릴라는 지배권력의 폭압과 예속 상황에 저항하고, 자유와 권리를 위해 대항하는 비밀 무장 조직이다. 항일무장투쟁을 했던 봉오동 전투처럼 말이다.

민족주의 투쟁에서 지배자와 지배받는 자는 기본적으로 다수자와 소수자 혹은 강자와 약자로 구분되는 구도이다. 공고한 지배자를 상대로 싸우는 소수자 입장에서는 '게릴라전'이 자연스러운 전략적 선택이었다고 생각한다. 미얀마의 민주 세력이 군부 쿠데타로 더욱 공고해진 미얀마 군부를 상대로 게릴라 작전을 선택할 수밖에 없었던 것도 같은 이치다.

게릴라 활동은 생존을 다투는 활동이었기에 샨티바히니 규율은 엄격했지만 마을 사람들에게 경찰보다도 더 가까운 존재였고, 지지를 받았다. 모든 마을 사람들이 게릴라라고 생각할 만큼 동조자가 많았고, 존재감이 컸다. 샨티바히니 평화군 지도자들은 주로 학교 교사였기 때문에 줌머인들은 '선생님 혁명'이라고 말한다.

인도의 야생동물 보호구역인 이글네스트 Eaglenest에서만 볼 수 있는 새가 있다. 부군 리오치클라 Bugun Liocichla라고 하는데, 개체 수가 얼마 되지 않는다고 한다. 언젠가 리오치클라 어미 새가 새끼 새에게 '특별함', '나다움'의 의미에 대해 가르쳐주었다는 이야기를 들었다. 그 내용을 찾아보니 류시화 시인이 쓴 글이었다. 나는 한국의 류시화 시인의 시를 좋아하고, 몇 편을 뱅골어로 번역해서 SNS에 올린 적이 있었다. 모든 새들이 인기 있고 영리하고 가진 것이 많은 어떤 새가 되려고 한다. 부군 리오치클라 어미 새는 새끼 새에게 살아가는 법을 가르치면서 '어떤 새'가 된다고 하는 것은 자신이 아닌 다른 무엇이 되려고 하는 거라고 말해준다. 그러면서 "너 자신이 얼마나 고유한 새인지 알아야 해.", "네가 누구든 어디에 있든 자기답게 살라는 거야."라고 알려준다.

나는 내가 선택하고 걸어 온 길을 후회하지 않는다. 내가 선택할 수 있는 최선의 길이었고, '나답게' 사는 방식이었다. 나는 사람들이 하는 말에 갇혀 있고 싶지 않다. 나만의 방식이 옳다고 고집하지도 않는다. 누구나의 길이 있다. 다만 삶에는 '정상'이라거나 '정답'이라는 것은 없다고 생각한다. 더 좋고 덜 좋은 것은 지극히 개인적인 판단이고 선택이다. 나는 내가 걸어온 모든 길 위에서 만난 관계로부터 배우고 성장한다. 지금도 여기 이곳에서.

랑아비

어디로 갔나?
빨강 터번을 머리에 두르고
돌아오라 랑아비!
숱한 겨울이 지나고
봄이 지나가고
해가 돌아가고
비쥬가 지나갔다
기다리다 이젠 여름이 되었네
폭염에 온 세상이 뜨겁고
푸르던 잎들이 적색이 되어 떨어지고
나는 목마른 '모나'새가 되어
'마달'나무 가지에 앉아 너를 부르네
어서 돌아오라
나의 사랑 '랑아비'
어느덧 '보제크'다
어두운 하늘에
천둥소리
번개의 반짝임 사이에서
난 너를 찾는다
보고 싶은 '랑아비'
뒤도 돌아보지도 않고 떠나버린
너를 찾는다
'보제크'의 빗물이 떨어지는 속도로
반짝이는 번개의 빛을 타고
돌아오라 '랑아비'

1992년 5월, 랑가마티에서 로넬

*'랑아비'는 치타공 힐트랙 선주민이 빼앗긴 자유와 행복을 상징하는 의미로
 고향 '랑가마티'를 사랑하는 여인 '랑아비'로 은유적으로 표현한 시이다.
*보제크는 1월이다.

암다니 구역에서 만난 사람들

나는 정식 재판을 받기 위해서 치타공 시Chittagong Division32) 중심부에 위치한 치타공 중앙교도소로 옮겨졌다. 옮겨지기 전에 카그라차리 구치소에서 카그라차리 법원에 출석하면 구속기간이 1개월씩 몇 번 연장되고, 다음 기일에 출석하면 3개월씩 연장되어 재판없이 2년 동안 카그라차리 구치소에서 지내야 했다. 당시 치타공 법원에 치타공 힐트랙 줌머 수감자를 전담하는 특별재판소33)가 있었다. 그 재판소는 정부가 반정부-반국가 행위자로 지목한 줌머인에 대한 재판이 열렸고, 나는 그곳에서 재판받았다. 치타공법원은 치타공 시의 중앙 법원이었는데, 그곳에 1개월 또는 3개월 간격으로 출석해서 공식 재판을 받았다. 공식 재판에는 증인 출석 및 검사의 신문과 변호사의 변론이 진행되는 것이었지만, 사실상 증인으로 참석한 사람들은 군인이나 경찰 간부뿐이어서 공정한 재판이 진행될 수 없었다.

카그라차리 구치소에서 2년간 있다가 나는 치타공 중앙교도소 암다니 구역Amdani ward으로 이송됐다. 암다니는 여러 지역의 경찰서, 법원에서 온 사람들이 감옥을 배치받기 전까지 머무는 곳이다. 보통은 이곳에서 2~3일 정도 머무는데, 줌머인은 감옥으로 배치됐다가 다시 이곳으로 오는 경우가 많았다. 암다니에서는 복역하면서 작업장 일을 하는 대가로 매일 샤워할 수 있는 특혜가 있고, 다른 곳에 비해 약간의 자유가 있었다. 작업장에서 일하는 사람들에게 음식을 특별히 챙겨주는 혜택도 있었다.

샨티바히니 활동하다가 체포된 지도자들이 교도소 안에 있는 줌머인들의 복지를 위해 노력한 결과이다.

당시 교도소에 있는 줌머들은 실제로는 게릴라 활동을 하지 않은 일반인이 대부분이었다. 교도소에는 10년 이상의 장기 징역형을 선고받은 샨티바히니 활동가가 몇 명 있었는데, 그들은 형 집행이 끝나는 시점이라 수감자 감독관 역할을 맡고 있어서 약간의 영향력이 있었다. 당에서 보내준 영치금으로 샨티바히니 선배들이 교도소 안에서 담배나 비누같은 물건을 사서 나눠주었다. 우리 활동가들은 좋은 담배와 비누를 받았다. 예를 들어 일반인들이 빨랫비누를 쓸 때, 우리 활동가들은 세숫비누를 쓸 수 있었다.

나는 체포되고 조사를 받기 위해 군부대에서 한 달, 치타공 시내에 있는 사단에서 한 달 정도 있었다. 다시 군부대로 들어왔다가 경찰로 넘겨졌는데, 기소돼서 카그라차리 구치소로 갔다. 거기 있으면서 2년 정도 지역법원에서 2~3개월에 한 번씩 재판을 명분으로 출석만 하고 구속기한 연장 명령을 받았다. 치타공 교도소로 옮겨진 후에 샨티바히니 선배들 덕분에 암다니 구역에서 잘 지낼 수 있었다. 그리고 어차피 희생을 각오했기 때문에 그렇게 힘들다고 여기지는 않았다.

암다니 구역은 다른 구역과 다른 점이 있었다. 암다니는 치타공 감옥 주 건물 1층에 있었는데, 이곳에서는 그 안에서 벌어지는 일들 때문에 다른 구역과는 분위기가 달랐다. 그중에는 수감 동료와 교도관들로부터 가해지는 폭행과 신체적 고문이 포함됐다. 내부 범죄 관리 책임자인 수베다르는 매일 대부분 시간을 그곳에 머물렀으며, 그는 수감자를 폭행하기 위한 지팡이를 늘 가지고 있었고 키가 크고, 뚱뚱하고, 말이 적고, 잔인한 사람이었다. 그는 파키스탄 비하리족 Bihari 34) 출신으로 감정이 없는 야만적인 사람이라고 알려졌다.

감옥 안에서 범죄는 자주 발생했고, 불법 마약 판매와 투약, 도박, 수감자 간의 몸싸움, 청소년 수감자에 대한 성폭력 등 범죄 유형도 다양했다. 범죄로부터의 평화로운 날이 단 하루도 없었다. 사실 범죄가 발생하는 것에는 교도관들이 개입된 경우도 많았다. 내부 범죄를 견제하고 관리해야 하는 교도관들이 오히려 감옥 안에서 돈, 마약이 불법적으로 유통되도록 도왔다.

암다니에서 나쁜 일만 있었던 것은 아니다. 사랑하는 가족과 친구들에게서 오는 편지를 매일 아침마다 받을 수 있는 건 아주 행복한 일이었다. 암다니 맞은편 이발소에서는 전문 미용사는 아니지만 장기수 중에 교도소 내에서 이발사로 일할 수 있도록 승인받은 사람들이 이발과 면도를 공짜로 해주었다. 그들은 그런 봉사활동의 대가로 형량 감면 혜택을 받는다. 하지만 돈이 많은 수감자들은 더 나은 서비스를 받기 위해 이발사에게 불법적으로 뒷돈을 지불하곤 했다.

샨티바히니 활동가들과 정치범들은 주로 4번 구역으로 배정됐는데, 우리는 이곳을 '감옥 안의 감옥'이라고 했고, 누구도 그곳에 오래 머무르고 싶어하지 않았다. 캡틴 수발은 전 샨티바히니 지휘관이었는데, 1980년 계엄령 당시 반국가범죄로 종신형을 선고받은 사람이다. 그는 나와 다른 줌머 수감자들이 특별히 4구역에서 암다니 구역으로 이송될 수 있도록 도왔다. 원래 암다니 구역으로 이송될 수 있는 조건은 다른 유죄 판결을 받은 수감자들과 함께 교도소 작업장에서 일하는 것이었다. 사실, 우리는 유죄 판결을 받지 않았거나 법정에서 재판이 끝난 것이 아니기 때문에 작업장 강제 노역에 참여하지 않는 상황이었지만 암다니 작업장으로 이송되도록 허락받았다.

치타공 감옥의 수감자들에게 암다니 구역에서 지내는 것은 마치 작은 도시의 시내에 거주하는 것과 같았다. 마당으로 나가서 산책할 수 있도록 문이 자주 개방되었고, 공동샤워실과 부엌이 아주 가까웠으며, 책이 충분히 구비되어 있는 도서관이 안에 있었기 때문이다.

감옥 안에는 원래 샤워 시설이 없다. 수감자들은 가끔 식당에서 일하는 사람에게 5타카를 주고 10리터 정도의 물 한 바가지를 구해서 화장실에서 사워했다. 그건 당연히 불법이었지만 돈을 주고받는 불법은 감옥 안에서 빈번했다. 우리 줌머 활동가 중 100여 명 정도는 일반 줌머 수감자나 다른 수감자들과 함께 작업장에서 노역에 참여한다는 조건으로 암다니 구역으로 옮겨졌고, 우리는 하루에 한 번 샤워를 할 수 있는 특별한 기회를 얻었다. 반나절 동안 그냥 굶는 것보다는 차라리 힘들어도 노역을 하고 샤워하는 편이 더 나았다. 여름 최저 기온이 섭씨 35도를 웃돌 정도로 무척 더웠고, 게다가 거실 공간은 항상 붐비고 혼잡했다. 정기적인 샤워를 하기에는 물 공급량도 충분하지 않았다. 우리는 다행히 매일 지정된 시간에 다른 사람들에 비해 먼저 샤워실을 이용할 수 있는 우선권이 주어졌다.

치타공 감옥의 작업장은 정말 흥미로운 장소였다. 거기에는 알록달록한 카펫을 만드는 직물, 음식 덮개를 만드는 플라스틱 직조, 대나무나 플라스틱으로 된 휴대용 의자를 만드는 수공예품, 중범죄자들이 주로 착용하는 철제 족쇄를 만드는 대장간 등이 있었다.

대부분의 샨티바히니 활동가들은 같은 이유로 암다니 구역으로 이송됐지만 그들이 샨티바히니에 입대하기 전의 직업은 다양했다. 이들 중 작업장 노역과 관련된 전문직업을 가졌던 사람들은 교도관 대신 우리 수감자들의 작업을 관리하고 감시하는 역할을 맡았다. 덕분에 우리는 작업장 노역 시간에 여러 이슈에 대해 토론하거나 각자의 관심사에 대해 이야기하는 것을 즐겼다.

종교인들은 종교 이야기를 즐겼고, 어떤 사람들은 정치에 대해 이야기하고, 또는 농담으로 모두를 즐겁게 해주는 사람들도 있었다. 또한 여자 친구나 연애 이야기, 심지어 섹스에 대해서도 이야기하는 것을 즐기는 사람들도 있었다. 내 기억에 여성과 섹스에 대한 이야기는 가장 인기가 있었던 것 같다. 정치, 종교, 교육 등 여러 가지 일에 대해 이야기하는 것은 개인적인 관심 정도에 따라 차이가 있었지만 성에 관한 이야기에는 대부분 호기심을 가졌던 것 같다. 어린 내가 듣기에는 민망한 내용도 있었지만, 이곳에서는 나이, 학력, 직업에 따른 사회적 지위의 차이는 내려놓고 모두가 솔직했다.

암다니 구역의 작업장에서 노역하는 몇 시간 동안 정신적으로나 육체적으로 그다지 힘들지 않았다. 그런데 모기, 더위와 싸워야 하는 밤이 되면 '아, 내가 지독한 감옥에서 살고 있구나!'를 실감했다. 우리는 낮과 달리 야간에는 감옥 밖으로 나갈 수 없었고, 지정된 작업장에서 일이 끝나면 해가 지기 전에 감방으로 돌아왔다. 감방 안에서 한 사람에게 배정된 잠자리는 길이 2미터에 폭 1미터 정도로 한 사람이 간신히 누울 수 있는 공간 말고는 발디딜 공간조차 없었다. 정해진 취침 시간 전에는 눕지 못했기 때문에 덥거나 춥거나 이불로 몸과 얼굴을 가리고 앉은 채로 잠을 청할 수밖에 없었다. 참을 수 없을 만큼 괴로웠던 것은 모기를 피하기 위해 30도가 넘는 무더위에도 무겁고 까칠한 담요를 얼굴까지 뒤집어써야 했던 일이다. 체포 후 심문 과정에서 경찰, 군대, 보안대에서 구타당한 것보다도 더 힘들었다. 감방에서 말라리아 모기에 물려 고생하는 사람들이 많았기 때문에 더워도 그렇게 하는 것이 차라리 나았다. 누구도 말라리아에 감염되는 것을 감수하면서까지 시원한 밤을 보낼 생각은 하지 않았다.

나는 샨티바히니 평화군으로 활동을 할 때 말라리아에 두세 번 감염됐던 적이 있었다. 말라리아는 3일 정도 약물 치료하면 완치되는 단순한 질병이지만 제때 치료하지 않으면 머리가 심하게 빠지고, 어지럼증으로 고생한다. 그리고 구강 검사를 오랫동안 해야 한다. 많은 사람들이 즉각적인 치료를 소홀히 해서 말라리아로 죽는다. 그래서 시원하게 숙면을 취하길 바라는 것보다는 최대한 모기에 물리지 않기 위해 담요를 뒤집어쓰는 편을 택할 수밖에 없었다.

감옥에서 잠들기 전에 우리는 많은 활동을 했다. 체스 게임, 독서, 고향 집 이야기, 그리고 서로 각자가 연루된 법적 소송에 대한 조언과 정보를 공유했다. 체스 게임을 할 때는 매번 두 선수가 각각 많은 지지자를 두고 시합을 했는데 선수들이 너무 예민하고 경쟁심이 심해서 때로는 놀이가 말싸움이나 시비로 변질되는 등 격렬해지기 일쑤였다. 나는 그 놀이를 좋아하지는 않았지만, 누군가의 지지자가 되어 그 일원으로 응원을 빙자한 농담을 주고받는 것이 재미있었다. 실은 나는 정해진 시간 안에 은근히 의도적으로 개입해서 우호적인 논쟁이 되도록 이끄는 역할을 하려고 했다.

감옥 안에서 흡연은 금지되지 않았다. 그래서 우리는 둥그렇게 둘러앉아 잡담을 하면서 담배를 피우곤 했다. 시가^{Cigars}, 전통담배 비리^{biri35)}를 가리지 않고 피웠다. 담배가 떨어지면 라임^{lime}에 담뱃잎 가루를 섞은 '굴'^{gool}을 아랫입술과 잇몸 사이에 넣어 복용하곤 했다. '굴'은 씹는 담배인데 인도와 방글라데시에서는 서민들의 담배라고 할 정도로 많은 사람들이 피웠다. 생담뱃잎으로 만들어졌기 때문에 냄새가 고약하고 쓴맛이 났다. 당시 감옥에서 굴을 한 번도 안 펴본 사람은 없었을 것이다. 나도 몇 번 피워봤는데, 굴의 중독성은 일반 담배보다 몇 배 더 높은 것 같다.

우리는 한 달에 한두 번씩 비누, 담배 등 필요한 물품을 제공받았다. 줌머 정당이 감옥에 수감된 활동가들에게 필요한 물품을 보내주었는데, 내가 기억하기에 일반 줌머 수감자들과 샨티바히니 활동가들은 담배 몇 갑, 담뱃잎, 그리고 세탁비누 한 조각을 더 받았고, 정당 활동가 몇 명은 특별히 담배 한 갑과 비누 한 조각을 몇 번 더 받았다. 우리는 당의 지지를 받고 있다는 사실을 숨기기 위해 우리끼리 밤에 몰래 나눠야 했다. 만약 탄로가 났다면 우리는 수베다르 중사에게 매질을 당하는 곤욕을 치렀을 것이다.

치타공 교도소 내 암다니 구역에 있는 도서관에 가면 많은 양의 책을 구해서 볼 수 있었지만, 단 몇 명만이 책 읽는 것을 좋아했다. 그중에서도 두 사람은 도서관을 가장 많이 드나들었는데, 도서관에 있는 법 집행관은 그들을 매우 불법적이고 위험한 사람으로 여기는 눈치였다.

"당신들하고 대화할 때는 옆에 총이나 칼이 하나 있어야 된다!"

그들은 정치범들과 이념 논쟁을 벌이곤 했는데 대화가 과격해질 때도 있었다. 그들은 나보다 최소 다섯 살에서 열 살 정도 나이가 많았던 것 같은데, 그들로부터 그들의 이념에 대한 이야기를 들었다. 우리는 언제 어디서나 토론하는 것이 일상이었다. 그들은 개인적으로는 나를 좋아했지만, 민족주의에 기반한 나의 정치적 이념 때문에 나를 싫어하기도 했다. 그들은 늘 계급투쟁을 강조했다. 하지만 샨티바히니의 첫 번째 목표가 치타공 힐트랙 선주민의 자치권이고, 마지막 목표가 모두를 위한 자유였기 때문에 내 활동의 근간이 되는 것은 어쩔 수 없이 '민족'일 수밖에 없었다.

지금은 중앙 교도소인 치타공 교도소는 당시에 지리적 위치 때문에 외국인을 많이 수용했다. 남쪽에 위치한 치타공 시는 방글라데시의 경제 수도로 알려진 항구 도시인 벵골만과 접해 있다. 치타공 항은 방글라데시의 주요 국제 화물선 터미널이다 보니 외국인들이 대부분 그 도시를 통해서 온다. 그들 중 방글라데시 해상 경계에 잘못 침입한 어선에서 일하다 국경을 넘어온 혐의로 해안경비대에 의해 잡히는 경우가 많았는데, 대부분은 범죄에 거의 관여하지 않은 미얀마 사람들이다. 때로는 사이클론 같은 자연재해로 인해 선박사고도 불법 월경행위로 여겨져 감옥에 갇히는 경우도 있다.

나는 1988년 겨울에 벵골만에서 배가 뒤집혀 침몰하면서 감옥에 오게 된 2명의 베트남 선원을 만났다. 다행히 두 사람은 사고 지점 인근을 항해하던 방글라데시 선박에 의해 구조됐다. 나는 베트남 사람 홍 응우엔 탄이 가지고 있는 방글라데시호의 선장이 써준 쪽지를 읽고 그 내막을 알았다. 아마도 선박 당국은 구조된 사람을 송환에 필요한 조치를 취하기 위해 해양경찰에 인계했을 것이고, 임시로 감옥에 갇힌 것 같았다.

다른 사람의 이름은 홍 응우엔 반이었다. 두 베트남 사람은 나와 다른 사람들에게 매우 친절했다. 한 사람은 영어를 할 줄 몰랐지만 다른 한 사람은 조금 말할 수 있었다. 나는 그들과 몇 달 동안 같은 암다니 구역에서 지냈다. 나는 그들이 우는 것을 본 적이 없지만 때때로 애처로운 멜로디로 노래하는 것을 들으면서 그들도 나처럼 가족과 집을 그리워하고 있다는 것을 짐작할 수 있었다. 나는 그들을 위해 베트남 대사관에 편지를 썼다. 교도소에서 편지 쓰는 것은 자유로웠고, 교정 당국에서 우편 비용을 내주었다. 결과가 궁금했지만 그들의 운명이 어떻게 되었는지 알 수는 없었다.

나는 지금도 이해할 수가 없다. 왜 범죄와 관련되지 않고, 어쩔 수 없이 국경을 넘은 외국인들을 '보호'라는 명분으로 구금을 하고, 그 시설이 감옥이어야 하는지 말이다. 그것을 문제 삼지 않고 당연한 것으로 생각하는 것은 인권감수성의 문제가 아닐까.

또 한 명의 스리랑카 선원도 암다니 구역에서 만났다. 그 역시 임시보호 조치로 감옥에 와 있었는데, 타밀족 Tamil ethnicity이었다. 그는 영어를 아주 잘했고 나와 많은 이야기를 나누는 친구가 됐다. 그때가 1989년이었는데, 타밀 반군이 스리랑카 정부군을 상대로 싸우던 시기였다. 나는 스리랑카에서 일어난 타밀 항쟁Tamil rebellion에 대해 듣는 것을 즐겼다. 스리랑카는 영국으로부터 독립한 이후 주류인 싱할라족을 중심으로 민족주의를 강화시켰고, 힌두교인 타밀족을 배척했다. 스리랑카 정부의 타밀족 차별과 박해에 대항하는 타밀족의 투쟁은 줌머 샨티바히니 평화군 활동과 유사했다. 나도 그 타밀족 친구에게 샨티바히니에 관한 이야기를 해주었다. 우리는 '민족의 자유'라는 이념과 소수민족이라는 점에서 잘 통했다.

1년 6개월 동안의 샨티바히니 평화군 활동, 체포, 3년 동안의 수감생활 모두 누군가에겐 숨기고 싶은 이력일 것이다. 하지만 나는 내가 치타공 힐트랙 선주민으로서 선택한 나의 길을 후회하지 않는다. 수감 기간에 만났던 사람들한테 듣고 배운 것도 나에겐 소중한 자산이다. 샨티바히니 시절과 감옥에서 만난 사람들 이야기에서 배웠던 것이 내 정치적 이념과 철학 기반이 됐다. 샨티바히니 선배들이 늘 했던 말은 "잘못된 생각을 경계하라!"라는 것이었다.

"난 차크마야, 난 트리푸라야."

"난 의사야, 난 교사야."

민족이나 신분, 계급만 앞세우지 말고 연대하라는 것이었다. 줌머 조직이 벵골 극단주의와 상대하기 위해서는 강한 이념이 필요했을 것이다. 평범하게 사는 방법을 선택할 수도 있었겠지만 만약 내가 샨티바히니 활동을 하지 않았다면 고등교육을 받고 성공한 사람이 될 수는 있었겠지만 세상을 모르고 살았을 거다. 변화와 변혁을 원치 않는 사람들에게 감옥은 그저 범죄자를 가두는 장소일 뿐이지만 내게는 내가 위험을 감수하면서 이루고자 했던 평화로 가는 하나의 과정이자 세상과 사람을 알아가는 배움과 사색의 공간이었다.

출소, 그리고 망명

1989년 10월 22일, 3년 만에 나는 석방됐다. 1982년쯤 방글라데시에 계엄령이 선포되어 몇 년간 지속됐는데, 그때 체포된 선배들은 변호인도 없이 군사 법정에서 바로 10년, 20년 장기 실형을 선고받았다. 줌머족 수감자들이 석방된 사례가 거의 없었기 때문에 나는 감옥에서 석방되리라는 희망을 거의 포기했었다. 당시 지아우르 라하만 대통령 암살 이후 선포된 계엄령이 1982년부터 1986년까지 이어졌다. 그 기간 동안에는 군 법정에서 줌마 민족을 변호하러 오는 변호사가 없었고, 변호인이 변호하도록 허용되더라도 대부분 5년 미만의 엄격한 징역형을 선고받았다. 샨티바히니 평화군에 가담한 적이 없는 줌머인들도 대규모 군사작전에 의해 체포된 사람들이 조작된 혐의로 연루돼 수 년간의 징역형을 선고 받았다. 그러다가 1987년에 계엄령이 철회되어 나의 재판은 민사법원에서 진행됐다.

그때 법정에 출두하기 전 줌마 수감자들은 석방될지 투옥될지에 대해 점술을 치곤 했다. 신기하게도 실제로 많은 사람들이 점술가의 점술처럼 석방되거나 투옥 판결을 받고 다시 감옥으로 돌아왔다. 만약 예측이

틀렸을 경우 점술가는 "어떤 불행이 보였지만 말하지 않으려고 했다."고 입장을 바꾸곤 했다.

1989년 가을, 내 사건의 최종 판결 날짜가 확정되었다. 이제 내가 점술가를 만날 차례였다. 감옥에서 점술가로 알려졌던 사람은 재판이 진행 중이던 70세 정도의 므로^{Mro}족 줌머 노인이었다. 재판 하루 전날 나는 그 노인을 찾아갔다.

"내일은 법원에서 제 판결이 있습니다. 제 운세가 어떻게 되는지 알고 싶습니다. 나는 마음 준비가 되어 있습니다. 저는 변호사로부터 제가 기소되고 형법에 따라 최소 10년의 징역형이 선고된다고 들었습니다."

실제로 나는 걱정이 됐고, 운명을 받아들일 준비가 되어 있었다.

"운 좋게도 풀려나겠네. 자네의 자유를 방해하는 어떤 세력도 없을 거야!"

그게 맞을지 확신이 없었지만 신기하게도 작은 희망이 생겼다. 1989년 10월 22일, 나는 검은색 띠가 달린 흰색 셔츠와 흰색 바지를 입고 법정에 출두할 준비를 했다. 나에게 작별 인사를 하는 수감자는 거의 없었다. 왜냐하면 그들은 내가 최소 10년의 징역형을 선고받고 감옥으로 다시 돌아올 거라고 생각했기 때문이다. 오전 9시쯤 친구와 함께 검은색 이송차에 타서 10시쯤 법원에 도착했다. 판사가 법정에 들어왔다. 판사는 작성한 판결문을 낭독했다.

"로넬 차크마, S. 차크마, N. 차크마는 다른 혐의가 없어서 무죄를 선고한다!"

잠시동안의 침묵이 끝나고 법정은 한동안 소란스러워졌다. 나는 두 친구와 함께 석방 명령을 받았다.

나는 구금되고 재판을 받으면서 무죄로 풀려날 거라고 예상하지 못했는데 계엄령이 해제되면서 만 3년 만에 무죄 판결이 났다.

석방됐지만 4년여 동안 힘든 시간을 보내야만 했다. 이미 신분이 노출된 상황에서 다시 게릴라군으로 들어가서 활동하는 것은 당의 입장에서도 위험한 일이었다. 그리고 내가 체포됨과 동시에 우리 집으로 찾아간 군인들은 온 집안 살림을 다 부수고 가족들에게 폭력을 가하기도 했고, 무엇보다도 3년 동안 소송을 하면서 나의 가족은 엄청난 정신적 고통을 감내해야만 했다. 출소 이후에도 나와 가족들은 늘 감시를 받았기 때문에 내가 다시 위험한 일에 가담하는 것을 원치 않았다. 게다가 가족에 대한 정부의 보복 위협 때문에 나는 샨티바히니 재입대를 심각하게 고민해야만 하는 상황이었다. 집에서조차 일상생활을 하는 것이 불가능했다.

나는 일단 샨티바히니 활동으로 중단되었던 고등학교 과정을 마치고 2년제 전문대학에 들어갔다. 대학에서 일반 인문학 공부를 했는데 1993년 졸업할 때까지 학교생활은 쉽지 않았다. 샨티바히니 활동 이력이 늘 따라다녔고, 군대와 정보요원의 감시로 생활이 자유롭지 못했다.

대학 졸업을 하고 곧바로 방글라데시 콕스 바자르 Cox's Bazar 에 있는 유엔 난민촌에서 위생교육원으로 일할 수 있는 기회가 왔다. 콕스 바자르는 미얀마와 가까운 치타공 시의 남쪽에 위치해 있는데, 1991~1992년 사이 미얀마 군부의 학살을 피해 방글라데시 국경을 넘어 온 로힝야 소수민족 25만 명이 집단 거주하는 쿠투팔롱 난민촌이 있었다. 당시 쿠투팔롱 난민촌은 네덜란드 '국경없는의사회'에서 운영하는 미얀마 난민촌이었다.

로힝야 소수민족은 미얀마에서는 방글라데시에서 온 불법 이민자라는 뜻으로 '벵골 칼라'라고 불렸고, 방글라데시에서는 미얀마에서 온 불법 이민자라는 뜻으로 '버마야'라고 불렸다. 줌머 민족처럼 어느 국가로부터도 환대받지 못했고, 국가 없는 민족이었다. 1991년 방글라데시 정부는 미얀마 군부와 난민 송환 협정을 추진해서 난민촌에 있던 로힝야 2만 5천 명을 강제송환했다. 당시는 미얀마 라카인 주에서 군부에게 로힝야 민족의 대대적인 학살이 진행되고 있을 때였기 때문에 강제송환은 죽음으로 몰아넣는 행위였다. 로힝야 민족은 무슬림으로 줌머와는 다른 종교정체성을 가지고 있었지만 그들이 겪는 차별에 마음이 아팠다.

나는 전문직은 아니었지만 6개월 정도 콕스 바자르 난민촌에서 일했다. 하지만 평화로운 일상생활이 보장된 것은 아니었다. 늘 감시를 받았고, 나로 인해 가족 모두가 불안한 생활을 했다.

"안전한 곳으로 떠나라."

가족들로부터 귀에 못이 박히도록 들었던 말이다. 나의 두 형과 부모님은 나를 해외로 피신시키기로 최종적으로 결정했다. 그때 나는 오로지 '치타공 힐트랙의 상황을 변화시키기 위해 내가 무엇을 할 것인가'라는 생각만 했다. 하지만 내가 어디에서 무엇을 어떻게 할 수 있을지 너무 막막했다. 선택의 여지가 별로 없었다. 고민 끝에 내가 조금이라도 자유롭게 후일을 도모할 수 있는 방법으로 일단 인도로 갔다.

1993년 봄, 그때 마침 태국 안의 줌머 망명객들의 도움으로 나는 3개월짜리 단기 비자를 받고 인도에서 다시 태국으로 건너가서 파타야시의 한 불교대학에 다녔다. 단기 비자였기 때문에 어려움도 있었고, 가져간 돈도 다 떨어졌기 때문에 버티는 게 쉽지 않았다. 그때 태국으로 건너간 줌머인은 태국에서 불교대학에 다니거나 스님으로 살았고, 그렇지 않은 경우는 난민에 대해 비교적 수용도가 높은 유럽 국가들로 떠나거나 교육, 경제, 종교, 인권운동 등 자신들의 목표에 걸맞는 환경을 찾아, 프랑스, 영국, 미국, 호주의 선진국과 일본, 태국, 스리랑카 등의 아시아 나라들로 떠났다.

탄압이 격화되고 저항이 격렬해지면서 저항에 앞장섰던 이들은 해외로 나갈 수밖에 없었다. 태국에 샨티바히니 당에서 보낸 대변인이 있었는데, 그 사람은 CHT국제위원회(CHTC) Chittagong Hill Tracts Commission 와 연결된 사람이어서 태국을 중심으로 줌머 인권 관련 활동을 하면서 줌머인에게 여러모로 도움을 주었다. 하지만 제3국을 선택한 사람들이 꼭 줌머 운동에 대한 고민을 가지고 떠난 것만은 아니었다.

민주화를 이룬 한국으로 이주 결정

태국에서 불교대학을 다니거나 스님으로 사는 줌머인을 제외하고는 대부분의 줌머인이 떠나고, 나와 한 친구만 남았다. 우리 두 사람은 정보를 함께 공유하는 파트너로 지내면서 어디로 갈 것인지 같이 고민을 했다. 그때 어디에서 나온 정보였던 것인지는 정확히 기억이 나지 않지만 우리는 1988년 버마(미얀마)[36) 군부독재에 저항하는 민주화운동이나 1987년 6월 한국의 민주화운동에 대해서도 많은 이야기를 나눴다.

"한국 사람들은 개고기를 먹는다더라."

"일이 아주 힘든데 월급을 제대로 안 주고, 욕도 많이 한다는데."

"한국 사람들은 말끝에 '~요 ~요'라고 하면서 말을 부드럽게 한다."

한국에 관한 여러 가지 정보를 들었지만 내 마음을 사로잡은 건 한국의 민주화운동이었다. 특히 1987년 6월 민주화 항쟁 당시 한국인들이 서울 시내 도로를 꽉 메우고 시가행진을 한 이야기며, 대통령 직선제를 이뤄 냈다는 이야기는 나의 모든 혈관을 뜨겁게 달궜다. 한국에 가면 잘 지낼 수 있을 것 같았다.

"내가 서울에 갔는데 날씨도 좋고 깨끗해서 일주일 동안 옷을 갈아입지 않아도 됐다."

당시 태국 중심으로 활동하면서 줌머 정당(PCJSS) 대변인을 하던 사람이 서울에 다녀온 후에 한 말이다. 방글라데시는 워낙 더워서 땀 냄새 때문에 매일 옷을 갈아입어야 하는데, 깨끗한 날씨도 마음을 끌었다. "한국인들 대부분이 불교인이다."라는 말도 들었다. 그 친구가 어디에서 그런 말들을 들었는지 마치 가본 사람처럼 한국에 대한 정보를 하나씩 물어다 전해주었다. 어쨌든 우리는 그렇게 가보지도 않은 한국이라는 나라에 대해 서서히 공동의 목표를 가지게 됐다.

그런데 그 사람이 먼저 한국으로 떠나버렸다. 한국에 들어가 있는 바루아족과 연결이 됐다는 소식을 나중에야 들었다.

결국 나는 혼자 남았다. 1년 정도 태국에서 지내다가 체류 만료 기한이 되기 전에 라오스로 가서 새 비자로 체류 기한을 1년 연장하고 돌아온 사이에 태국에서 살던 줌머인 대부분이 이미 제3국으로 떠나고 없었다. 차크마 중에서 장기거주자를 제외하고 단기거주자는 나만 남은 상태였다. 그때 태국에서 장기 체류하던 차크마 스님의 도움으로 바루아족37) 스님을 만나 그와 함께 한국에 들어왔다. 당시 바루아족 출신 몇 명이 이미 한국에 정착하고 있었기 때문에 줌머인이 한국에 올 때 바루아족의 도움을 받는 경우가 있었다. 그때 김포와 의정부 일대에 거주하던 바루아족은 이후에 대부분 유럽 국가나 미국으로 이민 가고 일부는 치타공 힐트랙으로 귀국했다. 나와 같이 입국했던 스님도 나중에 미국으로 이민갔다고 전해들었다.

그동안 수집된 한국에 대한 정보만으로는 한국행을 결정하기가 쉽지는 않았다. 그런데 당시 유럽이나 호주, 미국으로 먼저 간 줌머인은 각 단위에서 줌머 운동을 활발하게 벌이고 있었고, 일본의 경우 재일줌머인연대(JPNJ)Jumma Peoples Network -Japan가 막 결성되었을 때였는데 한국에는 전혀 그런 움직임이 없었다. 그 점이 내가 한국행을 선택하게 된 이유이기도 하다.

1994년 6월 여름에 김포공항에 도착했다. 태국과 달리 관광객이 많지 않았고, 우리와 비슷하게 생긴 사람들이 많았다. 낯선 곳이지만 생김새 때문인지 안심이 되었고, 왠지 거부감 없이 잘 지낼 수 있겠다는 근거 없는 자신감이 생겼다.

2부 __ 되기

Joydeb Roaja, "performance Sketch-5" / ink on paper / size 30*40cm

1. 있어도 없는 존재

창문 밖으로 횡단보도를 바라보고
또 바라본다
잠시 신호를 기다리는 사람
멀리서 뛰어오는 사람
키가 큰 사람 키가 작은 사람
잘생긴 사람 못생긴 사람
나이 많은 사람 나이 적은 사람
다양하고 수많은 사람
밤에도 낮에도
비가 올 때도 눈이 올 때도
언제나 횡단보도를 건너간다

왜 오가는지
어디서 와서 어디로 가는지
횡단보도가 전혀 묻지도 않고
따지지도 않고
조용히
괴로움도 아픔도 없이
그냥 일만 한다

2021년 1월 22일, 서울 출입국사무소 커피숍에서 로넬

미등록 체류자

한국에서 내 인생의 절반 정도를 살면서 많은 추억이 쌓였다. 외국인이라면 언어와 문화의 차이로 인해 누구나 한두 번쯤 겪는 오해와 실수가 나에게도 자주 일어났다. 어떤 기억은 거의 희미해졌고, 좋지 않았던 기억들도 지금은 웃으며 말할 수 있을 만큼 세월이 훌쩍 지났다.

한국에 도착하고 나와 줌머 동료 몇 명은 관광 비자를 가지고 있었기 때문에 미등록 체류자 신분으로 김포 대곶면과 검단(그때는 검단이 김포에 속했다) 일대의 공장을 옮겨 다니면서 생활했다. 당시 산업연수생제도로 한국에 입국한 외국인노동자들이나 우리는 수시로 임금체불이나 저임금, 인권침해에 시달렸지만 관광 비자를 가진 우리나 연수생 신분인 그들이나 매한가지로 취업이 금지됐기 때문에 어디에 신고할 엄두를 내지 못했다. 불법취업은 외국인노동자만이 아니라 한국인 고용주 역시 법 테두리 안에서는 똑같이 불법이지만 피해는 불법체류라는 딱지를 늘 달고 사는 우리 몫이었다.

첫 직장이었던 인천의 한 컨테이너 가구 공장에서 일한 지 몇 개월쯤 지나고 명절이 왔다. 누구나 외국에 가 있으면 명절 때 가장 외롭다고 한다. 나도 초기에 가장 마음 아픈 시간을 보낸 건 명절이었다. 명절 때마다 함께 생활하던 한국인 동료들은 명절 쇠러 고향으로 가고 조용한 공장에는 강아지 두 마리와 나만 남아 있었다.

휴가 기간 내내 나는 강아지에게 밥을 줬지만 내게 밥을 주는 사람은 없었다. 연휴 기간이라 구내식당은 물론 공단 주변 식당도 문을 닫아서 그냥 라면으로 때운 날도 있었다. 나는 원래 소식하는 편이라 음식은 전혀 문제 되지 않았다. 다만 사람들이 가족들에게 줄 선물을 사고, 고향 갈 준비로 마음이 들떠 있는 모습이 부러웠다. 그때는 고향에 있는 가족 생각으로 괜히 서글펐다.

2000년 말에 김포 양촌면 한 컨테이너 공장으로 일터를 옮겼다. 50대 부부가 운영하던 공장이었는데, 아프리카(어느 나라였는지 기억이 나지 않는다)에서 온 노동자 1명과 줌머인 3명, 그리고 한국인 공장장 1명 포함해서 직원이 5명밖에 되지 않는 작은 공장이었다. 직원들은 용접, 인테리어, 전기 시스템 철시 등 컨테이너 제작에 필요한 작업을 했다. 공장장은 작업은 하지 않고 관리 감독 역할만 했는데 수시로 우리 앞에서 사장 부부로부터 모욕당하거나 무시당했다. 나이 많은 공장장이 무시당할 때마다 오히려 보는 우리 마음이 더 불편하고 안쓰러웠다.

명절 전날이라 다들 서둘러 공장일을 일찍 끝냈다. 나는 명절 보너스를 받으면 친구들과 맛있는 음식과 술도 한잔 마실 생각에 사장 부부가 나타나기만을 눈 빠지게 기다렸다. 사장 부부는 고향 갈 준비를 하는지 아주 바빠 보였다. 이날은 유난히 사장 부부가 외부로 왔다 갔다 하는 일이 많았다. 겨울이라 해가 빨리 지고 저녁 6시 전에 밖은 이미 어두컴컴해졌다. 공장장은 먼저 퇴근하고, 사장 부부도 어느새 보이지 않았다. 명절 보너스를 포기하고 우리도 작업을 마무리하고 공장 기숙사에서 저녁 먹을 준비를 하고 있었다. 그때 갑자기 사장 부부의 차 소리가 났다. '혹시 사장 부부가 설 명절 인사도 하고, 보너스를 주려고 온 걸까?' 다시 나타난 사장 차를 보자 은근히 기대됐다.

"명절에 이거 해 먹어!"

명절 잘 보내라는 인사말도 없이 사장이 우리에게 내민 것은 생닭 한 마리였다. 기대감 때문에 실망감도 있었지만 전혀 기분 나쁘지는 않았다. 오히려 그 상황이 재미있었다. 차 소리를 듣고 혹시나 하는 기대를 했던 것도, 생닭을 명절 선물로 받은 것도 그저 웃음이 났다. 시간이 한참 지난 지금 그 일은 즐거운 추억으로 남았다.

불법취업이었기 때문에 근로계약서를 쓰지 않고 구두로 월 150만 원을 받기로 하고 일을 시작했지만 내가 실제 받은 월급은 100~120만 원 정도였다. 다른 동료들에 비해 내 월급은 유난히 적었다. 물론 다른 동료들에 비해 내가 컨테이너 회사에서 일한 경력이 짧았던 이유도 있었지만 한국어를 좀 할 줄 알았던 나는 뭔가 잘못된 일이 있으면 나서서 사장 부부에게 또박또박 문제제기 했는데, 사장 부부는 그런 나를 버릇없고 무례한 사람 취급했다.

불법취업은 예고 없는 해고와 추방이라는 불안감이 늘 따라다녔는데 그때는 어디서 그런 무슨 배짱이 생겼는지 모르겠다. 나이나 지위를 중요하게 생각하는 한국 문화나 정서를 잘 몰라서 그랬던 것 같기도 하다. 지금 생각해보면 그때 나이도 스물너댓 밖에 안 된 키 작고 비쩍 마른 동남아시아 불법취업자가 일일이 따지고 드는 게 얼마나 미웠을까 싶다. 내가 틀린 말을 한 건 아니니 아마 속으로는 이러지도 저러지도 못해 화가 났을 것이다.

어른을 공경하는 것은 좋은 문화라고 생각한다. 그런데 한국에서 공경의 대상이 꼭 나이 많은 어른만은 아닌 것 같다. 국적이 어디인지, 외모가 어떤지, 직업이 뭐고 사회적 지위가 어떤지에 따라 다른 것 같다. 언젠가 버스를 탔는데 운전 기사분이 초등학생이나 어른이나 버스에 탈 때마다 "안녕하세요!"라고 했다. 보기 좋았다. 그런데 가만히 생각해보니 내가 버스를 탈 때는 듣지 못한 인사말이었다. 괜스레 내 얼굴이 빨개졌다. 내가 그런 대접을 받아서가 아니라 그런 상황 자체가 그냥 민망했다. 아이들이 보면서 성장할 텐데….

지금이야 많은 이주민, 난민 인권 관련 단체가 많지만, 그때는 외국인 인권에 관심을 가진 시민단체가 별로 없었기 때문에 억울한 일이나 불합리한 일을 겪어도 해결 방법을 알지 못했다.

"로넬, 교회에 한번 가볼래? 거기 가면 외국인들도 많고, 밥도 주고, 좋은 한국 사람들도 많아. 가봐!"

자주 가는 식당의 아주머니가 가보라며 교회를 소개해줬다. 교회라는 말에 기독교라는 것은 알았지만 공장 사람들 이외에 새로운 사람들을 만날 수 있다는 기대로 교회에 갔다. 교회 사람들도 나에게 호기심을 보였고, 따뜻하게 대해줬다. 한국 도착하고 며칠 안 돼서 나는 내가 알고 있는 한국에 대한 정보가 얼마나 엉터리였는지 알았다. 밤이면 교회 지붕 위에 높게 세워진 십자가 네온사인이 그랬다. 낮에는 잘 보이지 않던 교회 십자가가 밤하늘을 붉게 가득 채운 것을 보고 한국은 내가 생각했듯이 불교국가는 아니었다는 것을 알았다.

한국 사람을 만나면서 가톨릭에서 운영하는 인천 외국인 노동자상담소도 소개받았다. 그 단체는 성직자도 있었고, 활동가들도 있었다. 관심이 많았지만 가까이 다가가서 이야기를 나누는 관계는 아니었고, 고아원, 장애인 시설을 함께 방문하는 정도였다. 김수환 추기경이 참여하는 대규모 가톨릭 행사에도 참여했었다. 당시 나는 단순 참가 정도였기 때문에 인권운동이라는 생각은 들지 않았지만 그래도 종교 관련 단체를 통해 한국에 대해 조금씩 알 수 있었고, 누군가 함께 하는 사람들이 있다는 것만으로도 행복했다.

나는 불교도지만 날짜를 지켜 절에 가거나 특별히 어떤 종교의식을 따르기보다는 어디서나 가볍게 명상을 하면 됐다. 나만이 아니라 줌머인 대부분이 그렇다. 누군가 자신의 종교를 나에게 강요하지만 않는다면 문제 될 것이 없었다. 교회에 가면 그들이 하는 방식대로 기도하고 헌금을 한다. 실제로 나는 이런 것들이 문제가 되지 않는다. 나의 기도는 장소를 초월하기 때문이다.

나와 동료들은 미등록 체류자로 직장을 구하는 일이 어려웠고, 직장을 구해도 불법취업이라는 딱지 때문에 수시로 직장을 옮기거나 단속과 추방의 불안감으로 힘들었던 시기라 기독교와 가톨릭은 마음의 안정을 찾는 데 도움이 됐다. 우리는 한국에서 살아가는 것 자체가 힘들었기 때문에 종교를 떠나서 인간적인 교류를 원했다. 한국 입국하고 초기에 마음 따뜻한 사람들을 만날 수 있었던 것에 감사한다.

나와 줌머 동료들은 1997년에 '재한 방글라데시 선주민 불교협회' (BIBAK) Bangladesh Indigenous Buddhist Association in Korea를 만들었다. BIBAK 창립할 때 오랫동안 승려 생활하면서 다카대학교 불교철학과를 졸업한 밀론 샨티 씨가 의장을 맡고 나는 총무 역할을 맡았다. 그리고 1호

설날의 추억

설날에 바라본다
지금 내가 사는 작은 마을의 모습을
귀향한 사람들의 아름다운 모습
가족들이 만나 행복해 하는 모습
오랜만에 듣는 옆집 아기 우는 소리
숲속에서 날아온 새소리처럼
옆집 여자들의 웃음소리
한복을 입고 오가는 사람들
가족이 함께 걷는 모습
너무나 아름답구나!
그 모습을 자꾸자꾸 바라본다

설날에 바라본다
내가 살던 고향의 모습을
나도 고향이 있었고, 가족이 있었다
내 어머니가 희미한 내 기억 속에서
아직도 나를 기다리고 있구나!
나를 먹이려고 해 둔 엄마의 설날 음식
아직도 썩지 않은 그 떡들이
송편만큼 맛있는 그 맛이
아직도 내 그리움에 남아 있구나!

설날에 바라본다
잊지 못할 내 어린 시절의 모습을
초록 언덕 위 내가 살던 집

지붕 위로 흘러가는 구름의 그림자
집 앞에 흐르는 냇물이 나를 부른다
꽃 피고 바람 부는
내 고향은 아직도 그대로 있구나!
설날에 바라본다
나를 바라본다
넌 누구냐고 묻는다
답을 찾지 못해
설날에 찾아온 이웃을 바라본다

피닉스 새처럼 날아온 나
지금
여기
머나먼 내 고향은
내 그리움 속에 아직 변하지 않았구나!

2014년 설날, 김포 양곡에서 로넬

한국 입국자인 샨티 지본 씨가 재정부장을 맡았다. 한국에서 여러 연구자가 "재한줌머인 공동체를 유지하는 데 종교가 중요한 수단이었다."라고 말한다. 나도 동의한다. 그런데 우리는 한국 사회에 우리의 존재를 알리고 치타공 힐트랙의 상황을 개선하는 데에 불교 정체성을 활용한 셈이지만 종교 자체가 목적은 아니었다. BIBAK은 불교협회라는 이름을 달았지만 종교적인 성격보다는 치타공 힐트랙 선주민의 자치권 확보와 치타공에서 벌어지는 줌머인에 대한 인권침해를 국제사회에 알리기 위한목적이 더 강했다. BIBAK은 한국에서 줌머인의 첫 번째 조직이고, 이후만들게 되는 재한줌머인연대(JPNK)Jumma People's Network-Korea 의 씨앗이다. BIBAK을 만들긴 했지만 우리끼리 친목을 다지는 정도의 모임이었다.

BIBAK 단체를 세워 한국에서 줌머 운동하려던 계획은 얼마 안 돼서무산되었다. 1997년 12월 2일, 줌머 정당(PCJSS)과 방글라데시 정부 사이에 치타공 평화협정이 체결되었기 때문이다. BIBAK 회원 중 2명만남고 다른 사람들은 치타공 힐트랙으로 귀국하기로 했다. 하지만 평화협정은 이행되지 않았고, 오히려 줌머 활동가들을 불법체포, 구금하고,일상적인 토지강탈과 인권유린이 반복되었다. 줌머 내부적으로는 책임문제를 두고 평화협정을 주도한 세력과 치타공 힐트랙 선주민의 완전한자치를 요구하며 반대한 세력 간에 갈등이 심화되면서 상황이 좋지 않았다.

치타공 힐트랙으로 일시 귀국

평화협정 이후 여러 가지로 치타공 힐트랙 상황이 좋지 않은 상황에서 현지로 가서 줌머 운동에 힘을 실어야 할지, 아니면 다른 곳으로 가서 새롭게 방법을 찾아야 할지 쉽게 마음을 정할 수 없었다. 그렇다고 한국에 남는 것도 어려웠다. 한국은 그때 IMF 외환위기로 경제 상황이 열악했고, 기업들은 구조조정으로 대량 실업 사태가 연이어 터졌다. 소규모 영세사업장의 부도와 폐업으로 외국인 노동자들 역시 불안하기는 마찬가지였다.

고민 끝에 고향으로 귀국하는 것도, 한국에 남는 것도 포기하고 제3국으로 가야겠다고 마음먹었다. 우선 네덜란드 대사관으로 찾아가 보기로 했다. 당시 네덜란드에는 CHT국제위원회가 있었기 때문이다. 내가 앞장서고 줌머 동료 비멀^{BIMAL} 씨가 함께 동행했다. 나는 치타공 힐트랙 줌머 인권침해 실태 관련 자료를 챙겨서 네덜란드 대사관으로 갔다.

"우리는 정치적 망명을 원합니다."

"여기서는 할 수 없고, 직접 네덜란드로 가서 신청해야 합니다."

대사관 직원이 서류를 보자마자 망설임도 없이 불가하다고 했다. 정치적 망명에 대해서 아는 정보가 없었기 때문에 정확히 무엇 때문에 안 된다는 것인지는 알 수 없었지만 대사관 직원의 단호한 말투 때문에 우리는 더는 말을 건네지 못하고 밖으로 나왔다. 곧바로 이탈리아 대사관으로 갔다. 마찬가지 대답을 들었다. 마지막으로 멕시코 대사관으로 갔다. 대사관 직원은 서류를 보더니 그나마 희망적인 대답을 했다.

"서류 제출하고 가세요. 검토해 보고 2~3일 후에 연락할 겁니다. 그때 다시 오세요."

정말 3일 후에 연락이 왔다. 그때는 1998년 3월쯤이었다. 대사가 직접 인터뷰를 하겠다고 했다. 긴장됐다. 키가 크고 콧수염을 멋지게 기른 60대쯤 되어 보이는 대사와 책상을 사이에 두고 앉았다. 대사가 물었다.

"왜 멕시코로 가려고 합니까?"

"한국에는 IMF 문제로 더이상 있을 수가 없습니다."

그렇게 말하고는 준비해 간 치타공 힐트랙 자료를 내밀면서 본국으로 돌아갈 수도 없는 상황이라고 덧붙였다. 그 자료는 CHT국제위원회에서 발간한 것으로 치타공 힐트랙 상황에 대해서 자세히 기록되어 있었다.

"당신들이 멕시코로 가는 것은 맞지 않는 것 같습니다. 멕시코는 집마다 냉장고도 없고, 에어컨도 없습니다. 그래도 가고 싶습니까? 차라리 미국이나 유럽으로 가는 것을 고려해 보십시오."

비멀 씨는 그 길로 치타공 힐트랙으로 떠났다. 나 역시 방글라데시로 돌아가는 방법 외에는 별 뾰족한 수가 없었다. 그가 떠나고 1개월 후 나도 천주교 노동상담소의 도움을 받아 고향으로 돌아갔다.

1998년 4월, 저녁 늦은 시간 방글라데시 다카 공항에 도착했다. 한국에서 미등록 체류자로 지낸 지 4년 만이다. 가족을 만난다는 기쁨도 있었지만 앞으로 벌어질 일에 대한 막막함으로 마음은 복잡했다. 치타공 시내로 가는 버스를 탔다. 다카 공항에서 치타공까지 4시간 동안 버스 안에서 이런저런 생각을 하다가 깜박 잠이 들었다. 꿈은 기억나지 않지만 몇 번이나 몸을 움찔거리다 잠에서 깨곤 했다. 치타공 시내에 도착했다. 익숙한 냄새가 났다.

나는 치타공 시내에서 다시 치타공 힐트랙 랑가마티로 들어가는 버스로 갈아탔다. 랑가마티로 들어가는 버스 안에서 벵골인도 아니고 줌머도 아닌 사람들이 눈에 띄었다. 치타공 힐트랙은 외부 외국인 출입이 통제됐었는데 평화협정 이후 잠시 개방된 것이다. 나는 버스 안의 두 사람에게 자꾸 눈길이 갔다. 젊은 남자와 여자는 한국 사람 같아 보였다. 4월이면 보이사비 축제나 국가 주도의 선주민 축제가 있어서 축제를 구경하러 온 것 같았다.

"혹시 한국에서 오셨나요?"

나는 한국어로 말을 걸었다. 그들은 놀란 표정으로 나를 바라보았다. 나 역시 랑가마티로 가는 버스 안에서 한국 사람들을 만났다는 게 신기했기 때문에 그들의 놀란 표정이 이상하지 않았다. 치타공 시내에서 직행버스를 타고 랑가마티로 가는 2시간 동안 우리는 대화를 나눴다. 그리고 다음 날 다시 만나기로 하고 연락처를 주고받은 후 헤어졌다. 다음 날 오후 4시쯤 그들이 우리 집으로 와서 같이 선주민 축제에 갔다.

"당신들 어디서 왔습니까?"

벵골 파출소 경찰이 와서 갑자기 두 사람에게 어디에서 무슨 목적으로 랑가마티에 왔는지 물었다.

"내가 두 사람을 데리고 왔습니다."

내가 나섰다. 그러자 경찰이 그들에게 신분증을 보여달라고 요구했다.

"우리는 일 때문에 방글라데시에 체류 중이어서 방글라데시 출입증을 가지고 있는데, 왜 랑가마티에 올 때 허락받아야 합니까?"

"여기로 들어오는 외국인은 모두 다카에서 허락받아야 합니다."

"왜 평화협정까지 했는데 이렇게 합니까?"

우리 일행과 경찰 사이에 말싸움이 일어났다. 결국 우리 일행은 경찰서로 끌려갔고, 밤늦은 시간까지 계속 실랑이가 이어졌다. 관공서인 경찰서에서조차 자정이 되면 전등불이 들어왔다 나갔다 할 정도로 전기 사정이 좋지 않았기 때문에 우리 일행을 더이상 경찰서 안에 둘 수 없었는지 경찰서 윗선에서 지시가 내려졌다.

"내일 아침이 되면 랑가마티를 당장 떠나십시오."

그리고는 경찰이 경찰차로 우리를 내 집까지 데려다주었다. 방글라데시 정부는 1980년대 초부터 선주민이 아닌 경우 치타공 힐트랙으로 들어가는 것을 극도로 꺼렸다. 방글라데시 정부는 치타공 힐트랙 상황이 외부로 알려지는 것을 막기 위해 보도 금지와 외국인 출입금지 정책을 폈다. 평화협정을 맺었지만 출입은 자유롭지 않았고, 1999년 7월쯤에야 방글라데시 정부는 외국인의 치타공 힐트랙 출입을 허락했다. 그러나 실제 선주민과 외부인의 접촉은 쉽지 않았다. 2015년에는 방글라데시 내무부에서 외국인이 치타공 힐트랙 지역을 방문하기를 원하는 경우 최소 방문 한 달 전에 신청서를 제출해야 하고, 방문 허가를 받은 후에는 방문 일정을 제출해야 한다는 지침을 내렸다. 그리고 치타공 힐트랙 선주민이 아닌 사람이 선주민과 접촉하는 것은 지역 행정 및 국경수비대 또는 군대가 감독하도록 했다. 이것은 선주민을 고립시키는 것이며, 국민과 외국 시민의 기본 권리를 침해하는 인종차별이다. 평화협정의 이행에 심각한 영향을 미치는 위헌적인 조치이기도 하다.

그 두 사람은 코이카를 통해 방글라데시에 온 전문인력이었는데 남자는 수의사로, 여자는 의류전문가로 기술보급을 위해 와 있었다. 그 사건 이후에 그 사람들과 나는 한동안 연락을 했었고 내가 결혼할 때에도 축하해 주러 우리 집에 왔었다. 지금은 가끔 페이스북에서 소식을 주고받고 있다.

치타공 힐트랙에 귀국한 후 나는 결혼했다. 하지만 나의 처지가 경제적으로나 정치적으로 불안정했기 때문에 특별히 낭만적인 에피소드를 만들 여유가 없었다. 그때 나는 랑가마티 시내에서 약국을 했다. 약사라기보다는 약을 파는 가게를 운영했고, 의사인 큰형이 주기적으로 오후에 약국에서 진료를 해줬다. 하지만 당시 벵골인과 차크마 간에 싸움이 수시로 일어났고, 개인과 개인의 문제로 시작된 싸움이 민족과 민족의 싸움으로 확대되면 그날은 약국 문을 급히 내려야 할 만큼 위험했다. 무엇 하나를 마음 편히 할 수 없는 날이 계속됐다.

2. 평화협정과 줌머 운동

치타공 힐트랙에 대해 뭔가를 말할 때
나는 거짓말을 하고 싶다
국제 줌머 운동 네트워크가 활성화되지 않아서
아무도 치타공 힐트랙에 대해 말하지 않아서
종교의식에서
소셜미디어에서
문화행사에서
그저 행복을 만끽하는 것만 같아서

2020년 12월 3일, 로넬

1997년 평화협정에서 놓친 것들

1997년 12월 2일, 치타공 힐트랙 선주민인 줌머인의 정당인 민족연합당(PCJSS) Parbatya Chattagram Jana Samhati Samity과 방글라데시 정부 사이에 평화협정이 체결되었다.[38] 평화협정을 위한 논의는 1980년대 중반부터 정권이 바뀔 때마다 진행됐지만 결론을 내지 못했다. 그러다가 1996년 아와미 정당(AL) Awami League 정부가 들어서서 다시 논의되다가 1997년 초, CHT국제위원회(CHTC)가 《Life is not Ours》에 대한 제4개정판을 출판한 이후 본격적으로 진행됐다. 한국에서도 2010년에 《줌머인의 빼앗긴 삶》이라는 제목으로 번역본이 발간됐는데, 줌머인이 겪은 인권침해와 토지문제, 그리고 평화협정을 둘러싼 주요 쟁점을 다루고 있다.

평화협정 체결로 일각에서는 25년간 투쟁해 온 줌머인에게 '평화로운 자치'를 위한 희망이 생길 것이라고 기대했다. 하지만 평화협정문에는 줌머인의 요구사항이 제대로 반영되지 않았다. 줌머인이 요구했던 주요 내용은 선주민의 정체성에 대한 헌법적 인정과 자치권 인정, 치타공 힐트랙에 주둔하고 있는 벵골 군부대 철수, 벵골 정착민들이 불법 점유한 토지 반환과 퇴거, 줌머 난민들 송환과 사회 복귀였다.

줌머 정당과 방글라데시 아와미 정부가 서명한 평화협정문의 주요 내용은 PCJSS 정당의 무장 조직인 샨티바히니 대원들이 무기를 반납하고 무장투쟁을 끝낼 것, 방글라데시 정부는 치타공 힐트랙에 주둔하고 있는 국경수비대(BDR)와 6개의 정규부대를 제외한 군부대를 철수하고 비무장화할 것, 트리푸라로 피난 간 난민 귀환 조치할 것, 치타공지역위원회 Chittagong Hill tract Regional Council의 동의 없이 치타공 힐트랙으로의 이주, 토지의 양도·임대·강제수용 금지, 이전의 불법적 소유권 무효화 등이었다.

얼핏 보기엔 요구사항들이 반영된 것 같지만 평화협정문에는 치타공 힐트랙 소수민족들의 정체성과 자치권을 인정하는 내용이 아예 빠졌고, 샨티바히니 해체 외에는 평화협정을 이행하기 위한 관련법을 제정하는 등의 구체적인 조치와 시기가 명시되지 않았다. 이런 한계는 평화협정 체결 이후 26년이 지난 지금까지 평화협정 불이행으로 이어졌다. 다만 굳이 의미를 부여하자면 평화협정으로 치타공 힐트랙 선주민 문제가 국회 정당 정치에서 하나의 이슈가 됐다는 것이다.

협정에 따라 공식적으로 PCJSS 정당의 무장 조직인 샨티바히니가 모든 총기를 반납하고 해체됐다. 하지만 정작 방글라데시 정부는 이후 2년이 지나도록 500여 개의 군부대 중 32개 군부대만 철수하고 오히려 경찰력을 늘렸으며 협정을 이행할 관련법을 제정하지 않았다. 군부대 철수는 마을 안에 있는 작은 부대가 기지로 이동하는 수준이었고, 대부분의 군 시설이 여전히 작동 중이다. 평화협정 이후에는 오히려 치안을 명분으로 국방예산을 증액하고 새로운 부대들이 치타공 힐트랙에 설치됐다.

평화협정 이후 방글라데시 정부는 "샨티바히니 대원이 무기를 반납하면 사면해 주겠다."라며 샨티바히니의 완전한 항복과 해체를 유도했다. 몇 차례의 무기반납식으로 1,900명 이상의 샨티바히니 대원이 무기를 반납했고, 사회 복귀 명목으로 1명당 5만 타카를 받았다. 그들 중 일부는 경찰에 임명되거나 공무원이 되기도 했다. 하지만 공개적으로 활동한 사람들에게는 사면이 적용되지 않았다.

나는 샨티바히니 활동가였던 사람으로 사실 이 부분이 마음 아팠다. 1979년부터 인종 말살에 해당하는 대량학살이 11번 일어났고, 수천 명의 줌머인이 살상되었지만 평화협정에는 인권침해에 대한 회복 및 가해자에 대한 법적 처벌 규정은 없었다. 실제 어떤 가해자도 재판받거나 유죄판결을 받지 않은 상황에서 샨티바히니 활동가들이 항복했다는 것은 굴욕적이었다. 그렇다고 나는 무기를 반납하고 사면받거나 공무원으로 특혜 임용된 사람들을 원망하고 싶지는 않다. 큰 맥락으로 보면 그런 혜택을 받은 사람들도 줌머로서의 명예를 버리도록 강요받고, 회유의 대상이 되었다는 점에서 피해자라고 생각한다.

평화협정에서 놓친 또 하나의 중요한 사안은 치타공 힐트랙 내 벵골 정착민 퇴거와 함께 그들에 의한 불법적이고 폭력적인 토지 점유 문제를 해결하는 것이었다. 치타공 힐트랙에 실제 농사지을 수 있는 땅은 얼마 되지 않는다. 그나마도 줌머인은 비탈진 땅을 일일이 개간해서 화전 농사지을 땅을 만들어 왔다. 치타공 힐트랙의 땅은 숲과 공기와 바람, 그리고 그 안에서 숨 쉬는 동식물들과 함께 살아가고자 하는 줌머인의 삶이 있다. 사고파는 자본주의적 가치가 아니다. 그런데 캅타이 댐이 건설되고, 군부대 시설과 검문소가 들어서고, 삼림자원들이 개발과 관광이라는 명분으로 훼손됐다.

게다가 선주민이 아닌 벵골인이 정부의 비밀 이주정책에 의해 치타공 힐트랙으로 정착하면서 상황은 하루가 다르게 살벌해졌다. 줌머인은 초기 벵골 정착민과는 갈등 없이 잘 지냈다. 그런데 1980~1985년 사이에 정부의 비밀 이주정책에 의해 40만 명 이상의 벵골인이 3차례에 걸쳐 치타공 힐트랙에 이주했고, 평화협정 당시는 치타공 힐트랙 인구의 절반을 차지했다. 선주민 공동체를 해체하고 희석하려는 정부의 목적도 있었다.

줌머 정당 PCJSS와 정부 간의 평화협상 과정에서 당시 AL 정권의 세이크 하시나 와제드Sheikh Hasina Wazed 수상은 초기 벵골 정착민을 제외한 벵골 이주민을 치타공 힐트랙으로부터 퇴거하겠다고 구두로 합의했다.[39] 그리고 1996년부터 유럽연합(EU)이 여러 차례 제안한 벵골 정착민의 퇴거 프로그램을 방글라데시 정부가 채택한 적도 있다. 평화협정 체결 이후 시기지만 2000년 1월 CHT국제위원회가 치타공 힐트랙에 방문했을 때 벵골 정착민들은 치타공 힐트랙 퇴거 이후 적절한 이주 보상대책이 마련되면 수용하겠다는 의사를 밝히기도 했다. 정부가 의지가 있다면 가능하다는 의미다.

하지만 평화협정문에는 이런 내용이 전혀 반영되지 않았다. 다만 치타공 힐트랙 안에서 벌어진 불법적인 토지 점유에 대한 조사를 하여 토지 소유권을 확인한다는 내용이 있었다. 하지만 줌머인에게 땅은 전통적으로 개인 소유가 아니라 선주민 공동소유였기에 개인별 토지문서를 가지고 있지 않은 경우가 많았고, 벵골 군인과 벵골 정착민들의 집단 공격으로 피난을 하면서 문서를 분실했거나 토지 관련 문서가 보관된 사무소가 불에 타버렸다. 토지 소유권을 확인시킬 방법이 없는 사람이 많았다. 또

한 벵골 군인들은 줌머인이 토지를 팔았다는 위조문서에 강제로 서명하도록 했기 때문에 법적 소유권 문제를 다투기는 쉽지 않았다.

줌머인은 강제로 빼앗긴 토지를 돌려받기는커녕 협정에 따라 2000년에 구성된 토지위원회는 협정체결 후 아무런 움직임도 보이지 않았으며, 벵골 정착민 철수 조항은 아예 협정 내용에 없었다. 토지위원회를 설치했지만 평화협정 이후 26년이 지난 현재까지도 토지위원회는 어떤 조치도 하지 않았고, 벵골 정착민과 줌머인 사이의 토지 분쟁은 단 한 건도 해결되지 않았다. 정부가 치타공 힐트랙 토지문제를 방치하면서 평화협정 체결 이후에도 벵골 정착민들의 대규모 집단 공격이 열두 차례나 더 있었다.[40] 토지문제로 줌머인과 벵골 정착민 사이에 충돌은 일상이 됐다. 벵골 군인들이 벵골 정착민을 뒤에서 지원하거나 사건을 조작해서 무고한 줌머인에게 살인죄를 뒤집어씌워 체포, 구금, 살해하고, 줌머인의 집에 불을 지르거나 집단 공격해서 줌머인이 떠나게 만들었다. 그렇게 강제로 집에서 쫓겨난 줌머인은 난민이 됐다.

줌머인의 자치권 인정 안 한 평화협정

줌머인이 평화협정에 반대했던 가장 큰 이유는 무엇보다도 치타공 힐트랙 선주민에 대한 합법적인 정체성 인정과 자치권 보장을 위한 내용이 전혀 반영되지 않았다는 것이다. 선주민의 자치권 문제는 전 세계의 소수민족이 공통으로 겪는 문제이다. 그래서 국제사회의 역할이 중요하지만 쉽게 개입하지 못하는 문제이기도 하다. 인도는 역사적으로 줌머 민족과 밀접한 관계이고, 1986년 줌머 난민이 인도에 대규모로 갔었는데도 인도 정부가 유엔난민기구 등 국제사회의 개입을 원치 않았고, 줌머 자치권 문제를 국제적으로 이슈화하지 못하도록 방해했다. 복잡한 문제이다.

인도의 입장에서 만약 방글라데시의 줌머 민족 자치권을 위해 개입하게 된다면 인도 역시 인도 내 트리푸라 등 소수민족의 분리독립운동에 관해 인정할 수밖에 없는 문제가 따를 것이다. 방글라데시 정부와 인도 정부는 평화협정 체결 과정에서 각각의 이해관계에 따라 협력관계를 유지했다. 인도 정부는 샨티바히니를 해체하도록 PCJSS에 개입하고, 방글라데시 정부는 평화협정에 따라 인도 줌머 난민을 귀환 조치하도록 했다는 설도 있다.

완전 자치든 단계적인 부분 자치든 줌머인의 요구와는 반대로 방글라데시의 주류인 벵골인은 방글라데시 정부와 PCJSS가 맺은 협정조차 인정하지 않는다. 그러니 완전자치권 요구는 사실상 현실성이 떨어지는 측면이 있다. 하지만 완전하지 않아도 정부가 마음만 먹으면 선주민 지역 내 기구를 통해 독립적인 작은 정부처럼 자치권을 인정하는 방법도 얼마든지 있다. 의지의 문제라고 생각한다. 협정 당시 AL 정부는 야당의 반대와 이슬람 종교단체들의 반대에도 불구하고 진보성향의 시민사회 단체와 국제사회의 지지를 받았다. AL 정당은 벵골 민족주의를 앞세워 파키스탄을 상대로 독립전쟁을 주도하여 방글라데시를 독립국으로 탄생시

킨 정당이면서도 야당 시절에 줌머 등 소수 선주민의 인권 보호를 위해서 선주민과 함께 거리에 나서서 시위한 적도 있기 때문에 소수민족으로부터도 지지를 받아왔다. 하지만 평화협정을 이끌었던 AL 정당도 줌머인의 입장에서는 민주 정부라기보다는 샨티바히니를 해체하는 실적이 필요했을 뿐이라고 생각한다.

방글라데시 주류 민족인 벵골인 중 소수민족의 종교와 문화 정체성을 인정하고 어느 정도의 자치권이 필요하다고 지지하는 사람들도 있지만, 안타깝게도 대부분의 벵골인은 치타공 힐트랙 선주민 자치권에 대해 부정적이다. 만약 평화협정에 따라 치타공에서 벵골 군 병력을 철수한다면 치타공 벵골 정착민들의 불만이 커질 것이다. 그렇다고 국제사회의 시선 때문에 협정 자체를 없었던 것으로 부인할 수도 없는 상황이라 그때나 지금이나 AL 정부는 그냥 평화협정을 이용만 하고 있다.

평화협정문 어디에서도 줌머인은 '국민'으로 인정되지 않았다. 줌머인은 '국민', '선주민'이 아닌 '종족'이라는 의미의 벵골어 '우포자티'Upajāti로 명명됐다. 이 용어는 영국 식민지 시기에 '식민'이라는 의미로 사용된 말로 지배 민족인 벵골과 다른 정체성을 강조한 불평등한 지위를 가리키는 말이다. 협정문에서 "종족문화와 유산의 특성 보존"이라고 명시한 것은 소수민족의 정체성을 인정한 것이 아니라 관광산업의 수단으로 전락하는 문제를 남겼다.

줌머인은 행정권, 입법권을 가진 지방평의회를 통해 치타공 힐트랙의 자치권 인정을 요구했지만 지방평의회는 행정이나 정치적인 권한이 보장되지 않았으며, CHT평의회법이 헌법에 명기되지 않아 언제든 폐기될 수 있었다. 게다가 평화협정에는 지방평의회 22개 의석 중에서 여성 할당은 3개뿐이었고, 소수민족은 소수민족의 규모에 따라 50퍼센트를 차지하는 차크마는 5개 의석, 마르마 3개, 트리푸라 2개, 나머지 소수민족은 합해서 2개 의석을 할당하도록 규정하고, 비종족 주민(선주민이 아닌 벵골 이주민)에게도 7개 의석이 돌아가도록 했다. 성별, 소수민족별 불평등한 의석 할당 문제와 선주민이 아닌 벵골 이주민에게도 투표권과 이전에 누릴 수 없었던 권리를 부여함으로써 선주민들의 불만은 커져만 갔다.

평화협정은 오히려 새로운 분쟁과 불안정한 원인이 됐다. 평화협정이 체결된 이후 조작된 혐의로 120명이 넘는 줌머인 활동가들이 체포되었고, 협정문에 있는 PCJSS 간부들에 대한 사면이 체포된 활동가들에게는 적용되지 않았다. 줌머인 활동가들만이 아니라 일반 줌머인에 대한 폭력과 차별, 그리고 방어 능력이 없는 네 살짜리 어린아이와 일흔 살 노인, 장애인을 포함해 줌머 여성에 대한 성폭행도 일어났다. 치타공에서 여성에 대한 집단 공격이나 폭력 사건의 대부분은 아이러니하게도 치안을 이유로 세워진 검문소 부근에서 일어났다. 보가차리Bogachhari, 나니아차르Naniachar, 우파질라Upazila에서 일어난 방화와 약탈 역시 근처에 검문소가 있었지만 전혀 도움이 되지 않았다.

2023년 보이사비에 한국을 방문한 라자 데바시쉬 로이 차크마 왕한테 들었던 치타공 힐트랙 현지 소식은 암담했다. 치타공은 현재 '소리 없는 전쟁'이 일상에서 끝없이 진행되고 있다. 그 사이 사이에 일상은 그대로 진행된다. 살아야 하니까 그냥 차별을 감수하면서 점점 동화되어 살아간다. 줌머인이 게릴라전으로 저항했을 때 방글라데시 정부의 기조가 줌머 자체를 소멸시키는 전략이었다면 현재는 소수민족에 대해 동화, 차별정책을 기조로 하는 이중의 전략을 쓰고 있다. 일상적인 인권침해와 폭력으로 줌머인이 인도, 미얀마 등으로 이주하고 있지만 정부는 신경 쓰지 않는다. 없어도 된다는 것이다. 애초에 벵골이 아닌 민족은 국민으로 생각하지 않았다.

2001년 방글라데시 민족주의당(BNP) Bangladesh Nationalst Party 이 집권하면서 평화협정 조항은 완전히 방치됐었다. 이념적으로 BNP 정당이 다민족 국가주의와 정치적으로 복수 정당 정치를 인정하는 당이면서도 이슬람교 극단주의에 가까운 정책 기조를 가진 정당이라면 AL 정당은 비교적 진보적인 성향이면서도 벵골 민족주의를 기본으로 한다는 점에서는 같다. 그나마 AL 정당이 이슬람 종교 극단주의가 아니라는 점 때문에 2008년 총선으로 AL 정당이 재집권했을 때 줌머인은 일말의 기대를 했었다. 하지만 AL 정당이 현재까지 세 번을 연임하는 동안 평화협정 이행은 여전히 제자리다.

줌머 정당 간의 노선 차이

평화협정 이후 방글라데시 정부는 대외적으로 샨티바히니 해체를 보여주기 위해서 1998년 2월 10일에 카그라차리 운동장 Khagrachari Stadium

에서 공식적인 '무기 반납식' 행사를 진행했다. 이날 행사는 2만 5천여 명이 참여한 대규모 행사로 진행됐고, 738명의 샨티바히니 대원들이 무기를 반납했다. 41) 이날 행사장 한쪽에서는 불공정한 평화협정에 반대하는 뜻으로 방글라데시 국기 대신 검정 깃발을 흔들며 평화협정과 무기 반납을 반대하는 구호를 외치던 사람들이 있었다. 그리고 줌머인의 요구사항을 제대로 반영하지 못한 협정문에 서명한 줌머 정당(PCJSS) 지도부의 무책임함을 비난하는 의미로 지도자인 샨투 라르마Shantu Larma 형상의 인형을 불태우고, '피논'pinon을 높이 들어 올린 사람들이 있었다.

피논은 차크마 여성의 전통 치마로 그동안 방글라데시 정부와 군인들로부터 받은 차별과 폭력, 수모, 여성에 대한 성폭력 등에도 불구하고 실망스러운 평화협정을 맺은 PCJSS의 나약함을 상징하는 의미였다. 하지만 호주에서 활동하는 한 활동가는 줌머 여성의 옷을 PCJSS의 나약함을 상징하는 의미로 빗댄 것을 비판하기도 했다.

평화협정을 반대했던 이들은 힐 학생위원회(HSC), 민족회의(HPC), 여성연맹(HWF)과 같은 치타공 힐트랙 줌머 정치조직들이었다. 학생위원회의 경우 1985년 이후부터 방글라데시 정부에 PCJSS의 의견을 전달하는 등 정부와의 소통창구 역할을 했고, 1990년대 이후에는 진보적인 벵골 시민사회와도 연대 활동을 이어갔다. 이들 조직들은 완전 자치를 요구하며 처음부터 PCJSS와 방글라데시 정부 간의 평화협정을 '항복'이라며 반대했고, 평화협정을 이끌었던 PCJSS의 입장을 철회하라고 요구했다. 그들은 PCJSS가 선주민을 대표할 권한이 없다며 1998년 12월 민족민주전선연합(UPDF)United Peoples Democratic Front42)을 새로 결성했다.

PCJSS의 목적이 '평화협정을 제대로 이행하라'는 것이라면 UPDF는 '완전 자치를 원한다'는 것이다. UPDF가 요구하는 완전 자치는 방글라데시 중앙정부가 치타공 힐트랙의 경제, 화폐만 관리하고 그 밖의 모든 행정은 소수민족의 자치권을 인정하는 헌법 개정을 하라는 것이다. 주로 학생 지도자이자 젊은 사람들로 구성된 정당인 UPDF는 투쟁력이 강했고, 완전자치권 요구를 시대적 사명으로 생각했다.

"완전 자치의 성립을 통한 치타공 힐트랙 모든 민족의 생존을 보장하고, 압박과 착취에서 해방된 민주주의 사회를 수립하기 위하여, 민족 평등, 남녀평등, 그리고 비공산주의적 민주주의 이상이 모든 정당 활동의 토대가 될 것이다. 본 정당은 나라의 자유, 주권과 통일성을 존중한다."[43]

UPDF의 창당 목적이다. 공산주의 이념을 택한 것도 아니었고, 분리독립을 원한 것도 아니다. 당시 많은 줌머인은 UPDF를 더 지지했고, 나 역시 평화협정을 맺을 때의 PCJSS의 처신에 실망해서 귀국한 후에 UPDF 당원이 됐다. 사실 당시 줌머 운동을 이끌 힘 있는 정당은 불행히도 없었고, 선택의 여지가 없었다.

PCJSS와 UPDF 둘 다 현 정부의 소수민족에 대한 정책 기조에 반대하고 있지만 차이가 있다면 PCJSS는 방글라데시 정부를 상대로 평화협정을 맺은 대표성 있는 줌머 정당으로 인정받고, 유엔 상설 포럼에도 대표로 참여하는 반면, UPDF는 정부로부터 압박을 받는 조직이다. 방글라데시 정부는 UPDF 활동가를 체포와 구금, 납치, 살해했고, 사전 집회 신고를 한 행사조차 공격했다. 줌머인만 아니라 방글라데시 시민단체들은 공동으로 이에 항의하는 집회를 열었다. 방글라데시 진보 시민단체와 줌머 운동 활동가들에게 UPDF는 많은 지지를 받고 있다.

UPDF는 학생단체, 여성단체 등 여러 내부 조직을 구성해서 정부에 대응해왔고, 방글라데시 내 시민단체와의 연대 활동도 놓치지 않는다. 그리고 매년 줌머 운동 방향과 정부를 상대로 한 정책요구 사항을 담아 자료집을 발간한다. 하지만 PCJSS는 이에 대해 "이미 평화협정이 있는데 무슨 정책발표인가?"라며 줌머 운동 안에 두 개의 조직을 원치 않는다. PCJSS와 UPDF의 갈등이 극에 달하면서 1998년부터 2003년 사이에 두 조직 간에 치열한 갈등과 분쟁이 발생했다. 두 조직은 각각 내부적으로도 정치적인 입장 차이로 분열돼서 새로운 정당들이 또 생겼다. 방글라데시 정부가 줌머 내 조직에 비공개적으로 개입해서 분열을 부추기거나 벵골 군인들이 새로 생겨난 줌머 정당들을 비호하면서 측면 지원하는 등 상황이 더 복잡해졌다. 현재 줌머 운동에서 여러 조직의 갈등을 해결하는 것이 필요하지만 정치적인 목표와 이념의 차이를 뛰어넘기는 어렵다. 같은 목적이 있지만 1997년 평화협정 이후 줌머 조직들은 화해와 갈등을 반복하고 있다.

PCJSS와 UPDF 간에 싸우지 말고 각자 독자적으로 활동하면서 필요할 때는 연대하자는 비밀 합의도 있었다. 몇 년 전 UPDF는 PCJSS에게 각 조직의 위치에서 목표대로 활동하되 폭력 없이 서로 지지하고 연대하자고 제안했다. PCJSS의 평화협정 역시 완전 자치로 가기 위한 하나의 단계로 인정하겠다고 했다. UPDF가 완전 자치 목표를 포기하겠다는 의미가 아니고 단계별 투쟁을 하겠다는 것이고, 그 과정에서 두 조직의 연대를 강조한 것이다.

현재 여러 나라에 줌머 운동을 하는 조직이 결성되어 있다. 호주, 프랑스, 인도, 미국 뉴욕과 캘리포니아, 일본 등에서 활동하는 조직들이 해외 연대를 하고 있다. 재일줌머인연대(JPNJ) Jumma Peoples Network_Japan 의 경우 UPDF가 중심 역할을 하고, 한국의 재한줌머인연대의 경우도 UPDF가 주도한 완전자치권 투쟁을 지지했다. 일본은 치타공 힐트랙 현지에 관심이 많아서 현지에서 활동하는 일본 NGO들이 있다.

줌머 운동이 넘어야 할 벽

내가 다시 치타공 힐트랙으로 돌아간다면 무엇을 어떻게 할 수 있을지 솔직히 답이 없다. 다만 줌머 운동 방식의 변화가 필요하다고 생각한다. 더이상 줌머 운동 내부의 싸움으로 의미 없는 피를 흘릴 이유가 없다. 방글라데시 극단 민족주의, 이슬람 근본주의를 반대하면서도 정작 줌머 운동 조직들이 '네가 죽어야 내가 산다'는 입장이라면 대의명분을 잃을 것이다. 누군가는 나의 이런 생각에 동조하지 않겠지만 나는 줌머 운동이 먼저 다민족, 다종교를 인정하는 방향으로 갔으면 좋겠다.

서로를 돌아보고 숨 고르는 시간이 필요하다. 각 계파가 선주민의 권리 투쟁이라는 대의에 합의하고, 투쟁의 목표는 이원화하되 연대해 나가야 한다. UPDF 역시 단계별 완전 자치를 목표로 하기 때문에 두 조직이 단계별 줌머 운동에 대해 합의하고 연대한다면 불가능하지 않다.

아직 그 누구하고도 진지하게 토론해 본 적은 없지만 줌머 정당들이 내부 토론과 숙의 과정을 거쳐서 치타공 힐트랙의 자치권을 확보하기 위한 합의가 필요하다고 생각한다. 예를 들어 단계적으로 인도의 미조람 주에 거주하는 차크마족이 작은 정부처럼 부분 자치권을 인정받은 차크마 자치구(CADC) Chakma Autonomous District Council 사례를 하나의 모델로 연구해볼 필요가 있다. 물론 인도 중앙정부와 미조람 주 정부로부터 통제를 받지만 재정지원과 행정자치를 인정받아 차크마의 정체성을 유지하면서 자치권을 행사하고 있다. 끝없는 전쟁 대신 현지 줌머인의 삶이 유지될 수 있도록 현실적인 고민이 필요하지 않을까. 누군가는 나의 이런 생각을 "변했다."라고 일축해버릴지도 모르겠지만 말이다.

치타공 힐트랙 문제해결을 위해 넘어야 할 벽이 또 있다. 벵골인의 민주주의 인식 없이는 줌머 운동은 불가능하다. 그래서 줌머 운동이 민족운동에만 머물러서는 안 된다고 생각하는 것이다. 벵골 시민사회와도 연대하고, 해외의 줌머 단체, 그리고 해외 여러 NGO와의 교류와 연대가 필요하다. 나는 국제사회의 노력 없이 평화협정이 제대로 이행될 거로 생각하지 않는다. 물론 이것 역시 쉽지는 않다. 인접 국가인 미얀마, 인도 정부의 영향을 배제할 수 없어서 두 나라의 도움과 지원이 필요하다. 그러나 인도에서는 전략적으로 방글라데시 정부와 협조 관계다. 인도 내 트리푸라 주 등 대부분 지역에서 소수민족의 분리독립 운동이 진행되고 있어서 인도 정부는 전략적으로 방글라데시 정부와 협조 관계를 유지할 수밖에 없는 문제가 있다.

손 놓고 있을 수는 없지만 사실 뾰족한 답이 없다. 무엇보다 중요한 것은 국제사회의 노력은 우리 줌머인의 저항운동의 방향과 운동 방식에 따라 달라질 수밖에 없다는 것이다.

3. 난민이 된다는 것

나는 조심하고 또 조심하며 산다
입조심 몸조심 행동조심
조심~조심~조심
상대방을 존중하고 배려해서 또 조심
스스로 내 생각을 부정하고 묻어 두고
스스로 내가 가진 자유를 포기하고
이렇게 사는 나, 정상인가
오늘도 또 묻는다

2022년 12월 24일, 로넬

재한줌머인연대(JPNK) 결성

방글라데시 정부의 평화협정 불이행과 줌머 조직 간의 갈등 심화로 귀국 2년 만인 2000년에 다시 한국으로 들어왔다. 다시 돌아온 가장 큰 이유는 치타공 힐트랙 상황을 알리고, 방글라데시 정부에 압력을 넣는 활동을 하기 위해서였다. 줌머 투쟁의 대상은 벵골 사람들이 아니라 줌머 민족의 정체성을 인정하지 않는 방글라데시 헌법과 극단적인 벵골 민족주의였기에 국제사회가 움직이도록 하는 것이 중요했다. 당시 유럽이나 미국에서는 줌머 운동이 활발하게 진행되고 있었고, 일본에서는 줌머넷 재팬(JPNJ) Jumma People's Network in Japan 이 결성되었다. 한국에서 줌머 운동을 해야겠다고 생각했다.

재입국했을 때 나 외에도 줌머 동료 6명이 더 있었다. 우리는 합법적으로 체류할 방법을 찾지 못해서 또다시 미등록 체류자 신분으로 공장을 전전하며 지냈다. 불법취업인데다가 특별한 기술이 없었던 나는 가구공장, 프레스 공장, 컨테이너 공장, 금속 공장 등을 수시로 옮겨 다니면서 한국인 기술자를 보조하는 일을 했다. 이미 한국에서 4년간 일했던 경험이 있었지만 밤늦게까지 하루에 10시간이 넘는 노동을 하는 것이 힘들었다. 더구나 주말이면 나는 한국어를 배우기 위해 공장에서 요구하는 초과 근무를 못 할 때가 많았다.

"일을 선택하든지 배우는 것을 선택하든지 해라. 공장이 바쁜데 만약 네가 주말에 일하지 못한다면 공장을 관둬라!"

나는 일도 해야 하지만 배우는 것도 필요했기 때문에 결국 해고됐다. 1998년 방글라데시로 일시 귀국하기 이전의 상황과 똑같았다.

하지만 그렇게 속수무책으로 있을 수만은 없었다. 돈을 벌러 한국에 온 것이 아니었기 때문에 줌머 운동을 하기 위한 방안이 필요했다. 우리는 한국에서 할 수 있는 일을 고민한 끝에 우리 7명이 단체를 만들기로 했다. 2002년 4월 14일은 재한줌머인의 역사가 시작된 잊을 수 없는 날이다. 재한줌머인연대를 결성했다. 샨티 지본Shanti Jibon Chakma 씨가 대표를 맡고, 내가 사무국장을 맡았다. 다른 사람들도 조직, 홍보, 문화, 재정 등의 역할을 하나씩 맡았다. 우리가 숙소로 사용하던 김포 대곶면 상마리 60번지 자취방을 사무실로 정했다. 화장실도 없고 방 두 칸짜리 낡은 집이었지만 한국에 온 목적을 그제야 시작할 수 있다는 기쁨으로 충만했다. 한쪽 벽에는 한국의 민주주의와 법을 믿었기 때문에 태극기를 걸었고, 다른 쪽 벽에는 "자유를 위한 오직 한 길은 민주혁명뿐"이라는 글을 써서 붙였다.

이날 우리는 축제라고 하기에는 조촐했지만 의미 있는 보이사비 기념식을 가졌다. 한국에서 여는 첫 번째 보이사비였다. 줌머 전통음식을 만들어 먹으면서 우리끼리 줌머 노래를 부르면서 보냈다. 고향을 떠나온 서글픔과 그럴 수밖에 없었던 분노가 교차하고, 치타공 힐트랙의 자연과 가족에 대한 그리움과 걱정, 불법체류로 인한 불안함…. 수많은 생각으로 마음이 울컥했지만 모든 감정을 떨쳐내기라도 할 것처럼 우리는 더 크게 소리 지르면서 노래를 불렀다.

초기 줌머 공동체의 역사가 그렇게 시작됐다. 우리는 공장일이 끝나면 고단해도 같이 모여서 고향 음식을 만들어 먹으면서 공장에서 있었던 일이나 고향에 대한 추억, 현지 소식을 공유했다. 일요일에는 다 같이 모여 책을 읽고 토론하는 시간을 가졌다. 우리 대부분은 고향에서는 서로를 알지 못했기에 각자 고향에서 겪은 트라우마를 공유하면서 서로의 아픔에 공감하고 위로하며 단합했다.

아닐다타Anildatta Chakma 씨가 1988년 8월 8일, 고향 히라차르Hirachar에서 목격한 광경은 너무 끔찍했다. 그날 마을에 갑자기 들이닥친 벵골 정착민들과 벵골 군인들 칼에 찔려 그의 사촌 3명이 그 자리에서 숨졌다. 바로 눈앞에서 목격한 아닐다타 씨는 그때 겨우 15세였다. 마을 사람들은 다른 지역으로 떠나거나 산으로 피신했고, 아닐다타 씨는 고아원으로 보내졌다. 비단 그의 이야기만이 아니었다. 치타공 힐트랙 현지 고아원은 점점 보살핌이 필요한 줌머 아이들이 늘었다. 우리는 형편이 좋지 않았지만 각자 월급의 10퍼센트씩 모아서 현지 고아원에 보냈다.

그즈음 이탈리아 기자가 여행 비자로 치타공 힐트랙으로 들어갔다가 군대에 구금됐다는 소식을 들었다. 현지 보도 금지 조치에도 불구하고 인터넷을 통해 우리는 수시로 소식을 들을 수 있었다. 우리는 한국에 온 이유가 분명했기 때문에 암울한 현지 소식에도 낙담하지 않고, 결연한 의지를 다짐했다. 국제사회의 관심을 끌어내기 위해 우리가 나서서 한국 사회 NGO 단체들에 줌머인의 존재부터 알려야겠다고 생각했다.

2002년 가을에서 겨울로 넘어갈 때쯤이었던 것 같다. 그때는 줌머 회원이 2명 더 늘어 9명이 됐다. 우리는 우선 1994년부터 모아두었던 줌머에 대한 신문 기사, 국제앰네스티 보고서와 CHT국제위원회와 유엔에

2003년 겨울, 김포시 대곶면 상마리 재한줌머인연대(JPNK) 사무실 앞.

서 발표한 자료를 챙겼다. 어디를 가야 할지 막막했지만 먼저 언론사를 찾아가기로 했다.

우리는 서울 세종로에 있는 프레스센터로 갔다. 막상 도착해서 문 앞에 섰는데 막막했다. 건물 안과 밖으로 왔다 갔다 하기만 했다. 만약 누가 우리를 봤으면 낯선 외모에 그것도 남자들 여러 명이 우르르 건물 안팎으로 왔다 갔다 하면서 기웃거리는 모습을 수상하게 생각했을 것이다. 다행히 못 들어가게 막는 사람이 없었다. 용기를 내서 문을 열고 안으로 들어갔다. '외국인 기자실' 현판이 눈에 들어왔다. 외신기자가 도움을 줄 수 있을 거라고 기대하고 사무실 문을 열었다. 아무도 눈길을 주지 않았다.

우리는 누군가에게 다가가 우리가 찾아간 이유를 말했지만 방글라데시는 그다지 주목하는 나라가 아니고, 더구나 그들에게는 더 존재감이 없는 소수민족 인권 이야기였기 때문인지 전혀 관심을 보이지 않았다.

우리는 다시 코리아타임스지 사무실에 갔다. 기자 여러 명이 우리가 가져간 자료를 보고 담당 기자한테 넘겼다.

"일단 어떤 이야기인지 인터뷰해보죠."

담당 기자는 바로 인터뷰를 하자고 했다. 우리는 가져간 자료를 내밀며 기자가 묻는 말에 대답하면서 인터뷰를 했다. 담당 기자는 곧바로 기사를 썼다. 그러더니 방글라데시 대사관에 전화해보겠다고 했다. 무슨 대화가 오갔는지 우리는 알 수 없었다.

"기사를 내보낼 수 없습니다."

"왜 그렇죠?"

"대사관에 확인해보니 여러분이 저한테 한 말은 사실이 아니라고 합니다."

실망스러웠다. 당연히 방글라데시 대사관에서는 우리 존재를 달갑게 생각할 리가 없을 텐데 대사관에 확인 전화를 한 것도, 대사관 직원의 말을 듣고 일방적으로 우리의 말이 사실이 아니라고 말하는 태도도 이해할 수 없었다.

포기하지 않고 다음 날 다시 기자협회 사무실로 갔다. 그때 한국기자협회 회장이 우리에게 관심을 보이면서 이것저것 물어봤다. 우리는 가져간 자료를 펼쳐놓고 한국어와 영어를 섞어가며 치타공 힐트랙 상황에 관해 설명했다.

"국제민주연대라는 단체가 있는데, 거기로 한번 가 보시죠."

난민 신청 권유한 '경계를넘어' 최재훈 씨

기자협회 회장이 우리의 이야기를 듣더니 국제민주연대를 연결해줬다. 우리는 기자협회 사무실에서 나와서 곧바로 안국동에 있는 국제민주연대 사무실로 갔다. 내가 알기로 그때 국제민주연대는 아시아를 비롯한 여러 나라의 인권문제 해결을 위해 활동하는 시민단체였다. 재한줌머인연대가 한국에서 처음 만난 시민단체였던 것 같다. 그때 국제민주연대 김숙경 사무국장을 만났는데, 긴 대화를 하지는 않았고, 우리에게 같이 활동하던 최재훈 씨를 연결해줬다. 전화로 최재훈 씨와 약속을 잡고 찾아갔다. 한국어를 못하는 우리를 위해 그는 영어로 말했고, 다행히 우리 일행은 약 1시간 정도 하고 싶은 이야기를 할 수 있었다.

"치타공 힐트랙 줌머 소수민족의 자치권 운동을 하고 싶습니다."

우리의 말을 듣고 그때 재훈 씨가 어떤 생각을 했을지 몰라도 우리는 줌머 민족이 처한 상황과 한국에서 우리가 하고자 하는 줌머 운동에 대해 길게 설명했다.

"음…."

그때 재훈 씨는 우리의 이야기를 경청했다. 그러면서 한국에서 이주노동자들이 겪는 어려움과 한국 시민단체가 도와줄 수 있는 한계에 대해서 정확히 십 년 전, 딱 3월 이맘때였던 걸로 기억한다. 전화기 저편의 낯선 외국인 남성은 서툰 한국말로 당시 내가 일하던 단체의 사무실로 찾아와 대화를 나누고 싶다고 했다. 무슨 사연이 있는지는 몰라도 일단은 만나서 들어보기로 했다. 그리고 약속한 당일, 지금 와서 하는 얘기지만 솔직히 첫 만남은 상당히 부담스러웠다. 나 한 사람을 만나자고 무려 10명이나 되는 남성들이 비좁은 사무실을 꽉 채운 것도 그랬거니와, 찾아온 까닭도 마찬가지였다. 자신들을 방글라데시 정부와 군의 탄압을 피해 한국으로 건너온 난민들이라 소개한 이들은 자기네 민족의 자치권과 인권을 위해 활동하는 단체를 만들고 싶다고 했다. 스스로 진보를 자처하는 사람들조차도 그 시선이 좀처럼 한반도의 경계를 벗어날 줄 모르는 이 나라에서, 그것도 생전 듣도 보도 못한 소수민족의 자치권 운동을 하겠다니! 게다가 당시는 우리가 필요해서 불러온 이주노동자들도 해마다 몇만 명씩 죄인처럼 잡혀가 나라 밖으로 내쫓기는 판국이었다. 그래서 조언이랍시고 주절주절 늘어놓긴 했지만, 그때 내가 해준 이야기의 요지는 결국 '너무 큰 기대는 하지 마시고, 이국땅에서 서로 의지하면서 소박하게 작은 활동이나마 해보세요'였던 걸로 기억한다.

그로부터 달력이 열 번 바뀌고, 십 년이란 시간이 흘렀다. 그동안 그들이 만든 〈재한줌머인연대〉는 보란 듯이 살아남았고(이들에겐 '살아남는 것' 자체가 힘든 투쟁이자 대단한 성과였다!), 회원이 불과 십여 명에 불과하던 단체는 이제 70명이 넘는 회원들로 북적거리는 어엿한 이 땅의 인권사회단체로 자리잡아 나갔다.

2012년 4월, 최재훈

출처 : 《줌머 민족의 억눌린 목소리》

도 이야기했던 것 같다. 그날의 대화가 정확히 기억나지는 않지만 '어렵지만 당사자가 직접 나서서 활동하는 게 필요하다'라는 조언이었던 것 같다. 재훈 씨는 우리가 생각지도 못했던 말도 해줬는데 우리 인생의 큰 전환점이 됐다.

"난민 신청을 해도 되는데…."

처음 들었던 말이다. 나는 그동안 내가 난민이라는 생각을 하지 못했다. 인도 트리푸라Tripura 주에 피난 간 줌머인이나 방글라데시 남부 도시인 콕스 바자르Cox's Bazar 난민캠프에서 봤던 미얀마 국적의 로힝야족을 난민으로 알고 있었지만 내가 난민이라는 생각은 못했다.

난민 신청

하루하루를 정신없이 살았고, 한국에 대한 정보가 없다 보니 한국에서 합법적으로 체류할 방법을 알지 못했다. 재훈 씨 덕분에 '난민 신청'을 생각할 수 있었다. 재훈 씨가 유엔난민기구(UNHCR) 한국대표부의 A 씨를 연결해줬다. 나와 줌머 동료들은 유엔난민기구 한국대표부 사무실에 갔다. 당시 유엔난민기구 한국대표부 사무실은 대한성공회 건물 안에 있었는데 한국에서 초기 난민 관련 일을 하는 것 같았다. 아무래도 유엔기구라서 국제적 기준에 따라 난민 지위 인정과 처우 관련 일을 할 거라는 기대를 했다.

A 씨는 우리와 인터뷰를 한 뒤에 법무부 출입국사무소에 가서 난민 신청하는 방법에 대해 자세히 알려줬다.

"그런데 우리가 난민 신청을 직접 도와줄 수는 없습니다."

난감했다. 그때 우리는 체류기한이 만료된 상태였기 때문에 직접 난민 신청하러 갔다가 혹시나 강제 출국 조치를 당할까 걱정됐다.

"우리는 현재 불법체류 상태라서…."

용기가 없다는 말은 차마 못 하고 사정 이야기를 했다.

"네, 알겠습니다."

다행히 A 씨가 난민 신청하러 갈 때 동행해 주겠다고 했다. 우리는 A 씨와 함께 목동에 있는 서울출입국관리사무소에 갔다. 출입국사무소 안에는 이미 수백 명쯤 되는 외국인들이 있었다. 그들과 대화를 나눈 것은 아니었지만 우리랑 비슷한 처지일 거로 추측할 수 있었다. 어떤 사람은 수갑을 차고 있었고, 작업복을 입고 있는 사람도 있었다. 아마 불법취업해서 일하다가 체포돼서 온 것 같았다.

그날 국제민주연대에서 연결해준 한겨레신문사 서정민 기자가 취재하겠다고 출입국사무실 앞 등나무 쉼터에서 기다리고 있었다. 출입국관리사무소를 간다는 것 자체가 너무 두려웠지만 그들의 관심은 우리에게 용기를 주었다.

그날은 2002년 10월 17일이었다. 그날 오후 나를 포함한 줌머 7명이 집단으로 난민 신청을 했다. 당시 한국에 줌머인이 아홉 명 살고 있었는데 모두 살아온 배경이 다르면서도 공통점이 있었다. 어떤 사람은 활동가는 아니었으나 치타공 힐트랙 선주민 박해로 부모랑 인도 난민캠프에

2002년 10월 17일, 서울출입국관리사무소 앞. 난민 신청한 7명의 재한줌머인연대 회원들. 앞줄 왼쪽에서 3번째가 로넬. "방글라데시 소수민족 자치운동 외면 말길". 사진: 서정민 기자(한겨레).

살았고, 아버지가 샨티바히니 활동가라서 산속에서 피해 살다가 다른 나라를 거쳐온 사람, 피해지역에서 다른 지역으로 실향민이 되어 떠났던 사람, 랑가두Languadu 학살 때 마을이 파괴돼서 다른 곳으로 이주했다가 인도에서 유학한 사람, 한때 학생단체 활동하다가 체포위협을 피해 미얀마로 가서 스님으로 살던 사람, 직접 샨티바히니 평화군 활동하다가 체포돼서 감옥살이했던 사람 등 다양했다. 모두 배경은 달랐지만 치타공 힐트랙 선주민으로 살면서 박해받아 고향에서 비자발적으로 이주했거나 줌머 운동으로 체포, 구금 등의 위험을 겪었다는 것, 그리고 UPDF 회원이거나 지지자 또는 학생단체 회원이라는 공통점이 있었다.

7명이 먼저 집단으로 난민 신청을 하고, 며칠 후에 2명이 추가로 신청했다. 당시 한국에서 난민 신청하는 사례가 거의 없었기 때문에 아마도 한국 사회에서는 우리의 난민 신청이 하나의 작은 이슈였던 것 같다. 한국 정부가 1992년 '난민의 지위에 관한 협약 및 의정서'에 가입한 이후 1994년부터 난민 인정 신청을 받았다. 1999년 말 유엔난민기구가 서울연락소를 설치하고 민변과 함께 비공식적으로 난민지원 활동을 시작했다.

한국에서 난민에 대해 관심을 보이기 시작했던 것은 일명 8888 버마(미얀마) 민주화운동으로 탄압을 피해 한국으로 망명했던 버마민주주의민족동맹(NLD)[44] 소속 회원인 샤린 씨에 대해 한국 정부가 강제송환 조치를 내린 2000년부터인 것 같다. 그때 한국의 시민단체 국제민주연대, 나와우리, 민변, 좋은벗들, 참여연대 등은 샤린 씨의 강제송환을 반대하는 성명서를 발표하면서 난민지원을 위한 연대 활동에 나섰다.

2001년 2월, 한국에서는 최초로 에티오피아인 드구 다다세 데레세[45] 씨가 난민 지위를 인정받았고, 2000년 5월에 미얀마 NLD 소속 회원 20여 명이 집단 난민 신청[46]하고 결과를 기다리는 중이었다. 그때 한국 사회가 난민에 대한 인식이 어땠는지는 몰라도 우리는 합법적으로 한국에 체류할 수 있는 절차를 밟게 됐다는 것만으로도 행복했다.

난민 신청 다음 날부터 곧바로 면접 심사가 시작됐다. 우리 7명은 한국어를 잘하지 못했는데, 그나마 내가 조금 나았다. 아마 점수로 치면 25점 정도 됐을 거다. 불법체류라는 것 때문에 혹시나 무슨 일이 생길까봐 계속 목이 타들어 가는 것 같았다. 면접은 통역 없이 진행됐고, 다른 동료들을 위해 나는 떠듬거리며 통역을 해야 했다. 난민 심사할 때 심사관 3명이 있었던 것 같은데 서로 번갈아 가면서 질문했다. 먼저 한국에서 있었던 일을 집중적으로 질문했다.

"난민 신청하는 방법은 어떻게 알게 됐나요?"

"국제민주연대와 유엔난민기구에서 알려줬습니다."

"유엔난민기구를 만나게 된 경위를 말해보세요."

"최재훈 씨한테 소개받았습니다."

"최재훈 씨는 뭐 하는 사람인가요?"

"잘 모릅니다."

"한겨레 신문 기자는 누가 소개했나요?"

"네?"

모르는 것은 모른다고 했는데 계속 같은 질문을 반복해서 했다.

"그동안 한국에서 어떤 회사에서 일했나요?"

"가구회사요."

"가구회사… 회사 이름을 구체적으로 하나도 빠짐없이 말하세요."

한국에서 우리가 불법취업 한 걸 알면서 회사 이름을 계속 추궁하듯이 물었다. 말을 할 수도 없고 안 할 수도 없었다. 회사에 불이익이 갈까봐 걱정이 됐지만 어쩔 수 없이 회사 이름을 일일이 말했다.

"월급은 얼마를 받나요?"

"고향에 돈을 얼마나 보내나요?"

심사가 아니라 취조당하고 있는 것 같았다.

"한국은 어떻게 오게 됐는지 말해보세요."

다른 심사관이 한국 입국 이유와 경위에 대해 물었다. 우리는 치타공 힐트랙의 상황을 설명했고, 한국을 선택하게 된 이유와 입국 과정을 최대한 전달했다. 가장 힘들었던 것은 본국으로 다시 돌아갔을 때 받을 위협이 어떤 것인지를 증명하는 것이었다. 나는 샨티바히니 평화군으로 활동했던 일과 체포돼서 감옥살이했던 일을 설명했고, 법원 증빙 서류를 제출했다. 하지만 심사관은 믿지 못하는 것 같았다. 심사관이 치타공 힐트랙 상황에 대한 사전 이해가 없는 것 같았다. 우리의 말을 믿지 않고 계속 같은 질문을 자꾸 받다보니 괴롭힘을 당하는 것 같았다.

난민은 박해나 인권침해 등 "근거가 충분한 이유"로 고향을 떠나야 했던 사람이며, "본국으로부터의 보호를 상실"했기 때문에 기본권을 보장받기 위해 "국제사회에 의존하게 된" 사람이다.[47] 그러나 "충분한 근거"를 증명하는 일은 쉽지 않았다. 위험을 피해 망명 신청한 사람이 대사관에 가서 직접 도움을 요청할 수 없는 상황에서 직접 자기 신분을 증명해야 하는 일은 어려웠다.

인터뷰는 며칠간 매일 진행됐다. 심사관들은 방글라데시 줌머 민족의 인권상황에 대한 정보가 아예 없는 것처럼 보였다. 2003년에 새로 입국한 6명이 추가로 난민 신청을 하면서 난민 신청자가 총 13명이 됐다. 아내 졸리와 아들 주니도 포함됐다. 우리는 비공식적인 면접 심사까지 10여 차례 심사를 받았다. 그동안 우리는 난민 신청자 신분으로 여전히 불안하게 지내야 했다. 난민 신청자는 취업이 금지됐지만, 가족 결합 후에 나는 불법취업을 할 수밖에 없었다. 외국인은 주소가 변경되면 출입국사무소에 주소변경 신청을 해야 하는데, 출입국사무소에서 주소가 바뀐 공장에 연락해서 우리가 취업할 수 없는 신분이라는 것을 알려줬기 때문에 나는 수시로 공장을 옮겨야 했다.

난민 인정이 안 될 것 같다는 소식도 들렸지만 불허되면 어떻게 해야 할지 생각할 겨를이 없었다. 평일에는 공장에서 일하고, 주말에는 한국어 공부하고, 시간 나면 외국인인권센터나 이주민센터를 찾아갔다. 한겨레신문 기사가 나간 이후 언론 인터뷰나 시민단체와 교류하는 일도 점점 많아졌다.

현지에서 인권탄압 소식이 들려오면 방글라데시 대사관 앞에 가서 항의 시위도 했다. 종교와 정치적 계파 상관없이 인권 관련 행사가 있으면 참석해서 한 사람에게라도 줌머에 대해서 알리려고 했다. 서울 시청 앞 국가인권위원회 '배움터'에서는 인권-문화단체 학술대회가 자주 있었는데, 되도록 빠지지 않았다. 먹고살기 위해 공장일도 해야 했기 때문에 공장일이 밀리면 일이 먼저 끝난 줌머 동료들이 다른 사람의 일을 도와서 마무리했다.

"우리는 불법이 아니라 난민이에요"

2002년에 난민 신청하고 아마 다음 해 추석 연휴 때였던 것 같다. 나와 나의 동료 2명이 근무하던 컨테이너 공장도 4~5일간 추석 연휴에 일하지 않았다. 마땅히 갈 데도 없고 할 것도 없어서 친구들과 모여 함께 식사 모임을 하기로 했다. 동료들끼리 돈을 조금씩 걷어서 공장 옆 염소 농장에서 20만 원을 주고 흑염소 한 마리를 사서 카레 음식을 만들어 먹었다. 식사하고 술도 한 잔 마시며 고향 얘기로 시간을 보내고 있었다. 식사를 끝내고 시간이 얼마 지나지 않아 친구 S 씨가 갑자기 배가 아프다고 하더니 시간이 지날수록 점점 증상이 심해졌다. 급히 가까운 병원으로 갔다.

"급성 맹장이에요. 오늘은 연휴라서 수술이 어렵고 내일 수술해야 해요."

하루 뒤 아침 시간에 수술 일정이 잡혔다. 수술비가 280만 원이었다. 그때 우리가 받는 월급이 보통 120만 원 정도였기 때문에 수술비는 큰돈이었다. 더구나 그때 우리는 난민 신청자로 취업 활동이 금지되었기 때문에 그렇게 큰돈을 갑자기 준비하는 게 쉽지 않았다. 생계를 위해 가끔 불법취업을 할 수밖에 없을 때도 있었지만 고용주는 불법취업이라는 걸 알고 월급을 제때 주지 않을 때였다. 수술 받는 친구의 전 재산이 100만 원 정도여서 나머지 180만 원을 우리끼리 책임지기로 했다. 수술비가 마련돼서 우리는 바로 다음 날 아침 일찍 100만 원을 먼저 결제한 다음에야 수술이 진행됐다. 수술이 끝나고 12시쯤 원무과 직원이 나머지 병원비 얘기를 했다. 그래서 180만 원은 퇴원 전에 내겠다고 했다.

"오늘 저녁까지 남은 병원비를 내고 퇴원해야 돼요."

"병원비가 더 나와도 괜찮아요. 더 입원해서 치료받고 싶어요."

수술 받고 공장 기숙사로 곧바로 돌아가서 생활하는 것이 좋지 않을 것 같아 좀 더 입원해서 치료 받고 싶다고 했다. 하지만 원무과 직원은 저녁까지 꼭 남은 돈을 결제하고 곧바로 퇴원하라는 말만 되풀이했다. 나는 원무과 직원과 협상하려고 했다.

"돈 걱정하지 말고 필요한 만큼 입원 치료해 주세요."

"당신들은 불법체류자인데 어떻게 믿어요?"

그 원무과 직원의 목소리가 커서 원무과 앞에 있던 사람들이 일제히 우리를 쳐다봤다. 그 순간 지은 죄도 없이 얼굴이 화끈거렸다.

"우리는 불법 사람이 아니에요. 내일 퇴원해요. 내일 퇴원 전까지 병원비 다 낼 거예요!"

내 목소리도 커졌다.

"당신들은 불법체류자예요! 아니면 외국인등록증 보여줘요!"

그 담당자의 목소리가 더 커졌다.

"결제 안 하고 밤에 도망가는 거 아냐?"

그 직원은 점점 더 모욕적인 말로 나를 몰아세웠다.

"우리는 불법이 아니라 난민이에요."

내가 난민이라고 한 말 때문에 실랑이가 더 길어졌다. 그때만 해도 한국에서는 '난민'이라는 단어가 낯설 때라 그 직원은 내 말을 이해하지 못하고 뭔가 답답하다는 듯이 투덜거렸다. 나는 난민에 관해서 설명하고 싶었지만, 한국어로 설명할 수 없어서 그냥 포기했다.

"여기에 전화해서 알아보세요. 나는 내일 다시 와요."

나는 그 직원한테 유엔난민기구 A 씨 전화번호를 알려주고 집으로 왔다. 집에 와서 다시 생각해보니 원무과 직원이 우리를 신뢰하지 못했던 것도 이해가 됐다. 우리가 난민 신청자였지만 그 사실을 증명할 수 있는 서류를 하나도 제시하지 못했고, 외국인등록증도 없었다. 우리가 난민 신청을 하고 법무부 출입국에서 받은 것은 출국명령서뿐이었다. 출국명령서는 한국에 체류 가능한 기한만 명시되어 있고, 신분을 증명할 수 있는 서류가 아니었다.

그날 오후 3~4시경 유엔난민기구 A 씨로부터 전화가 왔다.

"로넬 씨, very disappointed and sad⋯."

A 씨는 영어로 나한테 실망했다면서 "당신을 그렇게 안 봤는데⋯."라고 했다. 나는 갑작스러운 A 씨의 말을 이해하지 못했다. 내 잘못이 뭘까 아무리 생각해도 생각나지 않아서 아무 말도 못 했다. 그동안 우리를 여러모로 도와주던 사람이 왜 갑자기 화를 내는지 도저히 이해되지 않았다.

"로넬 씨가 병원 직원한테 유엔난민기구에서 병원비를 낼 거라고 말했다고 들었어요."

그 말을 듣고서야 화내는 이유를 알았지만 길게 설명하지 않았다.

"아닙니다. 그렇게 말하지 않았어요."

그리곤 더이상 말하지 않았다. 아마 그 병원 원무과 직원이 나를 믿지 못해서 병원비 얘기를 한 것 같았다. 그리고 내가 전화번호를 주면서 확인해보라고 한 것을 병원비 잔금을 유엔난민기구에서 낼 거라고 말한 것처럼 전달된 것 같았다. 그렇게 생각하고 나니 마음이 너무 아팠다. 쉽게 오해하고, 일방적으로 자기주장을 하는 것만 같아 억울한 마음도 들었다.

A 씨가 난민 신청 과정에서 많은 도움을 주었고, 서울출입국사무소에 같이 가주지 않았다면 난민 신청할 엄두를 내지 못했을 거다. 다른 사람도 아니고 A 씨로부터 그런 오해를 받은 것이 더 속상했다. 그 상황에서 나는 아무런 대항력이 없었다. 아니라고 설명하거나 왜 내 말을 들어보지 않고

스스로에게 묻는다

나는 매일 스스로에게 묻는다
나는 착하고 좋은 사람인가
과연 내 삶이 착한 삶인가
(중략)
나는 언제나 착하고 바르게 산다
내가 한 말 때문에 남이 마음 아플까 봐
말도 못 하고 조용하고 또 조용하고
내가 더 가지면 남이 덜 받는다고
그런 생각을 하면서 산다는 것은
착하고 좋은 삶인가

나는 조심하고 또 조심하며 산다
입조심 몸조심 행동조심
조심, 조심, 조심
상대방을 존중하고 배려해서 또 조심
스스로 내 생각을 부정하고 묻어 두고
스스로 내가 가진 자유를 포기하고
이렇게 사는 나 정상인가
오늘도 또 묻는다

2022년 12월 24일, 로넬

일방적인 말만 듣고 오해하느냐고 따지지도 못했다. '한국 사회에서 소수자, 그것도 신분을 증명해 보이지 못하는 미등록 체류자나 난민 신청자가 겪어야 하는 일인가?'라는 생각이 들었다. 수술 다음 날 나머지 병원비를 수납했음에도 친구의 의사와 상관없이 친구는 그날로 강제 퇴원 당했다.

거의 2년이 지나고 최종 인터뷰가 법무부 본부에서 전문가들이 모인 가운데 진행됐다. 최종 인터뷰는 그냥 거의 확인 절차 같았다. 긴장감 없이 꽤 밝은 분위기에서 진행됐다. 그날의 느낌대로 2004년 12월 13일, 아들 주니를 포함해서 11명이 한국의 법무부로부터 난민 인정 통보를 받았다. 2명은 난민으로 인정받기 위한 조건을 스스로 증명하지 못해서 불허됐다. 한국어로 소통하기가 어렵기 때문에 적극적으로 자신을 입증하는 것이 어렵고, 치타공 힐트랙에서 겪었던 일들을 증명할 수 없었기 때문이다.

난민 인정을 받고 사실 달라진 것이 많지는 않다. 그때는 한국에 독립된 난민법이 없었기 때문에 난민 신청자나 난민 인정자는 국내 체류를 허용하는 정도였다. 그래도 가장 좋았던 것은 합법적인 신분이 됐다는 것이었다. 더이상 숨거나 불안해하지 않고 공개적으로 활동할 수 있었고, 불법취업이 아니어서 월급을 정기적으로 받을 수 있었다. 미등록 체류자 신분이었을 때는 월급을 떼여도 권리 주장이 어려웠다. 고용노동부에 신고할 수는 있었지만 신분 때문에 어려웠고, 해고 협박으로 실제 신고하는 사람은 거의 없었다. 처음엔 정말 맨땅에 헤딩하는 기분이었는데 '할 수 있다!'라는 희망이 생겼다. 난민 인정을 받으면서 시민사회 중심으로 난민에 대해 더 주목하는 것 같았다. 무엇보다도 줌머인이 한국에 살고 있다는 것, 치타공 힐트랙 인권 상황을 해결하는 데 국제사회의 역할이 필요하다는 것을 조금이라도 더 알릴 수 있게 된 것이 꿈만 같았다.

하지만 한국 사회의 관심은 줌머와 치타공 힐트랙 선주민의 인권 내용보다는 '경제적으로 어렵고, 도움이 필요한 난민'에 더 쏠려 있었다. 언론이나 단체들은 본인들이 미리 생각한 대로만 보는 것 같았다. 한국에서 얼마나 힘들게 살아가고 있는지, 누구한테 자원봉사를 받고 있는지, 어떻게 적응하는지… 인터뷰할 때 기자는 '주로 어려운 점에 대해 말해 달라'고 강조한다. 그때마다 '나는 불쌍한 사람인가?' 나 자신에게 묻곤 했다. 물론 살아야 하니까 일하고, 퇴근 후 힘들어도 한국어를 배우고, 한국 사회에 적응해야 했다. 도움도 필요했다. 그런데 대개는 내가 하고 싶은 말은 정작 묻지 않았다.

2003년 초에 R-TV는 재한줌머인연대를 촬영했고, 30분짜리 영상 몇 편으로 방영한 적이 있었다. 우리가 일하는 모습, 생활하는 모습, 다른 단체 행사에 참가하는 모습이 주로 나왔다. 다큐멘터리에 나온 줌머인의 모습은 한국인의 시선이었다. 아쉬웠지만 우리의 존재를 알리는 과정이라 생각했다. 그때만 해도 한국 사회에 난민은 아주 낯선 존재였기 때문에 어쩌면 그런 관심조차 감사하다고 해야 할지 모르겠다. '그럴 수도 있다'라고 생각하며 작아지는 어깨를 스스로 토닥일 수밖에.

미디어는 재한줌머인연대(JPNK)에 대하여 아주 우호적이다. 미디어는 일관되게 줌머인이 경험하는 인종적 폭력과 인권 유린, 한국에서의 불안정한 삶에 대해 공분을 표시하며, 지지와 지원을 촉구한다. 그러나 미디어의 그러한 '친절함' 속에서 줌머인은 '타자화'된다. 그들의 이미지는 왜곡되고 오인된다. 그 결과 전인적인 인간미를 갖춘, 능동적인 정치 문화적 행위자로서의 줌머인의 매력적인 모습은 사라져버린다. 그 대신에 '무력한 도피자'이거나 '난폭한 투사'이거나 불안과 죄책감에 시달리는 '소심한 생활인'으로서 왜곡된 이미지가 만들어진다. 줌머 민족과 한민족의 민족 정체성과 이산(diaspora)의 경험은 억지스럽게 동일시된다. 이러한 '친절한 타자화'의 과정에서 다문화주의의 지평에서 중요하게 고려되어야 하는 선주민과 난민으로서의 재한줌머인연대(JPNK)의 위상은 주변화되고, 그 대신 '한민족의 아픈 역사'를 재연하는 '의사(pseudo) 한민족'으로서의 줌머인의 신화가 합법화된다.

오경석(2011). 재한줌머인연대와 미디어의 재현, 다문화사회연구, 4(2), p. 74.

"줌머비 허멀레 앋디베 모 다것"

난민 신청을 하던 날 〈한겨레신문〉 보도로 재한줌머인연대 존재가 한국 사회에 처음 알려졌다. 우리는 신문이나 불교방송 인터뷰도 하고, 참여연대와 같은 시민단체 활동가들과 개별 인터뷰도 했다. 한국 이주 초기에 비하면 큰 변화였다. 그해 겨울 난민 신청하는 과정에서 도움을 주었던 국제민주연대, 민주사회를위한변호사모임(민변) 소속 활동가들의 초대로 재한줌머인연대 구성원들은 안국동의 느티나무 카페에서 송년 모임을 했다. 내가 알기로는 그 당시 '느티나무' 카페는 진보시민단체 활동가들의 토론과 논쟁의 공간이자 문화공간이었고, 하루에도 몇 차례씩 기자회견이 열리던 곳이다.

나는 그 이후로도 참여연대, 국제민주연대, 참여불교재가연대 등 시민단체 활동가들을 만날 때 그곳을 몇 번 더 갔었다. 조계사에 기도하러 가거나 해외에서 손님이 한국에 왔을 때 인사동에 가면 으레 들렀다 가곤 했다. 며칠 전 지인의 출판기념식이 있어서 갔던 곳도 바로 느티나무 카페가 있던 곳이었다. 내가 한국의 시민단체와 연결됐던 그 장소에서 출판기념식이 열린 것이 반가웠다. 그날의 출판기념식은 1980~1990년대 한국의 1세대 여성농민운동가들의 구술사를 담은 책 《미치도록 눈부시던》(2023, 말)의 북 토크였다. 지금은 나이 70~80대의 고령자가 되었지만 여전히 현장에서 농사를 지으면서 제 몫을 하는 당당한 기운이 느껴지는 여성농민운동가들이었다. 그들의 삶을 기억하고 기록하는 것은 과거와 현재, 그리고 미래를 연결하는 중요한 연결고리가 된다는 생각이 들었다.

나는 그날 그곳에서 한국의 시민단체와 연대하던 초기 활동들이 떠올랐다. 동시에 '기록한다'라는 것의 의미를 새롭게 발견했던 것이 하나의 흐름처럼 연결됐다. 줌머의 언어, 자연, 문화, 사람, 역사를 기억하고 기록하는 일, 좋은 기억이든 나쁜 기억이든 고민의 흔적을 남기는 일이 소중하게 다가왔다. 줌머 2세들을 위해서라도 누군가 해야 할 일이다.

2003년 4월 그곳에서 보이사비 축제를 했었다. 재훈 씨를 통해 서울의 많은 시민단체 활동가들이 참여했다. 그날의 보이사비는 재한줌머인연대가 한국의 시민단체와 연대하는 전환점이 됐다. 2002년에 재한줌머인연대를 창립하고 우리 줌머 동료 몇 명이 조촐하게 보이사비를 기념했으니 느티나무 보이사비는 두 번째인 셈이다. 김포에서 재한줌머인연대 동료들이 줌머 전통음식 한두 가지 정도를 준비해 갔고, 차크마 노래를 함께 불렀다. 이날 아닐 씨의 노래 실력에 모두 깜짝 놀랐었다.

"줌머비 허멀레 앋디베 모 다겄"

'줌머비, 당신은 언제 나와 함께 손잡고 걸을 수 있나요.' 함께 간 줌머인이 아닐 씨와 같이 노래를 불렀었다.

그때 그곳에서 '피난처'의 이호택 대표를 처음 만났다. 방글라데시 현지에서 줌머 민족에 대한 인권탄압이나 방글라데시 정부의 위법적인 공권력 행사로 인한 문제가 생길 때면 재한줌머인연대는 방글라데시 대사관 앞에서 항의 집회나 일인 시위, 기자회견을 했다. 그때마다 재훈 씨와 이호택 대표가 늘 함께하면서 힘을 줬다.

2004년에는 4월 18일에 홍대 앞 어떤 지하 공간에서 보이사비 기념식을 했다. 대학생 단체들도 꽤 많았고, 피난처나 버마민주주의민족동맹(NLD)[48] 한국지부 소속 회원들, 이주노동자단체 활동가들이 함께했다. 자리가 없어서 계단에 앉은 사람들까지 100여 명이 공간을 꽉 채웠다. 재한줌머인연대에서 피자, 파전, 카레밥을 준비해서 함께 나눠 먹었다. 그때 네팔 이주노동자 '미누' 씨가 불법체류자 단속에 항의하는 의미로 〈Stop Crack Down〉[49]을 불렀다. 이날 어떤 사람이 그 노래를 듣고 "오늘 행사가 누구를 위한 행사인가?"라며 목소리를 높였다. 난민 행사인데 왜 이주노동자 노래를 부르느냐는 항의 같았다.

하지만 이날 보이사비 축제는 이주민들이 연대하는 의미도 컸다. 2003년 고용허가제 시행을 앞두고 미등록 이주노동자를 집중적으로 단속해서 강제 추방하던 시기였고, 그 와중에 미등록 이주노동자 11명이 자살하면서 이들을 추모하는 분위기가 있었다. 11명 중에는 방글라데시 이주노동자 '네팔 비꾸' 씨도 있었다. 방글라데시로부터 우리 민족이 겪은 억압과는 별개로 이주노동자들이 겪은 아픔에 연대감이 느껴졌다. 우리 줌머들도 난민 신청을 하기 전까지는 같은 신분이었기 때문에 충분히 공감했다.

그때 나는 치타공 힐트랙 줌머 선주민에 관해 이야기했다. 지금 생각하면 너무 어려운 이야기였다. 특히 젊은 사람들이 많았는데, 소수민족의 민족투쟁 이야기가 얼마나 거리감이 있었을까 싶다.

그때부터 2008년까지 매년 4월에 서울에서 보이사비 축제를 소규모로 개최했다. 축제보다는 사실상 활동가 중심의 작은 모임으로 몇 년간 진행했다.

보이사비

이날 왠지 내 마음은
봄바람처럼 가볍고, 구름처럼 흐르고
새처럼 넓은 하늘로 날아
꿀벌처럼 벚꽃 위에
사푼 앉더니 태풍에 파도처럼 요동치네
줌밭과 계곡 건넛마을 너머
감춰진 잃어버린 내 추억을 찾고 있네

보이사비는 이곳에 너무 더디 오네
공장에서 매일 일하고 마음이 답답한 날들
보이사비를 기다리고 또 기다리네
그날 즐겨 입을 새 옷 빛깔은 바래만 가네
1년 내내 벗지 못한 작업복을 이날 단 하루라도 벗고 싶네

이날 나의 몸은 기쁨으로 가득 차고
어떤 이에 대한 그리움에 마음이 아려
그래도 오늘에야 먹지 않던 것을 먹어보고
지난 내 못된 짓들 용서한 만큼 용서받고 싶네

추운 겨울 지나 봄바람 벗 삼아 온 꽃향기
나무마다 초록 이파리 뚫고 내리는 화창한 햇빛들로
새로워진 자연 속에서 농부는 들일을 시작하고
더 나은 삶 찾아 새로운 곳으로 떠나는 이들에게
희망을 속삭이네

매해 봄 줌머인의 설날 축제 '보이사비'
다사다난했던 한 해의 희망과 절망 넘어 새로운 시작을 알리네
용서하며 용서받는 축복의 날
갈등도 미움도 갈 곳 잃은 날
모두에게 사랑과 평화의 길 들려주네

2015년 4월, 보이사비를 기다리며 로넬

지역 활동의 신호탄

보이사비 축제를 통해 한국의 시민단체 활동가들이 하나둘씩 모였고, 줌머에 대해서 알릴 수 있었다. 2008년에는 서울 보이사비 일주일 후에 김포에서 한 번 더 진행했다. 재한줌머인연대 활동의 중심축을 줌머인의 생활공간인 김포지역으로 옮긴다는 의미였다.

"지역 주민들에게 보이사비를 알립시다!"

피난처의 이호택 대표 제안이었다. 누구도 지역의 중요성을 생각하지 못할 때였고, 나도 그랬다. 실행하기로 했다. 그때 재한줌머인연대 사무실이 김포 양촌읍 양곡시장 안에 있었는데, 꽹과리 치고, 힌두교 행사 때 쓰는 달팽이같이 생긴 악기를 불며 그 주변을 행진했다. 그때 양곡은 신도시 개발 전이라 재래시장에 사람들이 많았는데, 미리 준비한 1장짜리 전단지를 돌리면서 홍보했다. 신기한 눈으로 전단지를 보는 사람도 있고, 아예 보지도 않는 사람들도 있었다. 재한줌머인연대 사무실 앞 공터에서 줌머 문화공연을 했다.

그날 보이사비는 재한줌머인연대가 김포 지역사회에서 활동을 시작하는 신호탄이었다. 시장 상인 몇 명을 제외하고는 대부분 서울에서 온 시민단체 활동가들이었고, 지역 이주민센터 직원이나 한국어 강사들도 참여했다. 그때 '국경없는마을 김포이주민센터' 최영일 센터장, '천주교 이주노동자의 집 이웃살이' 김정대 신부를 만나게 됐다. 그 이후 '세계인 큰 잔치' 행사에도 참여하고, 조윤숙, 이강안 등 지역 정치인들도 만나게 됐다. 그들이 어떤 정치적 이념을 가졌는지 고민할 여력은 없었다.

이후 줌머 공동체의 집거지라 할 수 있는 양촌을 중심으로 보이사비나 여러 문화행사를 하면서 줌머인이 김포 시민으로, 이웃으로 존재감을 조금씩 드러낼 수 있었다. 정치인과의 교류는 자연스럽게 물품 후원, 행사 지원으로 이어졌고, 지역 신문은 그런 내용을 기사화했다. 많은 단체가 도와주려고 했다. 사진을 찍자고 하면 '방글라데시 줌머인 후원 행사'라고 쓴 현수막 앞에서 활짝 웃으며 사진을 찍었다. 내 생각에 당시 지역 언론에서 줌머를 전달하는 방식은 줌머에 대한 단순 정보나 '후원'이라는 프레임이 강조됐다고 생각한다.

나는 보이사비가 단순한 문화공연으로만 진행되는 것보다는 줌머인 연대의 목적에 맞게 전시회, 책 발간, 포럼을 동시에 진행하는 방식으로 추진해갔다. 2013년 보이사비 때는 줌머 현지 화가 다나 모니 차크마 Dhana Moni Chakma 씨를 초청해서 전시회를 함께 했고, 2014년 보이사비 때는 이화여자대학교와 함께《치타공 산악지대, 줌머 민족의 모국, 그리고 그 삶과 문화》책을 발간했다. 그리고 2015년에 '아시아평화를향한이주'(MAP)와 공동으로 김포 양촌에서 줌머 패션쇼를 진행했다. 재한줌머인연대 회원과 줌머 2세, 한국의 시민단체 활동가 몇 명이 모델이 되어 11개 소수민족의 전통의상을 선보였다. 전문가의 눈에는 서툰 패션쇼였겠지만, 무대 위로 올라서며 수줍어 하던 모델의 서툰 모습은 오히려 행사에 참여한 모든 이를 즐겁게 했다. 2017년에는 프랑스, 인도에서 활동하고 있는 줌머 활동가, 예술가를 초청해서 '국제 줌머 디아스포라 포럼'으로 진행했다. 포럼은 김포 시민들에게 줌머에 대해 적극적으로 알리는

2019년 4월 14일, 보이사비 기념식 전에 양촌 '김포시독립운동기념관' 주변 일대에서 평화행진을 하는 재한줌머인연대 회원들.

계기가 됐다.

보이사비에 참여하는 지역 시민들이 더 늘었고, 줌머 문화를 보여주기만 하는 행사가 아니라 함께 게임도 하고, 합동 공연도 했다. 2019년에는 소수민족의 전통 옷을 입은 회원들이 지역의 풍물패와 함께 양촌 거리에서 평화행진을 했다. 이렇듯 보이사비는 줌머인이 향수를 달래고 결속을 다지는 의미만이 아니라 초국적 국제연대이자 지역사회와 소통하는 문화연대의 중심이 됐다.

4. 변화의 시나리오

사람들이 존경하는 사람은
나보다 조금 더 가진 사람
나보다 힘 있고 권력 있는 사람
나보다 더 배우고 똑똑한 사람
나보다 도움을 더 줄 수 있는 사람

내게 존경을 표하는 사람은
나보다 가난하고 덜 가진 사람
나보다 힘들고 권력 없는 사람
나보다 지식이 없고 덜 배운 사람
내게 크게 도움이 안 되는 사람

과연 그런가
나 중심으로 생각하는
이기적인 생각을 버릴 수 있기를

2020년 3월 27일, 로넬

'변화의 시나리오' 프로젝트 활동가 되다

살면서 수많은 사람을 만나게 되지만 오랫동안 관계를 유지하기는 쉽지 않다. 대부분의 만남은 개개인의 필요 때문에 이루어지고 서로 필요 없을 때는 헤어진다. 어떤 만남은 원치 않는 만남인데도 지속하게 될 때도 있다. 그런데 자주 만나지 못해도 생각만으로도 가슴 따뜻해지는 사람들이 있다.

박상희 선생님을 2007년에 처음 만난 것 같은데, 인권과 사회 현안에 관해 이야기 나눌 수 있을 만큼 편한 관계였다. 내가 박상희 선생님을 오랫동안 잊지 못할 사람으로 기억하는 이유는 '존중'이 무엇인지를 몸소 보여준 사람이어서다. 나를 실제 나보다 더 나은 사람이 되게 한 사람이다. 한국 사회가 난민에 대해 그다지 긍정적이지 않은 분위기였는데, 박상희 선생님은 본인이 강의하던 대학교에 특강요청을 해서 학생들에게 난민에 대해 관심 갖게 했고, 나의 보잘것없는 삶을 가치 있는 것처럼 느끼도록 했다. 본인이 쓴 연구 자료나 논문을 선물로 주기도 했다. 어려워서 그 자료들을 다 읽어보지는 못했지만 나를 연구 대상으로 만난다는 느낌보다는 연구 동반자로 대해 주었다.

박 선생님 외에도 많은 사람을 만났다. 특히 우리가 한국에서 합법적으로 지낼 방법을 알려준 최재훈 씨와의 인연은 지금까지 좋은 관계로 이어지고 있다. 재훈 씨는 많은 시민사회 단체 활동가를 소개해줬고, 소통할 기회를 만들었다. 덕분에 시민사회 단체 활동가와 소통하면서 치타공 힐트랙 선주민에 대해 한국 시민사회에 널리 알릴 수 있었다. 재훈 씨가 반전운동을 하는 국제연대운동단체인 '경계를넘어' 단체를 만든 게 언제인지는 모르겠지만 재훈 씨는 국내 문제만이 아니라 국제 문제에도 관심을 보인 활동가였다. 재훈 씨는 재한줌머인연대의 공적인 일뿐 아니라 나의 개인적인 일에도 많은 도움을 줬는데, 특히 자녀교육에 대한 도움이 컸다. 당시 한국에서 편히 말하고 의논할 사람이 없어서 무슨 일이 생기면 재훈 씨에게 부탁을 많이 했다. 내가 그동안 힘들게 한 것 같아 많이 미안하고 고맙다.

내가 한국에서 가장 활발하게 사람들을 만났던 시기는 2007~2009년이다. 그것이 가능했던 이유는 '아름다운재단'에서 진행하는 공모사업인 '변화의 시나리오'라는 프로젝트 덕분이었다. 재훈 씨가 사업계획서 작성과 제출까지 도와줬다.

"로넬 씨, 선정됐어요!"

'변화의 시나리오' 공모에 신청한 '방글라데시 치타공 산악지역 소수민족 줌머의 인권 상황 개선을 위한 사업'이 선정됐다. 한국 사회에서 우리가 공적인 프로젝트를 할 수 있다는 것이 우리 자신도 놀라운 일이었지만 무엇보다도 공장에서 더이상 눈치 보지 않고, 활동비 받으면서 사회 활동을 실컷 하게 됐다는 게 너무 기뻤다. 상근 활동가로 3년 동안 월 100만 원 정도의 활동비를 받게 된 것이다. 물론 상근활동비를 받는 것으로는 우리 가족이 생활하기가 힘들어서 아내 졸리가 공장에서 일했고, 나도 주로 주말을 포함해서 일주일에 한두 번씩 컨테이너 공장에서 아르바이트했다. 쉬는 날이 거의 없었다.

우리 모두 친척이다

강 건너
산 넘고
태평양 건너
자유를 찾아온 낯선 땅
친척 하나 없는 이곳에서
우리와 눈을 마주하는 사람 하나 없다
서글픔
외로움에
멀리 두고 온 친척들이 그립다
친구가 병원에서 수술 받는 동안
고향 친구들이 대기실로 모인다
힘도 없고 돈도 없는 나
할 수 있는 게 없어서 두 손만 모은다
'어쩌지…'
마음이 급해 기도조차 되지 않는다
친척 하나 없는 이곳에서
그래도 전화를 걸어 본다
친척도 아닌
그들은 수술비의 절반을 모금해 주었다
그들은 우리를 외국인이라고 부르고
우리는 그들을 한국인이라고 부른다
알지 못하는 친척들이다

미안하다! 고맙다!

2009년 8월 21일, 로넬

재한줌머인연대의 활동에 상근 활동가가 있다는 것은 큰 변화였다. 나는 상근 활동가 지원이 종료된 후에도 1년 정도 더 자원봉사자로 상근을 했다. 나는 국제앰네스티, 팔레스타인 평화연대, 참여연대, 민변, 아름다운재단 등의 모임에 공식적으로 참여했다. 재한줌머인연대 회원들과 함께 참여하기도 했지만 다들 생업에 매여 있었기 때문에 주로 나 혼자 움직일 때가 많았다. 나는 누군가 연결이 되면 그냥 만났다. 어떤 단체인지, 어떤 정치적 성향을 가졌는지 생각하지 않고 만났다. 모르고 만나서 조금 후회한 때도 있지만 오히려 선입견 없이 만나는 것이 더 좋았다. 진보 보수 구분 없이 만나다 보니 한국의 시민단체에 대해 양쪽 시각을 비교할 수도 있었다.

2007년 노무현 정부 때는 진보성향의 시민운동이 활발했을 때여서 재한줌머인연대도 많은 연대 활동을 했다. 2008년에 이명박 정부로 바뀌었지만 시민단체 활동은 활발했다. 시민단체들은 줌머인연대 활동에도 지지와 연대감을 보여줬다. 2010년 2월 24일은 잊을 수 없는 날이다. 치타공 힐트랙 현지에서 벵골 정착민들이 줌머 마을에 불을 지르고, 폭력을 가해 마을 사람들을 쫓아낸 것에 항의하기 위해서 재한줌머인연대 회원들이 이태원에 있는 방글라데시 대사관 앞에서 시위했다. 우리는 모두 머리에 검은색 띠를 둘렀고, 손에는 현수막과 피켓을 들었다. 유모차에 아이를 태우거나 혹은 등에 업거나 안고 가족 단위로 참여한 사람들도 있었다.

그런데 그날 경찰들이 우리 앞을 막고 더이상 시위를 못 하게 했다. 시민단체 회원들과 우리는 경찰과 대치했는데, 마이크를 들었던 나와 초토, 네니브, 그리고 한국인 활동가 2명이 경찰에 연행됐다. 죄를 지은 것이 아니기 때문에 두렵지 않았다. 그리고 한국 정부를 상대로 시위를 한 것도 아니고, 한국의 민주주의 수준을 믿었기 때문에 걱정할 이유가 없었다. 우리 5명은 몇 시간 후에 귀가했다.

나와 재한줌머인연대 회원들은 시민단체 행사에도 자주 참여했다. 2011년에 서울시청 앞에서 5.18행사가 있었는데, 이정수라는 분의 요청으로 나와 재일조선인 여성 한 분이 같이 시를 읽었다. 한국 사람들 앞에서 한국어로 시를 낭독하려니 가슴이 두근거렸다.

"돌아오는구나, 돌아오는구나, 그대들의 꽃다운 혼, 못다 한 사랑 못다 한 꿈을 안고, 죽음을 넘어 시대의 어둠을 넘어, 부활의 노래로, 맑은 사랑의 노래로, 정녕 그대들 다시 돌아오는구나!"

한국의 문병란 시인이 5.18 희생자 2명의 영혼결혼식을 위해 쓴 〈부활의 노래〉였다. 시는 아주 길었고, 그 내용을 제대로 이해하지 못했지만 사람들이 내게로 오고, 나는 그들을 향해 날아가는 느낌이었다.

한국에서는 종교, 여성, 노동자, 농민, 장애인 인권 등 여러 분야의 소수자 운동을 하는 단체들이 아주 많았고, 정부 탄압 없이 자유롭게 활동하는 것처럼 보였다. 활동 영역도 방대해 보였다. 그런데 한국에서는 진보 운동을 노동운동 중심으로 생각하는 것처럼 보였다. 그때만 해도 시민단체들이 국제 이슈에는 거의 관심이 없고 국내 중심으로 생각하는 사람이 많았던 것 같다. 물론 국내 일로도 할일이 많았겠지만 좀 더 개방적이지 않은 모습이 아쉬웠다. 내 생각에 세계 여러 나라의 난민 문제에는 과거 제국주의 식민지 점령 후 독립 과정이나 열강에 의해 분리된 것과 연결되기 때문에 국제사회의 관심이 필요하다. 시민단체 활동가들이 줌머인이 난민 인정받는 것에는 관심을 보였지만 왜 난민이 되었는지에 대한 관심이나 치타공 힐트랙 현지 상황에 대해서는 관심이 거의 없었다. 행사가 있을 때 연대하고 지지해 주는 정도의 모습이었다. 나의 기대가 너무 컸던 것일까.

2009년 7월 20~24일, 전남대에서 '공익인권법센터'가 학교 교사의 인권 감수성을 위해 마련한 '인권, 국제사회를 만나다' 연수에 참여했던 적이 있었다. 당사자들의 입을 통해 중남미, 아프리카, 팔레스타인, 파푸아뉴기니, 미얀마, 방글라데시 줌머의 인권에 대해 듣는 자리였다. 그때 나는 세계인권선언에 나온 민족자결권과 소수민족에 대한 이야기를 했었다. '경계를넘어' 최재훈 씨가 "인권에 국경은 없습니다."라고 했던 말이 인상적이었다. 연수에 참여한 교사들은 마지막 날, 교과서에서 가르치는 '단일민족'의 허상을 깨고 서로 환대하는 관계 맺기를 고민했다. 그때 나는 많이 배웠다. 이런 시간이 많아지면 좋겠다고 생각했다.

고백하자면 나는 한국 시민사회의 지지와 연대를 줌머 운동을 측면 지원할 수 있는 자원으로 생각했다. 한국의 시민사회가 줌머의 역사와 인권 현실에 관심 두기를 바랐다. 그러나 그것은 나의 일방적인 기대였다. 허겁지겁 바쁘게 시민단체와 연대 활동을 하는 동안 많은 활동가를 만나기는 했지만 나와 재한줌머인연대가 시민단체의 대등한 주체로 인정받지 못했다고 생각한다. 무엇을 이슈화할 것인지를 우리가 정할 수 없는 위치에 있었다.

사람들은 재한줌머인연대를 한국에서 가장 성공적으로 정착한 난민 공동체라고 한다. 사람들은 '성공'의 기준을 어떻게 생각하는지 궁금하다. 내 생각에 성공은 원하는 것을 이루었을 때 하는 말이다. 나는 함께 하기를 원했다. 혼자만의 꿈은 그냥 '꿈'으로 끝나지만, 함께 하는 꿈은 '현실'이 된다. 많은 단체와 활동가들을 만났지만 도와주는 사람은 많은데 함께 하는 사람은 별로 없었다. 그때 시민단체의 생각은 도와주자는 마음이었던 것 같다. 그때 밀물처럼 왔던 관계들이 십수 년이 지난 지금은 거의 사라졌다.

난민 문제에 대해서는 난민 관련 단체나 개인이 관심을 가졌다. 최재훈 씨, 김종철 변호사, '피난처' 이호택 대표, 오경석 소장 등 소수지만 그들의 관심 덕분에 가능했던 일이 많았다. 당시 아현역 부근에 있던 경계를 넘어 공간에 책상 하나를 놓고 재한줌머인연대 사무실로 사용했다. 재훈 씨 덕분이었다. 그곳에는 '팔레스타인 평화연대'라는 단체도 함께 있었는데, 팔레스타인 문화활동가 한 명이 보이사비 때 와서 "총을 내려라~"라는 노래를 불렀던 기억이 난다. 어디를 가도 아는 사람이 눈에 띄었다. 내가 일원이 된 기분이었다.

다른 나라 이주노동자나 난민들과 가끔 교류했지만 한목소리를 내지는 못했다. 그때 이주노동자들이나 미얀마, 아프리카 콩고에서 온 난민들도 우리처럼 각자 먹고사는 현실 때문에 시간이 없어서 일상적인 연대는 어려웠다. 이주민 활동가들이 보통 평일에는 공장일 때문에 시간 내기가 어렵고, 정치적 이념이나 상황이 달라서 함께 무엇을 도모하기는 어려웠다. 가끔 행사에 참석해 주는 정도였다.

내가 아름다운재단 '변화의 시나리오' 상근 활동가로 일하던 때 재한줌머인연대 회원들은 평일에는 공장에서 일하고, 매주 일요일에 20~30명 정도가 모여 모임을 했다. 한국인 자원봉사자들의 도움으로 컴퓨터 교육, 한국어 교육도 진행하고, 현지에서 인권침해 소식이 들리면 방글라데시 대사관 앞에서 항의 시위를 했다. 회원들이 십시일반으로 돈을 모아 치타공 힐트랙 현지 고아원에 장학금을 보내거나 학살 피해자 지원금을 보내고, 현지 소식을 전하는 소식지를 발행했다. 한국의 시민단체와 연대하는 일 외에도 자체적으로 일상적인 활동을 계속 진행했다.

내가 상근 활동가로 일할 때 무엇보다도 치타공 힐트랙 현지 소식을 본격적으로 한국 사회에 알릴 수 있었던 것에 가장 큰 보람을 느낀다. 2007년부터 2년간 방글라데시는 국가비상사태였다. 쿠데타는 아니었지만 여당과 야당의 폭력 사태로 군대가 개입했다. 대법원 명령으로 국회가 해산되고, 파크루딘 아흐메드Fakruddin Ahmed 임시 과도정부를 수립했는데 군대가 과도정부를 지지하면서 여당과 야당의 지도자들이 거의 체포됐고, 그 와중에 줌머 정당 PCJSS와 UPDF 활동가 수백 명이 체포돼서 감옥에 갇히거나 살해됐다. 군대가 장악한 지역에서는 나이를 가리지 않고 줌머 여성들에 대한 성범죄가 일어났다.

"우리는 학교에도 못 가고, 일하러 밭에 나가지도 못해요. 강에서 물을 길어올 수도 없고, 소를 끌고 풀을 먹이러 갈 수도 없고, 절에 간다거나 친척 집에 놀러 가는 건 꿈도 못 꾸죠. 언제 어느 때 군인이나 벵골 정착민들이 우릴 성폭행할지 모르니까 말입니다."[50]

줌머 여성이 피해를 보아도 가해자들은 유죄판결을 받지 않았다. 게다가 줌머 사회는 보수적이기 때문에 성범죄 피해자 자신이나 가족은 피해 사실을 외부에 알리기를 꺼렸다. 성범죄 피해 사실을 가문의 불명예나 수치스러운 일로 여기기 때문에 줌머 사회로부터 낙인찍히지 않기 위해 침묵한다. 설사 용기를 내서 고소한다 해도 법은 피해자의 편이 아니다.

여성에 대한 폭력에 대응하기 위해 550여 개의 단체가 '두르바르 네트워크'Doorbar Network 51)라는 여성단체를 중심으로 연대하고 있다. 일본의 시민들이 모여 만든 줌머넷Jumma-Net 은 두르바르 네트워크에 적극적으로 결합하여 현지 조사활동과 폭력방지, 피해자 지원, 줌머마을 사람을 대상으로 하는 인권교육 활동을 하고 있다. 재한줌머인연대가 하지 못하는 것을 일본 시민들이 현지에서 진행하고 있다.

현지에서 벌어지는 인권탄압에 우리도 뭔가를 해야만 했다. 나는 연구자도 아니고 학자도 아니지만 치타공 힐트랙 선주민으로 한국의 시민사회와 함께 토론회와 포럼 등 학술적인 접근을 시도했다. 시민단체와 연대하여 2008년 6월에 서울 국가인권위원회에서 'CHT 인권 포럼'을 개최했고, 벵골족 출신이면서 인권운동가인 방글라데시 다카대학의 메그나구허 타쿨타Meghna Guhat Takurta 교수를 초청해서 현지 소식을 들었다.

2009년 8월에는 UPDF 사무총장 라비 샹카르 차크마Rabi Shankar Chakma 씨를 초청해서 평화협정 이후의 상황과 줌머 운동에 대해 들었다. 2008년과 2009년 세미나와 포럼 이후 치타공 힐트랙 인권 상황에 관한 현지 조사를 하고 '잃어버린 땅, 빼앗긴 인권' 토론회를 개최하였다. 한국 시민사회단체와 줌머 운동이 연대할 수 있었던 것도 중요했지만 무엇보다 토론회로 치타공 힐트랙 선주민의 인권 상황을 알렸다는 게 중요했다. 우리가 한국에서 고향의 줌머 인권 보호에 도움이 될 수 있다는 게 뿌듯했다.

2009년 8월 28일, 만해NGO교육센터에서 열린 방글라데시 치타공 힐트랙 줌머 소수 원주민 포럼.

이런 활동을 계기로 나는 유엔 선주민 정기포럼에 참가했고, 태국 치앙마이에서 열리는 국제 줌머인 활동가 연대 협의회에 결합했다. 나는 현지에서 줌머 활동가들을 만날 때마다 분열되지 않아야 한다는 것을 힘주어 말했다. 서로 지지하는 정당이 다르더라도 연대하자는 말을 잊지 않았다.

줌머인이 생각하는 진보는 다르다

한국에 입국했던 초기에 나는 인천에 있는 공장에서 일했는데, 방글라데시 노동자들이 많았다. 그들과 같이 밥도 먹고 잘 지냈다. 하지만 무슬림인 그들은 술을 마시고 돼지고기를 먹는 나를 좋아하지 않았다. 나 역시 나와 가족, 차크마 민족, 그리고 줌머인이 겪은 차별의 역사로부터 여전히 자유롭지 않은 사람이어서 툭 하면 "나는 벵골인이 아니다."라고 말하곤 했다.

다만 나는 기도한다. 내 안에 꿈틀거리는 미움을 거두어달라고, 사람을 미워하지 않게 해 달라고, 종교를 통해 마음의 평화를 얻고 영혼이 맑은 사람이 되고 싶다고. 나는 인도의 시인 타고르Tagore가 1912년에 쓴 〈기탄잘리〉를 가끔 기도하듯 읊조린다.

"가난한 사람의 아픔과 슬픔을 함께 나누고 거짓된 사람 앞에 무릎 꿇지 않는 용기를 주소서."

"위험을 당하여도 구원을 받고자 허덕이지 않고 두려움 없이 용기로써 자유를 찾도록 힘을 주소서."

"나 자신의 성공에만 당신의 자비를 구하는 비겁한 자가 되지 않게 하소서."

특히 "두려움 없이 머리를 높이 들고(Where the mind is without fear and the head is held high)"라고 한 부분을 아주 좋아한다. 영국 식민지 시기에 '인도의 독립과 해방'을 요구하던 수많은 이들에게 자유와 평등에 대한 희망의 메시지가 되기도 했던 말이다. 나에게 종교는 그런 것이다. 꼭 절에 가서 기도하지 않지만, 집이나 어디서든 나와 가족, 민족, 세계평화를 위해 기도한다. 부처님이나 하나님이나 알라신 모두 사람의 행복을 위해 존재하는 분이니 아무리 노력해도 안 되는 일은 누구에게라도 매달려 기도할 수 있는 게 아닐까 싶다.

내가 만난 사람 중에는 종교인들이 많다. 그중에 '피난처'의 이호택 대표는 종교인이자 인도적 자원활동가였다. 그는 재한줌머인연대가 한국에서 적극적으로 활동을 시작하도록 여러 가지 도움을 줬다. 2003년에 치타공 힐트랙 선주민 인권보고서인《Life is not Ours》한국어 번역본인《줌머인의 빼앗긴 삶》을 '피난처'와 재한줌머인연대가 공동으로 발간했다. 그때 13명이 집단으로 난민 신청을 하고 기다리고 있던 때였기 때문에 자료집 서문에는 "13명 재한 줌머인의 난민 지위 인정과 60만여 방글라데시 줌머인의 자치를 위하여"라고 썼다. 한국에서 평화협정과 이행 상황, 줌머 난민, 인권침해 상황에 관한 자료집을 처음으로 발간한 것이다.

2007년에는 '인도 토착부족민 네트워크'Asia Indigenous Tribal Peoples Network 에서 발행한 자료집《Then and Now》를 '경계를넘어' 단체와 함께 이호택 대표의 도움으로 한국어 번역본《그때 그리고 지금》을 발간할 수 있었다. 두 자료집 덕분에 우리는 한국 사회에 줌머인들이 겪고 있는 인권 침해 상황을 보다 적극적으로 알릴 수 있었다. 2004년에는 피난처가 중심이 돼서 현지 인권실태 조사를 했다. 현지 상황이 좋지 않았기 때문에 위험을 무릅쓴 일이었다. UPDF가 다카에서 일행을 맞이했고, 카그라차리 지역을 중심으로 현지 줌머인과의 인터뷰 진행과 필요한 자료수집을 도와줬다. 이호택 대표의 헌신으로 한국에서 보고회까지 진행됐다.

이 대표는 종교인으로서 종종 예수님의 가르침에 대해서 말하곤 했다. 나는 불교도로서 가끔 종교 이야기가 부담스러울 때도 있었다.

"로넬 씨가 기독교를 믿으면 다른 줌머들에게도 도움이 될 텐데…."

물론 그럴 수도 있다. 하지만 차크마 사람이 불교가 아닌 종교를 가진다는 것은 차크마 사회에서는 거의 불가능하다. 나는 종교가 다른 사람들과 경계 없이 지내는 편이지만 내가 종교를 바꾸는 것과는 다른 문제다.

만약 내가 나의 종교만을 중요하다고 생각했거나 이념의 벽을 넘어서지 못했다면 그냥 이 대표를 오해하고 관계를 포기했을지도 모른다.

방글라데시를 포함한 남아시아 국가에서 종교 문제는 가볍지 않다. 서로 다른 종교여도 먹고사는 문제 때문에 어쩔 수 없이 엮일 때도 있지만 대개는 넘을 수 없는 벽이다. 그것은 좋고 나쁨의 문제가 아니다. 민족과 종교가 결합하는 경우 서로 적대적이거나 혐오의 대상이 된다. 2022년 치타공에서 큰 이슈가 됐던 일이 있었다. 왕과 비슷한 수준의 지위를 가진 차크마 지도자의 딸이 인도인과 결혼했다. 그 지도자는 아랍, 뉴질랜드에서 대학교수를 하고 있었다.

"당신같이 배운 사람이 그런 행동을 하면 어떡하나?"

불교도인 차크마 사람이 힌두교인 인도 사람과 결혼한 것을 두고 차크마 사회에서는 한바탕 난리가 났다. 아주 끔찍한 사건이 일어난 적도 있다. 차크마 여성이 벵골 남성과 사귀는 것을 나쁘게 본 어떤 사람이 그 여성을 폭행하고 사진을 찍어서 SNS에 올렸다.

"종교가 다른 민족과 결혼하는 것을 어떻게 생각하나?"

사람들은 가끔 나에게 묻는다.

"만약 상대방이 나를 인정한다면 나는 오케이다."

나를 인정한다는 것은 나의 종교, 나의 민족을 존중한다는 것이다. 각자의 정체성을 인정하는 것이 더 먼저여야 한다고 생각한다.

한국의 경우 각자가 원하는 종교를 가질 자유가 있고 종교 간의 갈등도 크지는 않지만 개인적인 차이가 있는 것 같다. 언젠가 한국 지인으로부터 "친한 친구나 가족이어도 정치나 종교 이야기는 되도록 피하는 게 좋다."는 말을 들을 적이 있다. 그러니 한국에서도 함부로 다른 사람의 정치 이념이나 종교를 비난하거나 혐오하는 것은 관계를 어렵게 할 것이다. 자신의 종교를 믿되 그것을 상대방에게 강요하거나 탓하지 않으면 세상은 좀 더 평화로워지지 않을까.

이 대표와 나의 종교는 다르지만 종교의 울타리를 벗어나서 만날 수 있었다. 이 대표는 종교인으로서 자신의 믿음 안에서 다른 사람들을 지원하는 일을 소명으로 생각하는 것 같았다. 나는 이 대표를 종교인보다는 활동가로 알게 된 게 좋았다.

이 대표는 진담도 농담처럼 할 때가 있는데 그의 솔직한 농담이 가끔 재미있었다.

"아들 하나도 좋은데 딸 하나 더 낳지."

"아들 하나 키우기도 쉽지 않아요."

"하나님이 자녀를 보낼 때 자녀를 위한 축복과 함께 필요한 것들을 다 챙겨 보내시니 걱정 없이 딸 하나 더 낳아도 되죠."

이 대표가 농담 반 진담 반으로 한 말이라는 걸 알기에 그냥 웃고 넘어갔다. 그의 솔직한 농담이 가끔 재미있었다.

나는 불교 신자이지만 다른 종교에 대해서 궁금한 것이 많다. 방글라데시 현지에 있을 때부터 기독교에 관심이 있어서 랑가마티 시내 노점상에서 벵골어로 된 성경을 산 적도 있다. 그 책을 제대로 읽지는 못했지만, 아직 보관하고 있다. 랑가마티 시내에서 치타공 시내까지 버스로 2시간 정도 걸리는데 버스가 힌두교 사원 앞을 지날 때면 기도를 했다. 길에서 이슬람 사원을 위한 모금 행사를 하면 기꺼이 모금에 참여하기도 했다. 버스 안에 붙여진 무슬림 기도 문구를 보면 아름답다고 생각할 때도 많다. 종교가 달라도 어떻게 자비, 사랑을 실천하면서 사느냐가 더 중요하다.

2008년 무렵부터 김포에서 활동하면서 최영일 센터장과 함께 많은 일을 해왔는데 한 번도 예배에 오라고 하거나 종교적인 행위를 요구한 적이 없다. 그 역시 목사님이기 때문에 종교적 신념이 강할 것이고, 그런 마음으로 이주민을 위한 활동을 하는 사람이지만 나한테 종교적인 말을 하지 않았다. 최영일 센터장은 자녀교육에 대해 희망적인 이야기를 자주 했고, 내가 정치와 종교적 이념의 차이 등으로 어려운 일을 겪을 때 인내하고 용기를 갖도록 격려해 준 사람이다.

한창 상근 활동가로 일할 때 많은 불교단체나 불교 언론과 만날 기회가 많았다. 특히 참여불교재가연대는 치타공 힐트랙 카그라차리에 있는 줌머 고아원 학교에 정보기술 지원사업을 진행하고 있어서 자주 만났다. 지역에서는 김포승가대학교 류승모 교수님 중심으로 치타공 줌머 인권 관련해서 공식적인 자리를 마련해 줘서 조계사에서 토론한 적이 있다. 그때 불교학자, 단체활동가, 불교 언론 기자들이 많이 모이면서 토론회를 계기로 불교 언론들이 꾸준히 줌머에 대한 기사를 실었다.

불교라고 하면 절에 자주 가서 기도해야 한다고 생각했는데 꼭 그렇지는 않았다. 가끔 한국 불교가 이주민 관련된 활동할 때 인종과 종교를 뛰어넘기보다는 불교 국가에서 온 이주민이나 종교적인 이유로 난민이 되어 온 사람들 지원에 집중됐다는 점은 아쉬울 때가 있었다. 종교 자체의 성격이라기보다는 종교인들도 개인의 정치적 성향에 따라 활동 영역과 폭이 다른 것 같다.

방글라데시 불교단체도 사회 활동을 하는 스님들도 있지만 사회문화 개혁보다 포교 활동과 개인의 참선이나 열반을 중시하는 경향이 있다. 그런데 내가 만났던 한국의 불교단체는 사회문제에 좀 더 관심 갖고 이바지하는 것을 중시했다. 나는 조계사에 가서 참여불교재가연대와 같이 항의 시위도 하고 항의 108배도 했다. 내 기억에 참여불교재가연대 스님들은 환경 기후변화 문제나 반전·평화 등 국내외 이슈에 관심을 두고 사회참여 활동을 많이 했다.

나는 종교인도 얼마든지 진보주의자가 될 수 있다고 생각한다. 어쩌면 종교적 신념이 있기 때문에 갈등하지 않고 더 열심히 할 수 있다고 생각한다. 천주교정의구현사제단 신부님들도 사회의 소수자를 위한 활동도 많이 하고, 외부의 폭력에 맞서서 민주주의를 위해 헌신한다고 생각한다. 한국에는 내가 잘 모르는 종교들도 있다. 서로 종교가 달라도 중요한 이슈가 있을 때 함께 연대하는 게 아름다워 보였다.

한국의 시민단체 활동가와 만나 이야기하다 보면 진보에 관한 생각에 차이가 있다는 것을 느낀다. 방글라데시에서도 진보 운동을 하는 사람들이 있지만 줌머인이 생각하는 진보와는 달랐다. 줌머인이 생각하는 진보는 줌머 역사나 문화, 생활과 분리되지 않는다.

메리 크리스마스

난 기독교인이 아니다
난 예수님을 잘 모른다
단 하나는 안다
사랑이다

난 사랑할 줄 안다
자녀와 가족을 위해
난 매일 힘들어도 출근한다
사랑 때문이다.

난 사랑할 줄 안다
나의 민족을 위해
난 남한테 욕을 먹는다
왜???
사랑, 바로 사랑 때문이다

그 사랑 때문에
예수님이 태어났다
메리 크리스마스
모두에게 사랑을!

2009년 12월 24일, 크리스마스에 로넬

우리가 진보를 논리만으로 생각한다면 벵골인에게 "치타공 힐트랙에 들어오지 말라."라고 할 수 없다. 자녀들이 무슬림 벵골인과 결혼한다고 해도 "무슬림은 안 된다." "벵골인은 안 된다."라고 말해서도 안 된다. 하지만 줌머 민족의 왕은 앉을 자리가 없었고, 줌머인은 종교를 가질 권리, 줌머로서 국민으로 존중받을 권리를 부여받지 못했다. 줌머 민족운동이 진보를 말하면서도 진보와 종교, 진보와 민족 문제가 엮이면 논리적으로 설득하기 어렵다.

당신이 다문화 활동가라고?

어떤 신도 서로를 증오하라고 가르치지는 않는다. 그런데 종교와 다른 요소가 결합하면 상황은 복잡해진다. 특히 민족, 젠더, 정치적인 상황과 맞물리면 더욱 그렇다. 줌머라는 이름으로 치타공 힐트랙 소수민족들이 연대하지만, 그 내부로 들어가 보면 실은 종교적, 문화적, 정치적 입장의 차이로 연대가 어렵고, 그것은 정치적 상황을 진전시키기 어려운 요인으로 작용한다.

줌머 11개 소수민족은 모두 불교도가 아니다. 가장 큰 소수민족인 차크마와 마르마는 주로 불교도이고, 트리푸라는 힌두교, 그리고 기독교나 애니미즘과 같은 전통신앙을 믿는 소수민족들도 있다.[52] 줌머인은 개종에 익숙하지 않고 종교에 대해 보수적이다. 특히 차크마는 불교가 아닌 종교를 가지고 있으면 차크마 사람이 아니라고 생각할 만큼 종교와 민족을 하나로 일치시키는 경향이 강하다. 마르마는 버마와의 역사적인 관계로 다른 종교 개종이 쉽게 이뤄지지 않는다.

차크마는 꼭 불교여야 한다는 생각이나 힌두교여야 트리푸라라고 하는 생각은 줌머의 통합을 가로막는 요인이 된다. 각자의 종교는 중요하지만 줌머 통합을 위해서 종교 울타리를 벗어나야 한다. 종교는 공동체의 결속을 위해서는 순기능이 있지만 종교적 극단주의로 가게 되면 서로를 배척하고 혐오하게 된다. 이미 우리 줌머인이 무슬림 국가인 방글라데시로부터 배제당한 뼈아픈 경험이 있다. 로힝야처럼 무슬림이라는 이유로 불교 국가인 미얀마로부터 탄압당했던 것도 우리는 가까이에서 목격했다.

사람들이 종교를 이용하기도 하고 종교가 사람들을 이용하기도 한다. 종교를 개종하는 것도 그중 하나의 사례다. 차크마는 거의 불교도지만 영국 식민지 시기부터 조금씩 기독교로 개종하는 사람들이 생겼다. 당시 치타공 힐트랙에 병원 인프라가 별로 없었기 때문에 영국 선교사들이 곳곳에 세운 병원은 고마운 존재였다. 특히 무료로 운영했던 랑가마티 가까이에 있는 찬드라 고나Chandra Ghona 병원을 자주 갔다. 지역에서 나병 환자는 치료도 못 받고 전염된다는 생각 때문에 차크마 사회에서 격리되었다. 버려진 것과 다름 없었다. 그때 그 사람들을 영국 선교사들이 직접 돌보고 경제적으로 지원했기 때문에 기독교로 개종한 사람들이 꽤 있었다. 트리푸라 역시 민족의 생존을 위한 하나의 수단으로 기독교로 개종하기도 한다.

종교는 재한줌머인연대 회원들 관계에 적지 않게 영향을 준다. 회원 중에는 한국 입국 전에 짧게는 몇 개월, 길게는 몇 년 동안 수행하는 스님으로 살았던 사람들이 많다. 가끔 회원 전체가 절에 가서 기도하거나 템플스테이를 하지만 깊이 있는 종교 생활을 위해 미얀마 소승불교 절을 찾는 회원도 있다. 방글라데시 현지 줌머 스님을 초청해서 종교의식을 치르기도 한다.

줌머인이 종교에 대해서는 보수적이다 보니 지역 활동하면서 여러 일이 생긴다. 초기에는 기독교에서 운영하는 이주민센터에 가면 십자가 앞에서 기도해야 할까 봐 아예 가지 않는 사람도 있었다. 이주민센터에 가면 기도하라고 강요하는 사람도 없고, 일방적으로 교리를 가르치려는 사람도 없었지만 자연스럽게 센터를 가기까지는 몇 년이 걸렸다.

불교단체와는 비교적 거리감 없이 만났다. 한국의 불교 단체에서 재한줌머인연대에 관심을 많이 보였고, '참여불교재가연대'는 재한줌머인연대 행사나 시위에 적극적인 지지를 보여줬다. 불교는 줌머인으로서는 방글라데시로부터 배제, 탄압받아온 이유이기도 하고, 재한줌머인연대가 한국에 정착하는 과정에서 불교계의 지원과 연대를 끌어내는 역할도 했다.

그런데 줌머인의 민족 정체성에 대한 이해 없이 '종교'라는 특성만 보는 경우 문제가 있다. 학자들은 연구를 위해, 정치인은 정치적인 이유로, 그리고 종교인은 종교적인 목적으로 재한줌머인연대와 관계를 맺는다. 목적이 무엇이든 나는 나쁘게 보지 않는다. 하지만 줌머 공동체가 그 사이에서 오해와 갈등을 겪는 일이 생길 때는 마음이 답답하다.

내가 미등록 체류자로 지내던 1995년쯤에 대곳면 대벽리에서 바루아족Barua 과 줌머인들이 함께 작은 법당을 운영했다. 바루아족이나 줌머민족이나 불교라는 공통분모가 있기에 종교 안에서는 친하게 지냈다. 그때 이미 100명이 훨씬 넘는 바루아족이 한국에 먼저 와 있었고, 줌머인이 입국할 때 도움을 주기도 했다. 우리는 함께 법당 운영하면서 예불도 드리고, 가끔 술도 한잔씩 하면서 잘 지냈다. 보타사는 불법취업으로 불안하게 지내던 우리에게 쉼터 같은 곳이었다.

1997년 줌머인들이 '재한 방글라데시 선주민 불교협회'(BIBAK)Bangladesh Indigenous Buddhist Association in Korea를 만들었을 때, 거의 같은 시기에 김포에 거주하던 바루아인들도 별도로 방글라데시 불교연합Bangladesh Buddhist Association 을 만들었다. 줌머인들 몇 명이 방글라데시 불교연합에 참여하기도 했다. 그럼에도 불구하고 종교 생활면에서는 바루아인들과 줌머인들 사이에 갈등은 없었다.

하지만 두 민족의 관계는 단순히 종교만으로 볼 수 없다. 바루아족도 방글라데시 소수민족이지만 스스로 벵골족이라고 말할 만큼 벵골 민족주의를 인정한다. 줌머인이 벵골 민족주의에 저항할 때 바루아인들은 입장이 달랐다. 바루아족은 불교 외에는 인종, 역사, 정치, 사회문화 등 모든 것이 줌머인과 달랐다. 2009년쯤, 대벽리 법당은 '보타사'라는 이름으로 운영됐다. 그즈음 지역의 한 불교단체가 바루아족과 줌머 민족의 정치적인 입장 차이를 이해하지 못하고 종교적인 면만을 보고 재한줌머인연대(JPNK)가 함께 할 것을 제안했다. 그때 나는 그 제안을 반대했다. 종교적으로는 문제없이 이미 잘 지내고 있었지만 재한줌머인연대는 분명히 줌머 민족의 자치와 평화라는 운동 목표를 가지고 있었기 때문에 보타사 안에서 단체 활동을 하는 것은 맞지 않다고 생각했다.

"보타사 안에서 종교활동을 같이 할 수는 있지만 두 민족이 하나인 것처럼 운영되는 것은 문제가 있습니다. 따로 가겠습니다."

그 일로 종교 안에서는 문제없이 지내던 바루아인과 관계가 힘들어졌고, 재한줌머인연대는 내부 갈등을 겪었다. 재한줌머인연대 회원이 모두 나와 같은 생각을 했던 것은 아니다. 나처럼 줌머 민족운동을 더 중시하는 사람들이 더 많았지만 종교활동을 중시하는 사람들도 있었다. 한 연구 논문에서는 이 부분을 재한줌머인연대의 '실금'이라고 표현했다.

"다문화 활동하는 사람이 다문화 인식이 없다. 서로 다른 것을 인정하지 않으면 무슨 다문화 인권운동가냐?"

"당신이 없으면 안 될 것 같냐?"

마음을 후벼 파는 그런 소리를 들으면서 나 역시 개인적으로 힘든 시간을 보냈다. 지원하겠다는 단체 입장에서 반대하는 내가 곱게 보이지 않았겠지만 나는 그때 그들 중 한 명이라도 줌머인이 겪었던 차별의 역사나 바루아족과 함께 할 수 없는 이유에 대해 조금만 더 생각했더라면 상황이 달랐을 거라고 생각한다. 그 일로 지역의 단체들이 지원하겠다고 다가오면 오히려 조심스럽고 불편했다.

회원 중 일부는 한국에서 줌머인을 위한 사찰이 꼭 필요하다고 생각한다. 그런데 문제는 사찰 건립 자체보다는 우리가 얼마나 올바른 종교 생활을 할 수 있는가 하는 것이다. 그리고 그것이 민족 정체성을 보존하는 데 어떤 영향을 주는가 하는 것이다.

2021년에 강화도에 거주하는 인도 국적인 한 스님을 중심으로 줌머인 중 7~8명 정도가 일정 금액을 각출해서 양곡에 사찰 하나를 만들었다. 그때 적극적으로 참여했던 사람들은 사찰에서 종교 생활과 재한줌머인연대의 정치적 활동을 병행하면 좋겠다고 제안했다. 그런데 대부분의 재한줌머인연대 사람들은 참여하지 않았다. 줌머인은 대부분 집에 법당처럼 불상을 두거나 줌머 스님의 사진을 붙여 놓고 기도한다. 그만큼 종교는 일상생활의 일부이지만 굳이 사찰을 만드는 것에는 부정적이다.

특히 재한줌머인연대의 젊은층은 사찰을 건립해서 종교 생활을 하는 것보다는 정치적 상황을 더 중요하게 생각한다. 다시 말해 현재 줌머인에게 종교, 사회, 정치적 상황 모두 중요하지만, 그것을 모두 같은 비중으로 균형 있게 유지하기는 어렵다는 것이다. 또한 현재 재한줌머인연대의 절반 정도는 난민 인정을 받지 않았거나 고향으로 다시 돌아갈 생각을 하는 사람들도 있기 때문에 굳이 한국에 사찰을 건립할 필요가 있냐고 문제를 제기하는 사람도 있다.

"로넬이 사찰 건립에 부정적이어서 젊은이들을 적극적으로 설득하지 않는 거 아닌가?"

살짝 원망의 말도 들었다. 입장이 곤란해서 줌머인연대에 말을 하긴 했지만 아무 반응이 없었다.

"스님이 한 명 한 명 일일이 다 전화를 해서 설득하세요. 제 말보다는 스님 말이 더 잘 통할 겁니다."

하지만 스님도 그렇게 하기는 부담스러웠는지 설득하려고 노력하지 않았다. 줌머인에게 종교는 그냥 일상생활의 일부이고, 생활 속에서 명상하듯이 자연스럽게 믿음 생활을 하는 게 중요하다. 사찰을 세우고, 형식적인 절차를 따르는 게 중요하지 않다. 치타공 힐트랙에서 스님은 법회를 볼 때, 집에서 장례와 같은 의식을 치를 때 필요한 역할을 한다. 물론 그런 중요한 의식 절차에 스님이 참여하기 때문에 스님은 어느 정도 기득권을 가지고 있다. 하지만 일방적으로 힘을 주장하기는 어렵다. 종교 지도자로 존중하기는 하지만 압박을 주거나 강제성을 가진 존재로 보지는 않는다는 의미다. 그래서 재작년에 사찰 건립했을 때 스님이 적극적으로 설득하지 못했다고 생각한다.

줌머인이기 때문에 종교에 대해서는 일부 목적이 같을 수도 있다. 그래서 종교활동을 통해서 줌머 공동체의 정체성을 유지할 수 있는 측면도 있다. 그러나 치타공 힐트랙 정치 상황에 대한 이념에서는 차이가 있다. 재한줌머인연대의 젊은이들에게는 줌머 인권운동이 가장 중요하다. 그런데 뜨거운 마음만큼 정치 이념이 강한 것은 아니다. 누군가 지도하면 그 아래에서는 열심히 하지만 나서지는 않는다.

거기다가 코로나 때문에 한 번도 법회를 열지 못해서 결국 1년도 안 돼서 사찰 문을 닫았다. 나 역시 한번 다녀와야지 생각만 하고 결국 가보지 못했다. 죄송했다. 올해 보이사비 축제 때 일부 회원들이 사찰 재건을 위한 모금을 하고 통을 하나 놓고 싶다고 해서 행사장 입구에 통을 하나 두었다. 그런데 딱 만 원권 지폐 하나가 들어 있었다. 민망한 상황이었다.

"당신이 다문화 활동가라고?"

불편한 일이 생길 때마다 자꾸 목덜미를 잡는 말이다. 진보와 종교, 민족과 종교 사이에서 위험한 줄다리기를 하는 것 같다. 중심 잡기가 힘들다. 개방적인 연대로 경계를 넘어야 한다고 생각하지만 나 자신이 자꾸 경계에 갇히는 기분이고, '다문화 인권활동가'라는 말에 오히려 내 존재가 단순하게 규정당하고 있다는 생각도 든다. 내가 용감해지는 나의 자리는 어디일까.

치타공 힐트랙에서 스님은 종교가 허락한 테두리 안에서만 권한을 행사할 수 있다. 사찰의 주인은 마을공동체이고, 마을 운영위원회에서 주지 스님을 결정한다. 예전에 차크마 마을 스님이 절에서 몰래 술을 마신 적이 있었다. 그때 마을 사람들이 절에 가서 그 자리에서 바로 가사(옷)를 벗게 했다.

줌머의 종교 이야기

내가 어렸을 때 '절'은 마을회관 같은 곳이었고 줌머인의 일상이 얽힌 곳이었다. 절에서 종교행사도 하지만 마을의 대소사를 결정할 때나 샨티바히니 활동가들이 와서 연설하는 장소이기도 했다. 또 일요일에는 마을 형들이 아이들을 모아놓고 학교 공부를 가르치는 공부방 역할도 했고, 젊은 남녀들이 만나는 교제의 공간이기도 했다.

그러다가 정치적 상황이 점점 악화되고 샨티바히니 활동도 수위가 점점 높아지면서 당시 카그라차리, 랑가마티, 반다르반 같이 큰 도시의 절은 보육원 겸 학교 역할을 했다. 주로 학살 피해자 자녀나 부모들이 줌머 운동을 하는 집 자녀들, 가정 형편이 어려운 집 아이들이 거기에서 기숙 생활을 하면서 공부를 했다.

내가 샨티바히니에 입대하기 전까지 다니던 기숙형 학교도 스님이었던 외삼촌이 디기날라Dighinala 하부구역 소재의 보알칼리Boalkhali에 있는 '절'에 세운 기숙형 학교인 '고아들을 위한 치타공 힐트랙 불교 피난처' Parbattya Chattal Buddha Anatha Ashram였다. 그 학교는 대부분 샨티바히니 활동가 자녀와 고아가 된 아이들이 많이 다녔는데, 나중에 내가 샨티바히니에 입대하고 1년 후 1986년 6월 13일에 공격을 받아서 파괴됐다. 절도 더 이상 안전한 곳이 아니었다. 5~13세 300명의 아이 중 절반 정도가 실종되었다. 그때 외삼촌이 남은 아이들을 데리고 트리푸라 주에 있는 인도 난민촌으로 피신을 하였고, 그중 72명은 프랑스 민간단체인 '파르티지'Partage53)의 지원을 받아 1987년 10월 6일 인도를 출발해 프랑스로 떠났다.

당시 랑가마티에 디기날라 학교보다도 규모가 더 큰 '모노고르' Moanoghar라는 기관이 있었다. 여기도 절, 학교, 고아원의 역할을 하던 곳이다. 이곳의 운영자나 교사는 대부분 스님이었고, 고등교육을 받은 많은 줌머들이 그 기관에서 활동을 하거나 연관돼 있었다. 현재 재한줌머인연대 회원들도 모노고르에 있다가 왔거나 그 기관의 도움으로 오게 된 사람들이 많다. 아직까지도 치타공 힐트랙에서 그 기관의 역할이 크다. 이곳 역시 파르티지 단체로부터 계속해서 정기적인 후원을 받는다. 종교는 다르지만 종교의 박애정신은 국경을 넘었다.

치타공 힐트랙에서 전체 종교를 포괄해서 구성된 CHT승려협회가 가장 큰 종교집단이고, 협회는 아니지만 '바나반떼'Banabhante라는 종단이 있다. '바나반떼'는 줌머 사회에서 가장 인정받는 스님이고, 스리랑카, 인도, 미얀마, 중국, 일본, 태국, 미국, 한국 등 많은 나라에서 연기사상 Paticcasamupada 가르침과 불교 명상법인 위빠사나Vippassana 명상으로 그 영향력이 대단하다. 한국에도 위빠사나 명상센터가 있다는 말을 들은 적이 있다. 바나반떼 국제명상센터인 사다나띠르타Sadhanatirtha54)를 건립 중인 치타공 힐트랙 푸로몬Furomon 산은 희로애락과 생로병사로부터 오는 욕망에서 벗어나고자 하는 수행자들의 관심이 집중되는 곳이다. 바나반떼 스님 사후에도 명상센터 건립 추진을 위해 차크마 왕 라자 데바시쉬 로이를 중심으로 집행위원회가 구성됐다.

내 생각에 '바나반떼'는 "부처님의 비폭력 가르침"을 가르치면서 공양과 기도, 명상을 중심으로 세력을 확장해가고 있지만 종교 근본주의적인 성격이 있다. 승려협회가 치타공 힐트랙 줌머인들을 위한 교육과 사회의 발전적인 변화를 위한 역할을 하는 반면 '바나반떼'는 종교적인 성격이 강하고 여러 곳에 '바나 비하르'Bana Bihar라는 절을 만들어 세를 확장했다. 그러다 보니 승려협회 행사를 할 때 100명이 모인다면 바나반떼 행사할 때는 1,000명이 모일 정도로 영향력이 크다. 만약 대학 입시를 앞두고 스님이 "학교에 못 가!" 하면 학교에 못 가는 거고, "합격하니까 걱정하지 마!"라고 말하면 또 무슨 기적처럼 그렇게 될 때가 많다 보니 바나반떼 스님의 영향력이 절대적이다. 1983년 쿠데타로 정권을 장악한 에르사드 Ershad가 대통령 취임 이후 부정부패를 일삼다 1990년 공무원들까지 가세한 국민들의 정권퇴진운동에 부딪혀 사임을 했을 때도 바나반떼 스님은 "에르사드가 나한테 왔다면 그런 일을 당하지 않았을 거다!"라고 했다. 어떻게 보면 샤머니즘 성격도 많다고 할 수 있다.

정치인들이나 군인들은 이런 종교의 성격을 이용하기도 한다.

"싸우지 마라!"

스님의 말에 바나반떼 신도인 줌머인은 차별을 당해도 저항하지 않고 순종적으로 살아간다.

"살생하지 마라!"

스님의 한 마디에 아예 육식을 포기하거나 닭이나 염소를 키우던 이들이 아예 살생하는 일을 접는다. 이전에 스님들이 했던 교육과 줌머 사회의 발전을 위해 했던 역할과는 그 성격이 다르게 변해가고 있고, 바나반떼 스님 사후에 그 제자들 역시 종교 근본주의와 샤머니즘 성격이 혼합된 방식을 취하고 있다. 그러다보니 승려협회와 바나반떼 종단 간에 갈등이 있다. 한때 종교 행사를 할 때 같이 식사도 하지 않았다.

한편 바나반떼 종단은 치타공 힐트랙 토지강탈을 방지하는 역할도 한다. 벵골 정착민들이 주인 없는 땅인 카스랜드Khas Land, 특히 산을 벵골 군인들의 도움으로 점점 자기들 소유의 땅으로 잠식해가고 있는데, 바나반떼 스님들이 산에 사찰을 짓고 "여기는 바나반떼 땅이다."라고 하면서 벵골인이 함부로 침범하지 못하도록 막는 역할을 한다. 그러나 한편으로 바나반떼 사찰 스님들과 벵골인 사이에 토지 분쟁이 아직까지 끊임없이 이어지고 있다.

CHT승려협회 스님들은 인권 문제가 발생되면 현장에 가서 시위까지 한다. 하지만 바나반떼 스님들은 저녁을 안 먹는데, 승려협회 스님들은 저녁밥을 먹는 등 재가자와 별반 다르지 않은 생활을 하고 있다며 부정적으로 보는 줌머인이 많다.

내 생각에 승려협회는 교육이나 줌머 인권을 위한 역할을 잘하고 있고, 바나반떼는 종교적인 역할을 중심으로 각각의 역할을 하고 있다고 생각한다. 하지만 나는 개인적으로 바나반테 때문에 천국으로 갈 수 있다는 것은 믿지 않는다. 그리고 바나반떼 스님들이 종교 근본주의로 흐르고 있는 점이나 점점 치타공 힐트랙 선주민이 처한 현실과 거리가 멀어지는 것도 우려스럽다.

치타공 힐트랙의 남쪽 반다르반Bandarban 지역에 승려협회도 아니고 바나반떼도 아닌 우살라반떼Ushalabhante 스님을 따르는 종단도 있다. 우살라 스님은 마르마Marma 족 왕자인데, 원래는 판사였다가 승려가 됐고, 반다르반 지역에서 고아원이나 학교를 세워 마르마족의 교육을 위해 힘썼다. 바나반떼, 우살라반떼 둘 다 불교 경전에서 크게 벗어나지는 않았지만 우살라반떼 스님의 경우는 본인의 몸에서 빛이 나왔다며 신의 계시를 받았다고 하거나 병을 고쳐주는 샤머니즘적 역할을 자처하기도 했고, 장의사 역할도 했다. 불교를 벗어나 힌두교 신에 대한 얘기도 했다. 그런 점들 때문에 불교도들에게 신뢰를 잃은 측면도 있지만 우살라반떼 스님이 법회에서 대중연설을 하면 어마어마한 사람들이 모였다. 우살라반떼 스님이 치타공 힐트랙 경계지역에 거주하는 바루아족을 향해 "당신들은 바루아족이 아니다. 버마에서는 당신들을 마르마(마르마그리)라고 한다."라고 했는데, 이 말로 인해 바루아족은 내부적으로 갈등을 빚기도 했다.

우살라반떼 스님은 코로나 때 급성 심장마비로 사망했는데, 사망 전에 방글라데시 정부에 대해 비판적인 발언을 한 것을 두고 사망 원인을 의심하는 시각이 있다. 우살라반떼 스님은 부처님 가르침의 9가지 좋은 요소, 담마 가르침의 6가지 요소, 승가의 9가지 요소들을 다 합쳐서 '969 명상 이론'을 만들었는데, 일부 이슬람 근본주의자들은 이를 문제삼아 반국가 집단으로 의심한 적이 있다.

종교를 넘어서는 연대는 어떻게 가능한 걸까? 한국에서 최근 사드기지 반대 운동에 여러 종교의 지도자들이 연대하고 있다고 들었다. 종교는 달라도 큰 이슈가 있을 때마다 종교는 보호막이 되거나 안식처가 된다. 1970~1980년대 한국 사회운동은 엄혹한 군부정권 시절이라 종교의 외피를 쓰고 활동을 했다는 말도 들었다. 그만큼 종교는 빈 부분을 채워주고, 용기가 되고, 사회문제를 해결하는 통로이자 수단이 되기도 한다.

3부 __ 쪼월

Joydeb Roaja, "Mother Soil and Compassion-7" / Ink on paper / Size 30*40cm.

1. 나는 누구인가

나는 마음이 따뜻한 한 아이의 아버지요
한 여인의 사랑하는 남편입니다
동지들에게는 다정다감한 지도자요
적들에게는 두려운 용사입니다
낯선 것에 대해서는 사려 깊고 관대하지만
열정과 혁명 정신으로 충일해 있습니다[55]

2008년, 로넬

졸리를 만나다

사람들은 보통 결혼 상대를 선택할 때 어떤 조건을 생각하는지 궁금하다. 내가 아내를 만나던 때 차크마 사회는 지금보다 더 보수적이었다. '좋은 남편감'의 조건도 그렇다. 술, 담배를 안 하는 사람, 정치 활동 안 하고 절에 잘 다니며 종교 생활을 잘하는 사람, 부모 말에 순종적인 사람, 고등 교육을 받았거나 학력이 높지 않아도 공무원과 같이 직업이 안정적인 사람, 또는 부잣집 아들…. 대개는 이런 조건을 가진 남자가 좋은 남편감이다. 물론 개인적인 차이도 있겠지만 내가 아는 한 그렇다.

그런데 나는 이 중에 어느 하나도 제대로 갖춘 게 없었다. 차크마 사회에서 내가 가진 조건은 직업으로나 경제적으로 아주 취약했다. 그래도 나에게 호감 가진 사람이 몇 있었다. 대개는 내가 민족을 위해 명예로운 활동했다는 것을 좋게 생각하는 사람들이었다.

1998년 봄 치타공 힐트랙으로 귀국한 후에 한번은 초등학교 동창이 소개해 준 여성과 사귄 적이 있다. 그녀의 부모님이 우리의 교제를 반대했지만 나는 심각하게 여기지 않았다. 현실은 물론 달랐다. 당시 차크마 사회에서는 부모의 허락 없이 결혼한다는 것은 상상할 수 없었다. 대개는 부모나 친척이 원하는 조건에 따라 결혼 상대를 만난다. 한때는 부모의 동의 없이 결혼하면 죄인 취급당하던 시절도 있었다. 그렇다 보니 사랑하는 사람이 있어도 결혼 상대는 따로인 경우가 많았다.

나는 그녀의 부모님이 반대하는 것을 알면서도 어느 날 사전 연락도 없이 그녀를 만나기 위해 밤새 버스를 타고 그녀가 사는 마을로 갔다. 그때 치타공 힐트랙(CHT)은 통신이 자유롭지 못했기 때문에 휴대전화는 물론이고, 전화기가 있는 집도 드물었던 때라 연락할 방법이 없었다. 방글라데시 정부는 치타공 힐트랙 상황이 외부로 알려지는 것을 금지했기 때문에 외부인이 들어올 수도 없었고, 통신 사정이 아주 열악했다. 고위직 간부가 추천을 해줘야 간신히 집 전화기를 설치할 수 있었다.

동이 트길 기다렸다가 먼저 그녀의 올케 집으로 갔다. 나는 그녀의 올케와는 조금 안면이 있었던 터라 형수라고 불렀다. 그런데 그날따라 형수는 아무 말도 하지 않았고, 나를 대하는 느낌이 다른 때와는 좀 달랐다.

"오늘이 결혼식인데…."

"……"

잘못 들은 줄 알았지만 내가 그녀를 만나러 간 그날이 바로 그녀의 결혼식 날이었다. '아! 도대체 내가 무슨 짓을 한 거지?' 순간 귀까지 화끈거렸다. 형수는 결혼 상대가 공무원이라는 말도 전했다. 그날 그 집 문밖으로 나오는 길이 꽤 힘들었다. 지금이야 그때 나의 무모함에 웃음이 나지만, 그때는 내 등 뒤에 꽂혔을 그 형수의 시선과 어이없는 웃음을 상상하는 것만으로도 창피했다.

그해 가을쯤 졸리Joly를 만났다. 졸리 집은 우리 마을에서 멀지 않았고, 졸리는 결혼한 언니가 사는 우리 마을에 자주 왔다. 결혼 전에 딱 한 번 졸리를 가까이에서 본 적이 있었는데 1998년 6월 중순 FIFA 프랑스 월드컵 때 한국-멕시코 경기가 있던 날이었다. 마을의 한 집에서 몇 가족이 모여서 같이 텔레비전을 봤다. 그때 졸리는 대학생이었는데 내 눈에

예쁘긴 했지만 엄마의 먼 사촌 처제인 졸리는 그저 사돈이고, 동생일 뿐 부부가 될 거라고는 전혀 상상하지 못했다.

"말도 없고 참 참하네."

우리 어머니는 말이 없는 졸리를 좋게 봤고, 그 말이 마을 사람들 입에서 입으로 번지면서 자연스럽게 분위기가 만들어졌다. 마을 사람들이 중매쟁이였던 셈이다. 친척 중 누군가가 우리 부모에게 정식으로 결혼 얘기를 꺼냈고 빠른 속도로 졸리와 나의 결혼이 진행됐다. 졸리와 나는 제대로 된 데이트 한 번 못해 보고 부모님들이 추진하는 대로 그해 연말에 결혼식을 올렸다. 나는 어린 시절에 시인이 되고 싶었고, 중학교 때는 친구들 사이에서 연애편지 쓰기 달인으로 소문날 정도였는데 정작 졸리를 만나면서 로맨틱한 연애편지 한 장 제대로 쓰지 못했다.

결혼 초기 생활은 늘 불안했다. 샨티바히니 평화군 활동 이력도 문제였지만, 평화협정 이후 줌머 정당 간에 갈등이 심해지면서 밖으로 나가는 것이 위험했다. 벵골인과의 싸움이 민족 간의 싸움으로 번지는 날은 더 위험했다. 아이가 태어나 안전하지 않은 환경에서 사는 것도 문제였다. 그때 졸리는 임신 6개월이었다.

"졸리, 우리 아이와 줌머 운동을 위해서 다시 한국으로 가야 할 것 같아."

"……."

졸리는 나의 말에 놀란 것 같았다.

"오빠, 힘들어도 여기에서 견뎌보자."

졸리는 나의 말에 흔쾌히 동의하지 않았다. 나는 졸리에게 치타공 힐트랙의 불안한 정치적 상황과 안전에 대해 장황하게 설명했다. 졸리는 내가 떠난다는 것을 불안해했지만 이내 현실을 받아들이겠다고 했다.

"당신이 선택했으니 감수해야지!"

나는 2000년 1월에 한국으로 다시 왔고, 졸리는 랑가마티에서 나의 아버지와 어머니랑 함께 살았다. 온통 내 머리는 조금 더 안전한 곳에서 줌머 운동을 해야겠다는 생각으로 꽉 차 있었기 때문에 가족을 위한 장기적인 계획을 세우지 못했다. 지금 생각해보면 졸리에게 어떤 확신 같은 것을 줄 수 없었던 게 미안하다. 졸리는 얼마나 불안했을까…. 생각하면 눈물이 난다.

같은 마을에 사는 큰형 집에 전화기가 설치돼서 그나마 한 달에 한 번 정도 졸리와 통화했다. 그런데 막상 전화해도 감정이 꽉 차올라 아무 말 없이 전화기만 붙들고 있을 때가 많았다. 그해 5월에 졸리는 출산했다. 나의 사촌인 졸리의 형부가 전화로 알려줬다.

"누굴 닮았어요? 어떻게 생겼어요? 눈은요? 눈, 코, 입 다 괜찮아요?"

왜 그랬는지 모르겠지만 나는 외모가 건강한지를 한참 물었다. 이름을 '주니(Juni)'라고 지었다. 졸리 이름과 나의 이름을 앞뒤로 합친 의미도 있지만 차크마어로 Juni는 반딧불이라는 뜻이다. 샨티바히니 활동가들이 부르던 노래 가사에 있는 말이다.

아내 졸리와 아들 주니가 한국 입국 1년 전인 2002년, 치타공 힐트랙 랑가마티 고향집에서 주니의 두 번째 생일에 모인 친척들과 함께. 왼쪽에서 4번째 활짝 웃고 있는 졸리와 주니.

'jimit jimit juni jwole 반짝반짝 반딧불이 반짝인다

murodejo deba tole, Iyan madej 높은 산 하늘 아래 이곳은 나의 나라

iyan tomadej, Iyan bego dej 이곳은 너의 나라 우리 모두의 나라'

노래처럼 우리 부부에게 주니는 어둠 속에서 빛나는 반딧불이처럼 세상을 따뜻하게 비추는 존재로 키우고 싶었다. 주니 생일을 제대로 해준 적이 없는데, 언젠가 주니 생일 때 꼭 이 노래를 불러주고 싶다. 고향에서는 주니가 우리 가족 중 가장 막내였기 때문에 사랑을 많이 받았고, 아빠가 없었지만 할아버지, 할머니, 큰아버지들이 잘 보살펴줬다.

졸리와 주니가 너무 보고 싶었다. 우리는 하루빨리 가족 결합을 하고

싶었지만, 한국 비자를 받기가 어려웠다. 그래서 2003년 9월, 아내와 아들은 3개월 단기 방문비자로 우선 입국했다. 2년 8개월 만에 가족이 재결합한 것이다. 주니가 태어나고 처음 만나는 날이었다. 빨리 간다고 더 빨리 만날 수 있는 것은 아니었는데 비행기 도착 시간보다도 훨씬 일찍 공항에 가서 기다렸다. 유난히 천천히 가던 시간이 지나고 입국장 문이 열렸다. 내 눈은 졸리와 주니를 금방 찾았다.

"주니! 주니야!"

나를 처음 본 주니는 엄마 옆에서 떨어지지 않았다. 그동안 보지 못한 아빠라는 존재가 낯설었을 것이다. 아빠를 만난다는 기대감, 행복감도 있었겠지만 고향의 가족과 친척들, 그리고 친구들과 떨어져 낯선 곳으로 오게 됐을 때 적지 않은 두려움도 있었을 것이다.

가족 결합은 했지만 우리가 함께 살기에는 열악한 환경이었다. 당시 나는 집도 없이 김포 양촌 작은 컨테이너 공장에서 일하고 있었다. 우리 세 식구는 공장 기숙사에서 생활했다. 가족이 함께 살게 됐다는 것만으로도 세상 모두를 얻은 듯 행복했지만 졸리와 주니에게 미안했다. 주니는 내가 그랬듯이 치타공 언덕의 숲과 넓은 마당에서 친구들과 자유롭게 뛰어놀았을 텐데 마당은커녕 공장에 딸린 좁은 컨테이너에서 살아야 했다.

"당신이 선택했으니 감수해야지!"

맞는 말이다. 하지만 국적이나 신분을 떠나 친구도 없고, 숲의 새소리 대신 기계 소리와 먼지 가득한 공장은 세 살 주니에게는 가혹했다. 컨테이너 공장에 나 말고도 다른 줌머인 4명도 기숙사에서 지냈는데, 그들도 가족이 그립다는 것을 알기에 아내랑 아들과 함께 사는 게 미안했다. 사장은 내가 가족과 함께 지내는 것을 좋아하지 않았다. 아내가 보수를 받지 않고 일을 도왔지만 눈치가 보여서 조심스러웠다. 그래서였는지 고용주는 일부러 다른 줌머인에게는 월급을 더 주면서 나와 동료들 관계를 은근히 불편하게 만들었다.

공장에서 일자리 구하는 것은 어렵지 않았는데 합법적으로 일할 수 없는 미등록 체류자였고, 신분증은 당시 난민 신청자가 받는 출국명령서 한 장뿐이라 일자리를 구하더라도 며칠 안 가서 해고 통보를 받기 일쑤였다. 당시 가구공장, 컨테이너 공장에서 일할 때 처음엔 몸이 가벼워서 일을 잘한다고 고용주들이 나를 좋아했지만 재한줌머인연대 활동 때문에 내가 주말 근무를 못 하는 날이 많아 미움을 받았다.

집을 구해보려고 했지만 그때는 경제적인 능력이 안 되는 외국인에게 집을 임대하지 않았다. 그때 나는 난민 신청을 하고 결과를 기다리는 중이었고, 졸리와 주니도 곧바로 난민 신청 절차를 밟았다. 나와 졸리, 주니 모두 난민 신청을 한 상태로 계속 심사를 받으면서 1년 동안 기숙사 컨테이너에서 살아야 했다. 그 1년은 내 인생에서 평생 잊지 못할 고통의 시간이었다.

가족 결합 이후 가족을 위해 일해야 하고, 치타공 힐트랙 인권 상황을 한국 사회에 알리기 위해 시민단체를 찾아다니고, 거리 홍보 활동하느라 난 늘 바빴다. 한국말도 못 하고 한국에 대한 정보가 없던 아내와 아들은 내가 밤늦게 귀가할 때까지 집에만 있었다. 졸리와 주니에게 미안했다. 졸리는 돌아가고 싶어 했다.

"고향에 돌아가고 싶어요. 이렇게 사는 것보다 랑가마티에서 가족과 함께 사는 게 좋겠어요."

　그런 말을 들을 때마다 '그냥 졸리와 아이는 고향으로 돌려보낼까' 하는 생각도 했다. 고향에서 우리 집은 부잣집이 아니었지만 양가 가족들이 대부분 고등교육을 받고 교사, 의사, 공무원 등 사회적 지위를 가지고 있었기에 여기보다는 더 좋을지도 모른다. 고민이 됐다. 고향으로 돌아가고 싶어 하는 졸리와 갈등도 있었다. 하지만 졸리에게 화를 내거나 설명하려고 하지 않았다. 그냥 듣기만 했다. 나에게는 그것이 오히려 졸리를 설득할 수 있는 유일한 전략이기도 했다.

　졸리는 내가 하는 외부활동을 반대하지 않았다. 오히려 주말에 줌머 인권 상황 홍보전이나 방글라데시 대사관 앞에서 시위할 때 현장에 따라다니면서 크고 작은 도움을 줬다. 재한줌머인연대 회원들이 취직하면서 회원 활동 참여가 점점 줄어들고 위기 상황이 왔을 때 졸리는 "힘내라!"라는 격려를 잊지 않았다. 재한줌머인연대 활동으로 금전적으로나 시간상으로 우리 가족이 조금 더 신경 써야 하는 것을 당연하게 생각했다. 그렇게 조금씩 졸리는 재한줌머인연대의 조력자가 됐다.

　물론 졸리는 가끔 억울함을 호소했다.

　"다들 열심히 자기 일만 하고 사는데 왜 주니 아빠는 혼자서 줌머인연대 일을 그렇게 열심히 하는데?"

　졸리 아니어도 누구라도 그렇게 생각할 수 있는 상황이었다. 그런데 졸리는 그런 불평을 하면서도 우리가 한국으로 오게 된 이유를 잊지 말라고 자주 상기시켰다. 그래서 지금까지 줌머인연대 구성원들에게 존경받는 언니-새언니-누나-형수이다.

그녀가 없었다면

천변 논길을 따라 산책한다.
바람도 잘 불고
해넘이가 한 시간 정도 남았다
햇빛과 바람이 부딪혀
날아갈 것처럼
그녀의 머리카락이 움직인다
천변에 서 있는 바람맞은 풀들도
자꾸 흔들린다
아! 사랑에 빠졌나 보다
내 마음도 움직인다
그때 그곳에 그녀가 없었다면
그 시간이 그렇게 아름다웠을까?

2022년 6월 5일, 로넬

당신은 달라야 한다

　졸리는 나에게는 좋은 동지이다. 내가 어떤 길로 가고 있는지 항상 감시하고 있는 것 같다. 직업적인 면에서도, 사회생활을 할 때도 늘 냉정한 시선이 느껴질 때가 있다. 그럴 때는 마치 엄한 엄마 같기도 하다.

　"코멘트 하지 말아요!"

　"목소리 높이지 말아요."

　졸리는 나한테 늘 친구랑 술자리를 갖거나, 줌머인연대 모임에서 목소리를 높이지 말고 듣는 것에 더 집중하라고 말한다. 누가 나를 향해 좋지 않은 소리를 하거나 화나는 말을 해도 다투지 말라고 하니, 나는 때로 억울할 때도 있다.

　재한줌머인연대 카톡 단체방은 보통 고향 소식을 공유하거나 필요한 정보를 주고받는다. 개인이 하는 일이나 다른 사람의 경제적인 것을 홍보해 주는 일도 올린다. 그런데 가끔 누군가 농담 삼아 올린 글에 예민하게 반응하거나 특정 개인에 대한 감정을 공개적으로 올릴 때가 있다. 정치적인 이념의 차이로 시비가 일어날 때도 있다. 100명이 넘게 들어와 있고 서로 처지와 생각이 다르니 그럴 수 있다.

　아내 졸리는 늘 그 점에 대해서 주의를 준다. 예민한 사안에 대해서는 아예 나한테 댓글 금지령을 내린다. 그럴 때는 정말 답답하다. 공동체 안에서 허심탄회하게 토론하고 조정해 나가는 건강한 문화가 필요한데 말이다. 나는 졸리가 그렇게 말하는 것을 이해하지만 서운할 때도 많다. 개인적으로 할말을 참아야 하는 억울함도 있고, 우리가 한국에 살면서 한국 현실을 무시할 수도 없고, 그렇다고 줌머 운동을 등한시할 수도 없다.

"당신은 달라야 한다!"

졸리가 자주 하는 말이다. 맞는 말이다. 내가 특별한 사람이어서가 아니라 타지에서 공동체를 유지해 나가는 일이 중요하기 때문이다. 차크마 사회에서 공동체는 아주 중요하다. 누군가 공동체에 반하는 행동을 하거나 공동체 의견에 따르지 않으면 그 사람은 마을 개발이나 말레야 지원, 경조사에서 배제된다. 이런 분위기가 재한줌머인연대 안에도 있다. 한번은 재한줌머인연대 회원 몇 명이 모임 운영에 불만을 제기하면서 회비도 내지 않고 2년 넘게 공동체 활동에 참여하지 않았다. 다른 회원들이 아이들 생일잔치에 그들을 초대하지 않았고, 그들도 겉돌았다.

공동체가 중요해도 모두가 같은 생각을 가져야 한다는 것은 재한줌머인연대의 발전에 방해가 된다. 서로 생각이 달라도 배제하지 않고 토론하고 조정해서 좋은 해결책을 찾아야 한다. 공동체 친목을 위해 침묵해야 한다는 것이 꼭 좋은 태도는 아니다. '나서지 말라'는 졸리의 말이 내가 시시비비를 따지거나 나서지 말고 감싸 안기만 하라는 것처럼 들려서 듣기 싫을 때가 있다. 그냥 좋은 게 좋다는 식으로 잘못된 것도 덮고 가는 것은 공동체에 좋지만은 않다.

앞으로 줌머 2세들이 크면서 여러 가지 변화가 생길 것이다. 힘든 논쟁이 될지라도 공동체가 앞으로 어떤 방향으로 가야 할지 고민해야 한다. 줌머 공동체 유지도 중요하고, 치타공 힐트랙 줌머 인권과 자치를 위해 우리가 무엇을 해야 할지도 고민해야 한다. 한국 사회구성원으로 무슨 역할을 하며 살아야 할지도 생각해야 한다. 인권, 문화, 정치, 경제 차원에서 줌머 사회와 한국 사회를 연결하는 매개 역할도 필요하다. 할일이 많다.

앞으로는 치타공 힐트랙 줌머인이 난민이 아니라 고용허가제나 계절근로자로 한국에 입국하는 경우도 생각해야 한다. 2022년 말에 한국의 한 지자체에서 방글라데시와 계절 근로자 협약을 맺은 일이 있었다. 방글라데시 노동부 승인을 받은 업체가 추진했는데 대상자 모집을 줌머인 중심으로 했다. 그런데 수수료까지 낸 줌머인들 모두 아무런 설명도 듣지 못하고 한국 입국이 돌연 취소됐다. 내 생각에 방글라데시와 한국 정부 양쪽 모두 반가운 일이 아니었을 거라고 생각한다. 방글라데시 정부는 벵골인이 아니라 줌머인이 중심이 됐다는 것이 불만이었고, 한국 정부는 난민 신청이 급증할 것에 대한 우려와 한국 내 줌머인이 세력화될지도 모른다는 기우를 가졌을 거라는 생각이 들었다. 아직 아무것도 결론이 나지 않았지만 앞으로 또 겪게 될 일이다.

요즘 재한줌머인연대는 내부 모임 외에는 활동이 별로 없다. 한국 시민단체와 연대는 행사가 있을 때 개인적으로 참여하는 정도이고, 국제 줌머 인권 네트워크도 점점 무너져가고 있다. 전 세계 선주민의 권리 운동에서 줌머인연대의 위치와 역할을 좀 더 고민해야 한다. 이런 생각을 하면 마음이 답답하다. 물론 경제적인 어려움이 있고, 한국 문화에 적응하는 일, 한국 교육제도에 따라 자녀 진로를 걱정해야 하는 일로 여력이 없다는 것을 이해한다. 하지만 그런 문제는 20년 전이나 지금이나 크게 다르지 않다. 자꾸만 해야 할일을 잊고 있는 것 같다. 적응하는 것과 해야

2014년, 김포사진관에서 로넬과 졸리 부부.

하는 일 사이에서 균형잡기가 점점 어렵다. 현재 재한줌머인연대가 이런 이야기를 깊게 나눌 수 없는 상황이라면 변화를 기대하기는 어렵다.

솔직히 아내 졸리하고 이런 이야기까지 나누기에는 어려움이 있다. 줌머인연대의 균열 없이 여러 가지 일들을 도모해 나가기 위해 앞으로 어떻게 해야 할지 어깨는 무겁고 대책은 없다. 졸리는 공동체 안에서 나의 역할이 중요하다고 생각해서 늘 그렇게 말한다는 걸 나도 잘 안다. 그런 말을 듣는 순간은 화가 나고 답답하지만 시간이 지나면 오히려 졸리에게 고맙다. 공동체를 소중히 생각하고 나의 역할, 그리고 명예를 중요하게 생각해 주는 마음도 알기에 억울해도 고맙고 또 고맙다.

봄이 되면 재한줌머인연대는 보이사비, 어린이날, 부처님 오신 날 등 거의 주말마다 행사가 있다. 올해 서울 도심에서 열리는 부처님 오신 날 연등 행사가 하필 5월 20일 내가 당직 근무하는 날이었다. 올해는 유난히 졸리가 나 없이 친구들을 따라서 혼자 가야 하는 날이 많았다.

마침 재한줌머인연대 카톡 단체방에 6월 11일 남쪽 지방 어딘가로 버스 대절해서 여행 간다는 소식이 올라왔다. 몇 번이고 졸리 혼자 가게 했던 것이 미안하던 차에 잘됐다 싶었다.

"주니 엄마, 우리 6월 11일에 놀러 가자!"

마치 내가 계획한 여행처럼 큰 소리로 놀러 가자고 했다.

"일요일은 당신이 일하는 날인데 가긴 어딜 가!"

졸리는 단칼에 '쓸데없는 소리'라며 나를 나무랐다. 사실 나는 10년째 일요일 없이 출근하고 있다. 외국인 지원센터는 오히려 일요일이 가장 바쁜 날이기 때문에 주말 근무는 필수 조건이다. 아들 주니는 대학교 내내 자취를 했고, 졸업 후 곧바로 장교로 군 복무를 하고 있어서 주말엔 졸리가 혼자 지냈다. 그것이 늘 미안했다. 그런데 이제 졸리는 내가 일요일에 연차를 내고 싶다고 해도 손사래 친다.

"주니 아빠가 연차 내면 다른 사람이 힘들잖아."

내 걱정이 아니라 내 직장 동료를 걱정하는 말이다. 졸리는 개인적인 사정으로 누군가 연차 내면 직장 동료들에게 폐를 끼치는 거로 생각한다. 졸리 자신도 결근은커녕 연차 사용도 하지 않는다. 졸리는 오랫동안 줄곧 수협 생산부서에서 가공 일을 하고 있는데 급여조건은 좋지 않지만 직장 동료들이 좋아서 한 번도 이직을 생각한 적이 없다. 은행도 가야 하고 병원도 가야 하지만 동료들 힘들까 봐 결근하지 않는다. 작년 겨울에 졸리 어머니가 돌아가셨을 때 회사에서 휴가도 주고 항공기 값도 지원해 준다고 했지만 졸리는 다녀오지 않았다. 성실한 건 좋은데, 쓰라고 있는 연차조차 꼭 필요할 때 못 쓰는 졸리가 어느 때는 좀 답답하다.

몇 년 전 졸리가 회사에 출근한 지 몇 개월밖에 안 됐을 때 다른 사람들은 해외로 휴가를 떠났지만 휴가비도 받지 못하고 가까운 곳에 변변한 여행 한 번 다녀오지 못한 졸리에게 〈오늘은 오직 그대만을 위한 날입니다〉라는 시 한 편을 써서 바친 적이 있다. 그 시는 졸리만이 아니라 고된 일상을 살아가는 대한민국의 모든 아내를 생각하며 쓴 글이다. 나는 글쓰기를 좋아하지만 시인이 아니고, 특별한 글재주도 없다. 하지만 그렇게 졸리에 대한 미안함, 사랑, 보상을 시도한다. 다행히 졸리도 싫어하지 않는 눈치다.

졸리는 나의 평생동지이다. 재한줌머인연대 일 말고도 졸리는 내가 하는 지역 활동에도 관심을 갖고 같이 안타까워하기도 한다. 지역 활동을 하면서 안타까운 사정을 자주 접했는데, 그럴 때마다 심리적으로 힘들 때가 많다. 가끔 술 한 잔 마시거나 아내랑 어디 여행을 갈 때 '내가 이래도 되나' 싶기도 하다. 몇 년 전부터 색소폰을 배우고 있는데 가끔은 그것도 사치스럽다는 생각이 들 때도 있다. 내가 개인 자격으로 할 수 있는 일에

오늘은 오직 그대만을 위한 날입니다

목덜미를 시원하게 스치는 새벽바람이 좋은 날
이윽고 동이 트면서 세상의 어둠이 사라지고
빨강-노랑 햇볕이 넘실거리는
가을날의 논밭을 보며
잠시 미친 내 마음
나의 오늘은 오직 그대만을 위한 날입니다.

넓고 파란 가을 하늘
바람은 말없이 마른 나뭇잎을 만지고
가을 여인처럼 색이 곱게 빠진 숲길에서
그대의 손을 잡고 같이 걷고 싶습니다.
영혼을 열어 노래를 부르고 싶은 마음
오늘은 오직 그대만을 위한 날입니다.

붉은 태양도
새들도 집을 찾아 돌아가는 저녁
숨바꼭질 놀이하는 하얀 구름 소녀들 틈으로
하얀 달빛이 낯을 비추는 시간
그대 생각에 잠긴 마음
오늘은 오직 그대만을 위한 날입니다.

2022년 10월 31일, 로넬

한계가 있는데도 그런 생각으로 자꾸 마음이 힘들다. 예전에 내가 겪은 일들이기도 해서 더 그렇다. 이런 이야기를 실은 누구하고 의논하지 못한다. 그럴 때마다 졸리는 나에게 힘을 준다. 졸리는 나의 평생동지다.

아들 주니의 멘토들

차크마족 전통에 여자가 아이를 출산하면 산모에게 마을 사람들이 밧모짜Vatmoza 라는 걸 가져다준다. Vat는 밥, Moza는 도시락이나 보따리라는 뜻이니 산모에게 줄 음식 보따리라고 생각하면 된다. 엄마가 건강해야 아이가 건강하다는 생각으로 산모에게 좋은 음식을 선물하는 것이다. 아마도 이런 문화는 차크마족뿐만 아니라 전 세계 사람들의 공통적인 문화가 아닐까 생각한다. 한국에 사는 줌머인은 요즘에도 밧모짜 전통을 그대로 하고 있다. 얼마 전에 폴리 씨가 출산했는데 사람들이 차크마 전통 그대로 밧모짜를 선물했다.

아프리카 속담에 '한 아이를 키우는 데 온 마을이 필요하다.'라는 말이 있다. 한 아이가 건강하게 성장하려면 그 아이가 살아가는 마을, 사회도 건강해야 한다는 의미라고 생각한다. '아이니까 어른 말을 들어야 한다'라고 강요하는 것도 때로는 아이에게 폭력이 될 수 있다. 건강하다는 것은 민족이나 종교, 세대를 떠나서 서로를 존중해 주는 것이다. 아이는 그런 사회에서 존중을 배운다.

주니가 어린이집에 입학했다. 나와 아내 졸리는 아침에 일찍 일어나서 출근 준비하면서 주니를 어린이집에 보낼 준비를 했다. 처음엔 '주니가 어린이집에 가서 친구들과 잘 지낼 수 있을까?' 걱정됐다. 하지만 주니는 한 번도 떨어지기 싫어서 운다거나 어린이집에 안 가겠다고 한 적이 없었다. 항상 밝고, 친구 관계도 좋았다. 그래서 우리 부부는 직장에 가서 일하면서도 아무 걱정이 없었다.

그런데 주니가 초등학교에 들어가고부터는 상황이 좀 달랐다. 아들은 초등학교 입학해서 담임선생님한테 거의 매일 알림장을 받아왔다. 한국의 교육시스템은 물론 한국어도 잘 모를 때였기 때문에 알림장 내용을 전혀 이해하지 못해서 난감할 때가 많았다. 그럴 때마다 내가 전화를 걸어 도움을 요청한 사람은 최재훈 씨였다. 급한 마음에 밤이나 혹은 아침 일찍 재훈 씨한테 전화를 걸어서 물어야 했다.

"사진을 찍어서 그 내용을 보내주세요."

"한국어로 읽어주세요."

하지만 나는 한국어를 제대로 읽을 수 없었다. 그럴 때마다 재훈 씨는 영어로 나에게 하나하나 꼼꼼하게 설명해 주었고, 그 덕분에 주니 과제나 자료를 챙겨 보낼 수 있었다. 내가 시도 때도 없이 전화해도 재훈 씨는 귀찮아하거나 불편해하지 않고 언제나 든든한 멘토가 되어줬다. 늘 고마웠고, 한편으로는 미안한 마음도 많았다. 지금 생각해보면 재훈 씨는 참 대단한 인내심을 가진 친구다.

주니를 키우는 데 중요한 멘토가 되어 준 또 한 사람이 있다. 경기도외국인인권지원센터 소장 오경석 교수다. 오경석 교수를 생각하면 지금도 마음이 따뜻해진다. 그는 내가 힘들 때면 제일 먼저 떠오르는 사람이다. 아마 2006년쯤이었던 같은데, 그때 오경석 교수는 개인적인 연구 활동으로 재한줌머인연대 활동에 관심이 있었다. 오경석 교수는 인터뷰하러 오면 같이 식사하면서 이런저런 이야기를 나눴다. 그는 나와 주니의 훌륭한 멘토였고, 친척들이나 학교 선생님을 제외하고는 주니가 가장 가깝게 만났던 어른이다. 오경석 교수는 우리 집에 자주 찾아왔고, 올 때마다 주니에게 축구공이나 농구공 같은 선물을 줬다. 밤늦게까지 공놀이를 즐겨할 정도로 운동을 좋아하던 꼬마 주니는 그를 무척이나 좋아했다.

하지만 그가 준 가장 큰 선물은 어른으로서 주니의 자존감을 키워 준 것이다. 아이들이 성장하는 과정에서 가족과 어른들로부터 받는 지지와 존중은 정서적으로 중요하다. 주니 주변에 줌머 삼촌과 이모들이 많고, 그들 역시 주니를 사랑해 주었지만 한국에서 자녀교육을 이야기하고 미래를 이야기하기에는 한계가 있었다. 다들 사는 일에 급급하기도 했지만, 무엇보다도 자녀교육에 대한 정보가 부족했기 때문에 아이들에게 동기 부여를 해줄 수 있는 환경을 만들어 주지는 못했다. 그때만 해도 저녁에 줌머 공동체 모임할 때 아이들이 없었다. 다른 줌머들은 고향 가족들이 입국 전이었기 때문에 주니가 유일한 아이였다. 주니는 학원을 가거나 친구들과 노는 시간 외에는 주로 줌머 어른들과 저녁을 먹거나 이야기하는 자리에 함께했다.

나와 아내 졸리는 고민이 많았다. 주니가 공부를 잘해서 좋은 대학에 가거나 성공해야 한다는 생각이 아니라 주니가 자신이 원하는 꿈을 찾기를 바랐다. 그런데 한국에서 어떻게 아이를 키워야 할지, 아이가 어떤 꿈을 찾을 수 있을지, 우리가 줌머 아이들에게 무엇을 말해줄 수 있을지 막막했다. 그때는 주니의 성장 과정이 줌머 동료들이 이후에 겪어야 할 자녀교육의 본보기가 되어야 한다는 생각도 많았다. 그런 고민이 있을 때마다 오경석 교수는 우리와 많은 이야기를 나누었다. 그리고 주니가 꿈을 찾도록 주니의 이야기에 귀를 기울여주고, 어린 주니의 생각을 존중해줬다. 오경석 교수는 바로 그런 점에서 주니에게 훌륭한 어른이자 멘토였다.

그때 오경석 교수는 결혼 전이었는데, 나중에 결혼하고 아이가 생기면 이름을 주니하고 똑같이 지어야겠다고 할 만큼 주니를 예뻐했다. 몇 년 후 그가 결혼하고 아들이 생겼을 때 그는 정말로 아이의 이름을 비슷하게 '준희'라고 지었다.

주니의 꿈

주니는 나를 닮아서인지 공부보다는 노는 것을 더 좋아했고, 몸 활동을 더 좋아했다. 태권도는 초등학교에 입학하자마자 배우기 시작해서 고등학교 졸업할 때까지 한 번도 쉬지 않았다. 학교 끝나면 주로 동네 친구들하고 놀았다. 친구들과 하얀 가스를 내뿜는 방구차(소독차) 뒤를 소리지르며 따라다니는 주니의 모습을 보면서 우리 부부의 걱정도 함께 사라졌다.

주니가 초등학교 다닐 때, 우리가 사는 양곡 주변에는 높은 아파트가 없었고, 한강 신도시가 개발되기 전이라 조금 높은 곳에 올라가면 김포 시내가 한눈에 들어왔다. 어린 주니의 눈에는 그래서 가까워 보였을까. 주니는 친구들과 같이 겁도 없이 자전거를 타고 시내 홈플러스까지 다녀 왔다. 자전거 길도 따로 없었기 때문에 위험하기도 했고, 어린 주니가 다녀오기에는 그렇게 가까운 거리는 아니었다. 역시 나를 닮았다. 졸리와 나는 그런 주니가 너무 귀여웠다.

주니는 욕심이 별로 없는 편이다. 투정을 부리거나 무리한 요구를 한 번도 한 적이 없었다. 중학교 1학년생일 때 지역의 대형마트에 같이 갔다.

"주니야, 원하는 거 골라 봐!"

졸리와 나는 큰마음 먹고 몇십만 원짜리라도 사줄 요량이었다.

"나는 이거 사고 싶어요."

주니가 고른 선물은 3만 5천 원짜리 아령이었다.

"주니야, 진짜로 네가 원하는 거 사도 돼!"

나는 주니에게 세상의 그 어떤 것도 다 사줄 수 있다는 목소리로 말했다.

"진짜로 이걸 갖고 싶어요."

아들이 요구한 것은 내 예상과는 달랐지만 기분은 좋았다. 돈을 아껴 서가 아니라 아들이 나한테 건강을 선물로 받고 싶어 했다는 느낌이 들었다.

주니는 공부가 그다지 재미있지 않는지 가끔 보습학원 선생님으로 부터 주니가 학원에 오지 않았다는 연락을 받곤 했다. 우리 형편에 태권

도학원과 보습학원비로 한 달에 40~50만 원 정도 지출하는 것이 버거웠지만 졸리와 나는 한국의 어느 부모처럼 주니를 위해 많은 것을 해 주고 싶었다. 그런데 돈으로 해결할 수 없는 것들이 더 많았다. 특히 진로 문제가 그랬다.

원래 주니의 꿈은 경찰이다. 그 꿈을 찾아가도록 지지하고 도움을 주신 분은 고등학교 때의 정동영 교감 선생님이다. 그분은 아내 졸리가 국적 취득할 때도 도움을 주셨던 분이다. 2012년 졸리는 국적 취득 신청을 하기 위해 5급 공무원 정도의 추천서를 받아야 했지만 쉽지 않았다. 그때 귀화 추천서를 써 준다는 것은 대출 연대보증과 비슷한 성격이라 누가 선뜻 나서주기는 어려웠을 것이다. 어떤 사람에게 추천서를 써달라고 부탁했지만 거절당한 후부터는 그런 부탁을 하는 게 아주 조심스러웠다. 해 주겠다고 한 사람이 있었지만 추천 자격이 안 됐다. 또 거부당하면 어떡하나 싶어 여러 번 망설이다가 주니가 다니는 학교 교감 선생님한테 전화를 걸었다.

"학교로 오세요."

바로 추천서를 들고 학교로 찾아갔다. 교감 선생님은 바로 그 자리에서 추천서에 도장을 찍어주셨다. 나는 나를 증명해 보일 수 있는 것을 아무것도 제시하지 못했는데…. 정말 감사했다. 큰 신뢰 관계를 쌓지 않고서 이렇게 다른 사람의 귀화추천서에 도장을 찍어주는 사람이 과연 몇이나 될까. 그 이후에도 주니의 진로 문제로 교감 선생님을 몇 번 더 만났다. 학교 진로 상담 선생님은 전문대학 가는 걸 제안했지만 교감 선생님은 조금 달랐다.

"주니의 생각이 중요합니다. 주니가 경찰이 되고 싶어 하니까 4년제 경찰학과를 좀 더 고민해보죠."

교감 선생님의 격려 덕분에 나도 용기가 났다. 일단 주니의 생각을 듣고 결정하는 게 좋을 것 같아서 주니에게 의견을 물었다.

"아빠, 저는 4년제 경찰학과에 가고 싶어요."

주니에게도 이미 생각이 있었다. 운동을 좋아하는 주니가 경찰이 되고 싶었던 것을 자연스럽게 생각한 터라 굳이 왜 경찰이 되고 싶은지에 관해 물어보지는 않았다. 주니는 경북에 있는 대학 경찰학과에 합격했다. 원래 귀화자는 군 입대 의무는 없었지만 주니는 대학교 2학년 때 군대 가겠다고 했다. 그러다가 주임교수의 추천으로 학군단(ROTC)에 들어가게 됐다. 사실 아들이 군인이 된다고 하는 게 썩 내키지는 않았다. 줌머인에게 군인은 좋은 기억이 없을 뿐더러 고향에서는 군인의 이미지가 무섭고 거칠었기에 주니 성격에 어울리지 않는다고 생각했다. 주니는 혹시 본인이 '소수자'라고 생각했던 것일까. 한국 국적이고, 지금까지 한국인으로 살았지만 자신의 정체성을 다른 한국인하고 다르다고 느꼈던 걸까.

우리 가족 모두 귀화해서 한국 국적이지만 출생국이 아니기 때문에 나에게 주니가 한국 군인이 됐다는 것은 특별했다. 주니가 경찰의 꿈을 가진 것이나 ROTC 장교가 된 것은 할아버지나 아버지인 내가 그랬듯이 한국의 평화군이 되고 싶은 것이 아닐까. 주니한테 물어보면 뭐라고 답할까. 또 민족 이야기를 한다며 꼰대라고 할지도 모른다.

주니는 대학교 기숙사에서 생활했다. 대학교 기숙사에 입소하면서 처음으로 부모와 떨어지는 거여서 밥을 제대로 먹는지, 친구들과 좋은 관계를 유지하고 있는지 걱정이 많았다. 가끔 밤늦게 전화도 해 보고, 전화 연결이 안 될 때는 룸메이트한테 연락하기도 했다. 주니 본인은 독립해서 해방감을 누리고 있을지도 모르는데 우리 부부만 애가 탔다. 주니는 성격상 전화를 잘 하지도 않고 잘 받는 편도 아니었는데 전화 연결이 안 되면 괜히 나쁜 상상을 하곤 했다. 내 명의로 발급해 준 카드로 주니가 물건을 살 때마다 내게 오는 알림 문자가 오히려 반가웠다. 그 문자들은 주니가 잘 지내고 있다는 확인서 같은 거였다.

2022년 3월 주니의 ROTC 임관식이 있었다. 코로나-19로 2월 예정이었던 임관식 일정이 한 달 뒤로 연기됐다. 코로나 시기라 임관식 행사장에 학부모의 입장이 제한돼서 건물 밖에서 자녀와 사진을 찍는 것으로 만족해야 했다. 그렇게라도 주니가 육군 장교가 되는 순간을 함께 할 수 있어서 행복했다. 그날은 우리 가족이 한국으로 온 이후 최고로 행복한 순간이었을 것이다. 우리 부부는 주니의 휴가를 눈 빠지게 기다렸다가 주니가 오면 옆에 딱 붙어서 이것저것 물어본다. 주니는 원래 말이 없지만 아무리 물어도 좀처럼 군대 얘기를 하지 않는다. 그래도 주니가 휴가를 나오면 혹시나 해서 같은 걸 묻고 또 묻는다. 비밀유지 교육이라도 받는 것인지 사소한 것도 말하지 않는다.

주니는 지금 강원도에서 ROTC 장교로 근무 중이다. 1년 정도 남았다. 주니가 아직 결정한 건 없지만 계속 군대에 남을 것을 고민하는 것 같다. 특전사에 대해 관심도 많다. 어느 나라의 군인이든 경찰이든 주니가 사람의 안전을 책임지고, 보호하는 사람이 됐으면 좋겠다.

2022년 3월. 아들 주니의 ROTC 임관식에 참석한 로넬, 졸리 부부.

김포 이씨

난민 인정 받고 재한줌머인연대 상근 활동가로 일하던 2008년, 미국에서 열리는 유엔 원주민 문제 상설 포럼(UNPFII) the United Nations Permanent Forum on Indigenous Issues 56)에 참가하기 위해 미국 대사관에 비자신청을 하러 갔다.

"당신은 한국 사람이 아니라서 비자 발급이 안 됩니다."

"법무부에서 발급해준 난민 여행증명서가 있습니다."

"그걸로는 안 됩니다. 한국에서 미국 가는 경비는 누가 줍니까?"

"저와 아내가 일합니다."

"미국에 가서 안 돌아올 수도 있지 않습니까?"

"가족이 한국에 살고 있고, 저는 돌아옵니다!"

포럼에 참석하러 간다고 설명했고, 난민 인정자라고 했지만 한국 국적을 갖지 않은 외국인이라 비자신청이 거부됐다. 법적으로 비자발급이 가능했지만 미국에 불법으로 돈을 벌러 가는 것으로 의심했던 것 같다. 결국 비자를 받지 못해 포럼 참석을 포기해야 했다.

한국에서 난민 인정서만으로는 사회경제적으로나 행정상 신분을 증명해야 하는 일이 어려웠다. 공개적으로 외부 정치 활동하는 것도 금지돼 있었기 때문에 활동도 제한됐다.[57] 앞으로 자녀들이 한국 사회에서 국적과 이름만으로도 상처받을 일도 걱정됐다. 귀화해야겠다고 생각했다. 결정하기까지 생각이 많았다. 방글라데시 국적을 포기한다는 것보다는 한국인으로 귀화하는 것을 줌머 후배들이 어떻게 생각할지 걱정됐다.

2009년에 불교 교리공부를 하고 있던 중에 이승훈(개명) 씨와 함께 귀화 신청을 했다. 줌머인으로는 우리 2명이 처음이었다. 통장 잔고증명서, 재직증명서 등 증빙서류를 제출해야 했다. 그때 나는 다른 직업 없이 '아름다운재단' 프로젝트로 재한줌머인연대 상근 활동가로 일할 때였는데, 직업 선택란에 해당하는 게 없어서 무직인 셈이었다. 통장 잔액도 기준에 못 미쳤다. 그런데 다행히 빌라 전세 계약서 서류로 해결됐다.

지금은 사회통합프로그램으로 5단계까지 수료하고 필기시험에 합격하면 귀화 필기시험과 면접시험이 면제지만, 그때는 사회통합프로그램이 막 시작될 때여서 시험을 별도로 치러야 했다. 이승훈 씨와 함께 필기 시험은 단번에 합격했다. 합격 며칠 후 인천출입국사무소에서 귀화 면접 시험을 봤다.

"한강의 기적에 대해 어떻게 생각하는지 말해보세요."

"한국 국회의원은 몇 명입니까?"

"삼일절과 현충일은 무슨 관계가 있는지 말해보세요."

"국민의 4대 의무를 말해보세요."

질문은 한국의 정치, 경제, 역사, 문화에 대한 것이었다. 공부한 대로 대답했다. 애국가를 불러보라는 말에 1절부터 4절까지 불렀다. 한국 사람들도 애국가를 4절까지 아는 사람은 많지 않다는 말을 나중에야 듣고 웃음이 났다. 인터뷰도 단번에 합격했다. 외국인등록증을 가지고 체류하는 사람은 국적 취득할 때 이중국적을 포기한다는 의미로 '외국 국적 불이행 서약서'라는 것을 쓰지만, 난민 인정자는 자동으로 이전 국적이 취소된다. 나는 귀화했지만 한국에서 태어나지 않은 주니와 아내는 별도로 귀화 신청하고 절차를 밟아야 했다. 귀화 신청하고 2년 후 우리 가족은 대한민국 국민이 됐다.

귀화 후에 생활은 이전과 많이 달랐다. 나는 지역의 이주민센터에 정규직으로 일할 수 있었다. 은행이나 관공서에서 신분증만 제시하면 됐다. 물론 한국인이 됐어도 온전히 한국인으로 대하지는 않았다. 지금도 그렇다.

"한국인도 아닌데 한국말 잘하네."

신분증 제시하기 전까지는 나는 외국인이 된다. 나의 얼굴과 발음 때문에 식당에 가도, 버스를 타도 나는 영락없이 외국인이다.

"귀화까지는 이해할 수 있지만 이름까지 바꾸는 것은 반대예요."

귀화하고 4년 후에 이름까지 바꾼 것에 대해 줌머 공동체 후배들은 많이 서운해했다. 다른 사람도 아니고 민족을 위해 어려서부터 운동가로 살아온 내가 누구도 시키지 않은 일을 자처했으니 당연히 놀랍고 서운했을 것을 잘 안다. 후배들이 그렇게 말했지만 여전히 나를 든든한 지도자로 믿고 따른다는 것을 알기에 굳이 긴말하지 않았다.

가끔 '나는 누구인가' 생각한다. 사람들은 나를 노동자 로넬, 난민 로넬, 민족운동가 로넬, 인권운동가 로넬, 종교인 로넬, 한국인 로넬, 지도자 로넬…이라고 말한다. 어떻게 관계 맺었는지에 따라 나를 보는 시각은 다양하다. 다 맞는 말이다. 나의 말과 행동이 나의 철학이고, 그 자체로 나였을 테니 어떻게 보든, 어떻게 평가하든 '나'이다. 40년 전 샨티바히니 평화군 활동하던 로넬도, 줌머 민족운동을 위해 한국 땅을 밟아 불안한 불법체류 생활을 하던 미등록 체류자도, 한국에서 줌머 운동 하면서 난민이 되고, 이주민 인권을 위해 활동하는 로넬도 '나'다. 아내와 아들을 사랑하고, 가족의 행복한 미래를 꿈꾸는 가장도 '나'고, 귀화해서 한국인으로 사는 '이나니'도 '나'다. 그리고 여전히 줌머인으로 한국인으로 두 사회의 미래를 고민하는 것도 현재 김포 이씨 로넬, 나의 모습이다.

후배들의 반대가 아니어도 '이나니'라는 한국 이름을 짓고, 나도 내가 낯설었다. 바뀐 주민등록증을 보면서 처음엔 내가 아닌 것 같았다. '차크마'가 아닌 '김포 이씨'를 자손에게 계속 물려줘야 한다는 것을 받아들이기 힘들었다.

238

민족운동가로만 살 수 없다는 죄의식

"현재의 로넬은 30년 전의 로넬이 아니다."

"차크마여야 한다, 운동가여야 한다는 책무감을 내려놔라!"

오경석 교수가 했던 말이다. 그는 나에게 수시로 역할을 부여하는 사람이다. 오 교수의 제안으로 대학에서 학생들에게 난민에 대해 강의할 기회가 여러 번 있었고, 토론회에 참석해서 줌머 인권탄압과 재한줌머인연대에 대해 말할 수 있었다. 그는 나의 장단점을 잘 알고 있는 것 같다. 그리고 장점이 약점이 될 수도 있고, 단점이 나의 강점이 될 수 있다는 것도 예리하게 지적한다. 나에게 한 말도 내가 과거에서, 민족에 대한 책무감에서 벗어나지 못한다는 것을 두고 한 말인 것 같다.

한국 사회에서 줌머인은 더이상 특별한 존재가 아니고, 다양한 구성원 중에 하나다. "민족만이 아니라 다양한 사람들과 상호작용하면서 참여와 책임을 다해야 한다."라는 그의 말에 동의한다. 그런데 솔직히 말하면 지금, 여기에 있는 나는 민족운동가로만 살 수 없는 상황 때문에 죄의식이 있다. 재한줌머인연대에서는 주니를 자랑스러워하고, 나도 훌륭한 청년으로 살아가는 주니가 듬직하다. 하지만 나는 아들이 완전 한국인으로 사는 모습을 보면 줌머 지인들에게 미안하다. 주니에게 말하지는 않았지만, 속으로는 주니가 줌머 동생들을 더 잘 챙겨주길 바란다.

재한줌머인연대가 공동체 성격에서 벗어나지 못하는 것에 조바심을 내는 것도 나의 책무감에서 오는 미안함 때문이리라. 줌머 공동체는 기쁜 일을 함께 축하해 주고, 슬픈 일이 있으면 아픔을 나눈다. 누가 새로 입국하면 일자리와 집을 구해 주고, 자녀교육에 필요한 정보를 공유하면서 함께 살 궁리를 한다. 한국에서 '말레야'를 실천하는 것이다. 우리의 뿌리를 잊지 않기 위해 매년 보이사비 문화 행사도 놓치지 않고, 고향에서 인권탄압 소식이 들려오면 대사관 앞에 가서 시위도 한다.

보통 이주민들이 국가별 자조 모임을 운영하기는 하지만 자율성 없이 지역의 어느 한 이주민센터에 의존하는 경우가 있다. 심하게 말하면 '당사자의 목소리를 내야 한다'라고 강조하면서도 어떤 이주민센터는 자조 모임을 센터의 활동 영역 안에 가둔다. 재한줌머인연대도 이주민센터나 시민단체 지원에 의존했을 때가 있었다.

하지만 제한적이긴 해도 우리 스스로 목소리를 내려고 했었다. 기록하지 않았어도 정기 모임을 한 달에 2~3회 주기적으로 가졌고, 회의에서 결정된 일들은 특별한 일이 없는 한 진행했다. 가끔 방글라데시 현지에서 후원금 요청이 올 때도 있었지만 현재까지 우리 스스로 모금해서 보낸다. 한국에서 누군가 아픈데 수술비가 부족할 때, 일할 수 없어 생활에 문제가 생길 때, 자연재해나 코로나 팬데믹 같은 재난 때 한 달 월급만큼의 성금을 모아 지원해 왔다. 정치적 활동을 하는 것도 줌머 공동체의 목표가 뚜렷했기 때문이다.

그런데 재한줌머인연대는 좀 더 높은 단계의 활동 목표를 세우지 못한다. 누가 앞서면 따라오는 정도다. 줌머 민족운동에는 모두 동의하지만 행사나 시위가 있을 때 누구는 참석하고 누구는 빠지니까 불만을 가지는 사람도 있다. 점점 생각의 차이도 벌어진다. 선배 활동가들은 줌머 운동

2023년 8월. 줌머 2세 생일잔치 모임에서. 1세대 재한줌머인연대 활동가 부부들이 사진을 찍었다. 왼쪽에서 첫 번째 로넬과 졸리 부부.

에 대해 좀 더 원칙적인 입장을 가지고 있는 반면, 젊은 활동가들은 심각한 활동보다는 개인의 사생활이나 경제적이고 문화적인 욕구에 더 민감한 편이다. 상근 활동가가 없는 문제도 있다. 내부적으로 공식 단체로 등록하자는 의견이 나왔지만 누군가 책임지고 맡아서 운영할 상근 활동가가 없었다. 인건비는 지금이라도 의견을 모으면 가능하다. 치타공 힐트랙 줌머 정당과의 관계가 조심스러워서 누구도 나서지 못하는 문제가 있다. 한국만이 아니라 다른 나라에서 활동하는 줌머인연대가 비슷하게 겪는 일이다.

재한줌머인연대가 활발하게 활동하던 2009년부터 많은 줌머 가족이 결합하고 젊은 회원들의 출산으로 현재 아이까지 180명이 넘는다. 그중 줌머 2세들이 60명이나 된다. 상황이 달라진 것이다. 아이들은 다시 방글라데시로 돌아가지 않는 한 한국 사회에서 살아가야 한다. 아이들은 한국인으로 성장하면서 줌머로, 한국인으로 이중의 정서적 통합을 위한 고통의 터널을 지나갈 것이다.

아들 주니의 기억 속에 방글라데시 치타공 언덕은 거의 사라지고 없다. 누가 봐도 주니는 '이주니'로 살아간다. 아버지인 나의 정치적 이념이 주니의 삶에 개입되지 않는다. 한국의 줌머 1세대들이 줌머 정체성을 이야기하면서도 어떤 부분에서는 한국 사회에 동화되고, 다양한 변화를 겪었다. 생각의 차이도 크다. 앞으로 줌머 2세들은 더 그럴 것이다. 그때는 지금의 고민이 전혀 쓸모없는 생각이 될지도 모른다.

아이들이 한국 사회에서 존재를 거부당하지 않으면서 대등한 관계로 살아가기 위해 나는 내가 무엇을 준비해야 하는지 생각한다. 치타공 힐트랙에 뿌리를 둔 차크마이자 줌머로서 자기 정체성을 드러내도 두렵지 않고, 누구나 자기 이름으로 존중받으며 살아야 한다고 용기 있게 말할 수 있는 나의 자리는 어디일까.

재한줌머인연대 회원들은 각자 한국 사회에서 더 많은 능력을 발휘하면서 살 수 있다. 회원 절반 정도는 대졸 학력을 가지고 있다. 교사, 간호사, NGO 활동가, 예술가. 엔지니어, 종교인 등 다양한 직업을 가졌던 사람들이고, 언어적으로도 영어와 벵골어, 한국어를 포함해 기본적으로 몇개 나라 언어를 구사한다. 우리 1세대는 어려움이 있겠지만 줌머 2세들은 한국 사회에서 각자 언어적, 문화적으로 풍부한 역량을 발휘했으면 좋겠다.

귀화했다고 한국인이야?

외국인센터에서 외국인노동자 상담 일로 고용주와 통화할일이 많다. 상대방은 나의 한국어 발음이 이상했는지 어느 나라 사람이냐고 묻는다. 한국인이라고 말하면 또 다른 공격을 당할까 싶어 한국 귀화자라고 대답한다.

"귀화했다고 한국인이 되나? 당신은 한국 사람 아니야."

내가 어떻게 대답하든 상대방이 쏟아내는 비난과 혐오에 가까운 말을 무방비 상태로 들어야 할 때가 있다. 만약 우리가 차이를 드러내고 우리 것을 지키려 했다면 더 힘든 상황이 벌어졌을지도 모른다.

"우리가 낸 세금 받고 일하고 있는데… 공무원도 아니면서!"

내가 한국 국적을 가진 사람이고 국민으로서 똑같은 의무를 다하지만 이런 말을 들으면 "우리 세금을 축내는 사람", "우리의 도움을 받는 사람", 그래서 마치 함부로 대해도 괜찮다는 비아냥처럼 들리기도 한다. 이런 실랑이가 벌어질 때마다 방글라데시에서 겪었던 일들이 다시 떠오른다. 방글라데시 국적이지만 뱅골인이 아니라는 이유로 차별과 무시와 배제를 겪어야 했던 2등 국민으로서의 비애가 고스란히 겹쳐진다.

사실 직장에서만이 아니라 언어, 생김새가 다르다는 것은 우리가 살아가는 모든 공간에서 제한 사항으로 작동된다. 식당에서 우리가 차크마어로 대화하면 다들 우리를 쳐다본다. 한국어로 말하면 "한국말도 잘하네.", "너 어디서 왔어?"라며 반말로 '원래 너는 한국인이 아니었다'는 것을 강조해 준다. 택시나 버스, 마트에서도 상황은 비슷하다.

내가 미등록 체류자로 지내던 1990년대 중반에 비하면 그래도 많이 변했다. 그때는 길을 지나가면 나를 힐끗 한 번 더 쳐다보는 사람들이 많았지만 요즘은 워낙 외국인이 많아서 그런지 그런 시선은 많이 없어졌다. 외국인 인권을 말하는 단체들도 많이 생기고, 국가인권위원회 같은 곳에서 인권교육을 한 효과일 수도 있다. '다양성 존중'이라거나 공존, 소통과 같은 말을 하는 사람이 많아졌다. 다만 '글로벌'과 '다문화' 사이의 미묘함은 여전하다. 예전의 인종주의가 사라졌다고 말하는 사람도 있지만 소셜미디어에 올라오는 글에는 백인과 흑인, 서양인과 동남아시아인을 가르는 경계가 너무 또렷하다.

몇 년 전, 한 지역 신문에 '줌머인이 기업인 됐다'라는 기사가 실렸다. KBS '이웃집 찰스' 프로그램에도 개인사업을 하는 줌머인 이야기가 나온 적이 있다. 관심 있게 봤다. 박민수(개명) 씨나 슐라잉 씨와 같이 줌머인이 사업하면서 한국에 안정되게 정착한 모습이 보기 좋았다. 그러면서도 그 기저에 '성공'을 경제적인 것에 초점을 맞춘 것이 불편했다.

"좋은 걸 왜 삐뚤어지게 보느냐?"

이렇게 반격하면 합리적으로 내 감정을 표현할 길이 없다. 하지만 내 자존심의 문제가 아니라 기자나 피디의 의도와 상관없이 보는 사람이 차별로 느낄 수 있는 것을 예민하게 살필 줄 모르는 것이 더 문제라고 생각한다.

2. 내가 만난 또 다른 '나'

사회통합은 난민이 사회의 구성원으로서
잠재력을 온전히 발휘하고 공동체에 기여하며,
다른 거주민들과 공유하는 권리와 책임을
충분히 행사할 수 있도록
자력화할 때 일어나는 과정이다.[58]

아시아 최초로 난민법을 만든 나라

2018년 6월 29일, 유엔난민기구(UNHCR) 한국대표부 대담 프로그램에 참여한 적이 있다. 국제사회의 이슈 중 하나인 난민에 대한 인식을 함께하자는 것이고, 국제사회에서 한국의 역할에 관해 이야기하는 자리였다. 이날 대담에는 소설가 표명희 씨와 유엔난민기구 한국대표부의 신혜인 공보관이 함께 참여했다. 그때는 484명의 예멘 난민이 무사증으로 입국이 가능한 제주도로 들어와 난민 신청을 하면서 한국 사회가 난민 수용을 두고 찬반 논쟁을 하면서 홍역을 치렀던 때다. 한국 사회에서는 이전에 경험하지 못한 대규모 이슬람권 난민 사태였기에 당연히 혼란스러울 수밖에 없었을 것이다.

그날 신혜인 공보관은 "제주에 온 예멘 사람들은 여러 차례에 걸쳐 실향하고 어쩔 수 없이 한국에 온 사람들이다. 보호해 주지 않으면 안 된다."라고 했다. 맞는 말이다. 난민은 본국으로부터 위험, 위협을 피해서 국제사회에 도움을 요청한 사람들이다. 관계자 외에는 누구도 제주도에 입국한 예멘인을 만난 적이 없는데도 한동안 SNS에서는 한국의 안보와 치안을 위협하는 '가짜 난민', '잠재적 범죄자'로 낙인을 찍고 있었다. 범죄, 일자리 경쟁, 이슬람권 문화에 대한 이질감과 긴장감을 느끼고 있는 것 같았다.

그런데 반대하는 사람들의 이유를 조금 더 깊게 생각해보면 '나'의 울타리 밖의 이방인에 대한 막연한 거부감이 있었을 거라는 생각이 든다.

2017년 9월 12일, 사법정책연구원에서 열린 유엔난민기구 주최 '난민의 인권과 사법' 행사에 참석한 로넬.

거기에 언론은 난민 신청을 한 사람들의 진정성이나 사실 여부에 대한 것
보다는 '나'의 몫을 낯선 이방인에게 나눠야 하는 불편함을 끝없이 자극
했다. 제주 예멘 난민 신청자 중 2명만이 난민 인정을 받았고, 56명은 불
허, 그리고 412명은 인도적 체류자격을 받았다. 인도적 체류는 난민법상
의 난민이 아니고 임시 보호 조치에 해당하는 G-1-6 체류자격이다. 그래
서 인도적 체류 사유가 소멸될 때까지 1년마다 연장 허가를 받아야 한다.
일하려면 법무부 장관에게 취업 허가를 받아야 하는데, 행정 절차가 까
다로워서 그것도 쉽지는 않다. 본국의 위험한 상황을 피해서 왔기 때문
에 본국 대사관을 통해 서류를 준비하는 것이 어렵고, 허가를 받는다고
하더라도 본국에서의 학력이나 직업과 상관없이 한국인들이 기피하는

단순 노무에 국한된다.

한국은 2013년에 아시아 최초로 난민법을 만든 나라다. 올해로 10년이 되었지만 난민 인정률은 아주 낮다. 2020년에는 0.4퍼센트밖에 되지 않았다. 유럽연합(EU) 국가들 평균이 32퍼센트인 것에 비하면 턱없이 부족하다. 난민 문제가 주로 내전, 종교, 정치적인 갈등이 심한 아랍 국가들이나 아프리카 국가들에서 발생했기 때문에 물리적으로 거리가 먼 한국은 그동안 난민 문제를 이슈화하지 않았을 것이다.

나는 이날 대담에서 줌머인이 한국 사회의 구성원으로 정착해서 시민으로, 이웃으로 사는 이야기를 했다. 난민에 대해서 갖는 거부감이나 불안함을 조금이라도 없애고 싶었다. 하루에도 숱하게 만나게 되는 '또 다른 나'를 만나면서 나는 20년 전, 30년 전 나를 본다. 그때 내가 느꼈던 수치심, 불안감, 소외감이 스멀거리며 올라와 나를 괴롭힌다. 지금 내가 선 자리는 한국 사회의 규범이 지배하는 울타리 경계다. 한 발 밖으로 나가면 혐오와 배제를 피할 길이 없고, 한발 안으로 다가가면 날카로운 화살은 피할 수 있다.

난민 인정이 아닌 인도적 체류나 불인정을 받은 경우는 결혼하여 가정을 꾸리는 것이나 가족 결합이 인정되지 않아 아내, 아이와 함께 사는 것이 가능하지 않다. 한국의 종교기관에서 결혼식을 올리고 인도적 체류자격을 받았지만 가족으로 인정받지 못한다. 자국으로부터 가족관계증명서를 발급받지 못했기 때문이다. 고국에서 박해의 위험을 피해 떠나온 사람이 자국 법원에서 가족관계를 증명할 수 있는 서류를 발급받는 것은 거의 가능하지 않다. 하지만 가족 등록은 외국인등록 사실관계 증명서에 부부 혹은 가족으로 정보를 추가하는 것일 뿐 어려운 일이 아니다.

얼마 전에 비슷한 문제를 겪고 있는 M 씨를 상담한 적이 있었다. 그는 난민 신청 문제로 법원 행정소송까지 갔지만 결국 불허가 되면서 미등록 체류자가 됐다. 그런데 그 사람이 한국에 있는 동안 사귄 한국 여성과의 사이에서 아기가 태어났다. 아기를 낳고 출생신고를 엄마 이름으로 했기 때문에 아기의 국적은 한국으로 인정이 됐지만, 그 여성은 아기에 대한 양육권을 포기하고 M 씨와 헤어졌다. 문제는 아기 아빠가 불법체류 신분이기 때문에 갓난아기를 제대로 키울 수 없다는 데 있다.

나는 센터에서 상담팀장으로 일하지만 해결사는 아니다. 그런 권한도 능력도 없다. 하지만 최대한 내가 도울 방법을 생각하게 된다. 아기는 국민이고, 아빠는 국민의 보호자이기 때문에 방법이 있을 거로 생각하고 M 씨와 같이 출입국사무소에 같이 가서 상담했다. 다행히 아기 때문에 아빠가 한국에서 합법적으로 체류할 수 있는 자격을 부여하도록 노력할 거라는 답을 들었다. 아직 어떤 비자가 나올지는 모른다. 한 달이 걸릴지 두 달이 걸릴지도 모른다. 체류자격은 출입국본부에서 결정한다. M 씨 문제를 해결하기 어려운 이유는 미등록 상태로 체류를 하고 있다는 데에 있다. 그렇다 보니 모두 법적인 문제가 걸린다. 1년 이상 미등록 상태로 체류했기 때문에 범칙금이 천만 원 이상 발생할 것 같다. 이 문제를 어떻게 해결할 수 있을지 너무 걱정이다. 나의 이런 마음을 한국 사람들은 어떻게 생각할까.

"왜 돈까지 들여서 불법체류자를 도와줘야 하느냐?"

나도 많이 들었던 말이다. 법치주의 국가에서는 권리라는 게 당연히

법이 허용하는 범위 안에 있어야 맞다. 하지만 법이 과연 공정하게 누구에게나 적용되는지 묻고 싶다. 그리고 법의 테두리가 아니어도 사람들이 살아가는 세상에는 연민, 인정, 사랑이라는 따뜻함이 있어야 살맛 나는 거 아닐까.

M 씨가 살고 있는 집 월세가 32만 원인데 두 달 정도 월세가 밀렸다는 말을 듣고 일을 할 수가 없었다. 그동안 재한줌머인연대에도 도움을 주었던 한 봉사단체 본부에 도움을 요청했다. 아기를 위해 지원하겠다며 신청서를 쓰라고 했다. 나의 일처럼 고마웠다. 그가 거주하고 있는 지역의 행정복지센터에도 방문했다.

"법적인 문제 때문에 도와주고 싶어도 도와줄 수가 없어요. 그런데 아기가 한국 국적이기 때문에 보호자에게 아기 양육비를 지원할 수는 있으니 보호자 명의의 통장을 가지고 오세요."

은행에 갔다. 아기 아빠의 신분 때문에 통장개설을 해줄 수 없다고 했다. 난감했다. 고민하다가 양곡 신협의 전무인 조종석 씨가 생각났다. 그는 그동안 여러 가지로 많은 도움을 주었지만 나는 그에게 아무것도 해준 것이 없고, 그는 나에게 아무것도 원한 게 없었다. 나의 능력으로 해결할 수 없는 일들을 부탁하면 그는 가능한 선에서 적극적으로 도와줬다. 특히 외국인 채무 관련된 일에 많은 도움을 줬다.

그에게 M 씨 사정을 말하고 혹시 통장개설을 할 수 있는지 물었다.

"음, 가능할 것 같은데. 내가 한번 알아볼게요."

그는 이번에도 나의 부탁을 거절하지 않았다. 기뻤다.

"아자! 할 수 있다!"

'아자'는 차크마어로 '희망'이라는 뜻이다. 한국에서도 이 말을 같은 뜻으로 쓰고 있다는 것을 알고 신기했었다. M 씨에게 지금 가장 중요한 문제는 아기와 한국에서 합법적으로 살 수 있도록 체류자격이 부여되는 것이다.

어느 나라 사람이나 안전하게 일할 권리

가끔은 법을 잘 몰라서 속상한 일을 겪을 때도 있다. 지인 중에 난민 인정을 받은 사람이 있는데 그 사람의 아기가 지역 산부인과에서 미숙아로 태어나 급하게 대학병원으로 가게 됐다. 그런데 대학병원에서 아기 아빠한테 난민 인정자여도 아기가 아직 외국인등록이 안 돼서 연대보증인이 있어야 치료할 수 있다고 했다.

아기 아빠가 급하게 나에게 전화를 걸어 도와달라고 했다. 대학병원에서 진료를 거부한 것은 아니었지만 원무과 직원들이 보호자에게 중간 정산을 해야 한다는 압박과 함께 한국 국적을 가진 사람이 병원에 방문해서 연대보증을 해야 한다고 한 것이다. '설마 보호자가 원무과 직원 말을 잘 이해하지 못한 거겠지'라고 생각하고 병원에 전화했다.

"이 사람은 난민 인정자이고, 의료보험이 있는데 왜 안 되나요?"

"한국인이 연대보증을 해야 합니다."

원무과 직원은 같은 말을 반복했다. 뭔가 잘못됐다는 생각에 잠시 화가 났다. 다음날 보호자와 같이 해당 대학병원으로 갔다. 내가 법을 잘 모르지만 아기의 부모 둘 다 난민 인정자이고 의료보험도 정상적으로 가입됐기 때문에 자신 있게 다시 따져 물었다.

"외국인은 무조건 연대보증이 필요합니다!"

원무과 직원의 단호한 대답에 말문이 막혔지만 '혹시나 이 직원이 난민 부분을 잘 몰라서 그런 건 아닐까?' 싶어 연륜이 더 있어 보이는 다른 직원에게 재차 같은 질문을 또 했다. 결국은 같은 답변을 듣고 연대보증서에 서명하고 왔다. 법이 그렇다는 건 알게 됐지만 아기의 건강 문제로 마음을 졸였을 보호자들을 생각하니 여전히 마음은 답답했다. 사람이 먼저니까 말이다. 그래도 그 보호자들이 월급도 받기 전에 300여만 원의 병원비를 중간 정산하지 않아도 돼서 다행이었다.

나는 요즘 지역의 외국인 주민지원센터에서 상담팀장으로 일하면서 하루에 여러 명의 외국인노동자를 만난다. 내 능력으로는 그들의 사연을 일일이 다 해결할 수 없다. 실상은 나의 권한 밖의 일들이 많다. 다만 나 역시 외국인노동자 신분으로 살아온 시절이 있기에 그들이 겪는 갈등에 공감하게 될 때가 많다.

대개의 산업재해는 한국인 동료와 관리자의 일방적인 관계 때문에 일어나는 경우가 많다. 최근에 내담자로 센터를 찾아온 외국인노동자 두 명도 그랬다. 한 사람은 손이 롤러 기계 속으로 들어가는 바람에 손이 절단된 사고이고, 또 한 사람은 안전장치 없이 관리자가 시키는 대로 높은 곳에 올라갔다가 추락한 사고였다. 내담자 말에 따르면 튼튼하지 않은 합판 하나를 걸쳐놓고 부장급인 관리자가 강제로 올라가서 작업하라고 했고, 바로 사고가 났다고 한다.

"왜 못 한다고 말하지 않았어요?"

"다른 사람들은 다 말렸지만, 부장님이 올라가야 한다고 했어요. 부장이 '말하면 들어야 되지 않느냐'고 했어요."

외국인노동자들이 대부분은 소규모 사업장에서 일하고, 특히 5인 미만 사업장에서 일하는 비율이 높다. 사업장이 작으면 작을수록 첨단 기술보다 힘으로 하는 일이 더 많고, 작업환경이 열악한 편이다. 숙련된 외국인노동자들은 상대적으로 자유롭게 일하지만 입국한 지 얼마 안 된 경우는 보통 한국인하고 짝을 이뤄서 보조역할을 한다.

"무서운 기계라 조심해야 하는데, 사람이 더 무서워요. 사람한테 욕먹는 게 더 무서워요. 그래서 기계를 신경 쓰는 거보다 같이 일하는 사람을 더 신경 쓰게 돼요."

몇 년 동안 상담을 하면서 만난 외국인노동자들이 하는 말이다. 물론 사고를 당해서 오는 사람들 이야기이다 보니 모든 사업장이 다 그렇다고는 할 수 없다. 하지만 사고가 나는 여러 원인 중에 욕을 먹을까 봐 눈치를 봐야 하는 상황도 배제할 수는 없다. 똑같은 근로자지만 한국인이 갑이되는 현실이 반영된 것이기도 하고, 문화의 차이이기도 하다. 한국어 소통이 어렵다 보니 한국인 동료 입장에서는 답답할 수도 있다. "빨리빨리!"라는 말은 한국에 체류 중인 외국인노동자들이 가장 흔하게 듣는 말이다. 거기에 "새끼"라는 말이 따라붙는다. 지시하는 사람으로서는 욕이아니고 그냥 일상적인 말일 수도 있겠지만 상대방의 처지에서는 인격적으로 모욕감을 느끼는 욕으로 들린다. 본인이 뭐에라도 화가 나거나 짜

2023년 6월 30일, 경기도청에서 열린 '경기도 이주민 안전문화 명예대사 중간보고회'에 참석해서 발표하는 로넬.

중 나는 일이 있을 때 화풀이로 내뱉는 말에도 약자의 입장에 선 누군가는 마음을 다친다. 차별은 이렇게 사소한 것에서 갑과 을의 위치를 분명하게 나눈다. 특히 동남아시아에서 온 노동자에 대해서는 더욱 그렇다. 또 다른 나를 보는 것 같다.

이런 것들은 법적으로 보호가 안 된다. 국가는 법으로 여러 가지 보호를 하고 있다고 말하지만 실제로 이해충돌 관계 때문에 당사자는 권리 행사를 제대로 하지 못한다. 예를 들어서 기숙사 문제, 안전 문제, 임금 문제 등을 당사자인 외국인노동자가 직접 신고해야 조치가 이루어지는데, 정작 노동자들이 신고하지 못한다. 고용주와의 관계를 먼저 생각하기 때문에 쉽지 않다. 근로 환경 개선을 위해 권리를 행사할 수는 있지만, 고용 허가제로 들어오는 외국인노동자들은 사업장을 옮기는 것이 고용주의 허가 없이는 불가능하기 때문이다. 이것은 영세사업장이나 좀 더 큰 규모의 사업장이나 사정은 비슷하다.

노동자의 권리가 허울뿐인 것이 아니라 실제 행사할 수 있는 권리가 되기 위해서는 공익신고 시스템으로 전환되어야 한다. 정작 외국인노동자들이 행사할 수 있는 권리에 대한 것들은 시스템적으로 잘 갖춰져 있지 않다. 본인이 직접 가서 신고해야 조사가 진행되는 시스템이고, 신고자 비밀 보장이 안 되다 보니 마음이 있어도 직접 나서기가 어렵다. 그리고 신고를 한다고 해도 신고자의 말보다는 한국인 고용주의 관점에서 듣기 때문에 피해는 신고자가 고스란히 지게 된다. 결국 신고자는 목적을 달성하기는커녕 고용주로부터도 불이익을 당하고, 동료들로부터도 낙인찍히는 이중의 문제가 있다. 이런 문제는 한국인 노동자들도 비슷하게 겪는 일이라고 들었다. 외국인이니까 도와야 한다는 것이 아니라 똑같이 일하는 노동자이기 때문에 어느 나라 사람이든 노동자가 산재 없이 안전하게 일해야 하는 것이다.

행정적인 문제도 만만치는 않다. 최근에 질병으로 사망한 노동자의 이야기이다. 고인이 된 외국인노동자가 차량을 소유하고 있었고, 유가족 중 형과 아버지가 15일간의 비자를 받고 고인의 장례 절차를 위해서 한국에 입국했다. 한국 법률상 고인의 배우자가 1순위로 재산의 권리를 행사한다.

그러나 배우자가 한국에 들어오지 않아서 고인이 두고 간 차량에 대한 명의 이전이나 폐차를 할 수 없는 상황이다. 차량사업소의 안내에 따르면 배우자가 들어 왔다고 해도 외국인등록증이 있어야 명의 이전이 가능하다. 이 경우 본국에 있는 배우자가 차량에 대한 권리 포기 각서, 위임장 등 공증서류를 우편으로 보내주면 폐차는 가능하지만 명의 이전은 할 수 없다. 한국에 임시로 들어온 고인의 부친이나 형이 차량을 처분할 권리를 받을 수 있다면 좋겠다고 생각했지만 불가능했다.

결국, 유가족들이 15일의 체류기한이 끝나면 차를 처리하지 못하고 떠날 텐데 유가족이 손해인지 대한민국 행정기관이 손해인지를 묻고 싶다. 법의 엄격함이 한국인을 위해서는 공정하다고 할 수 있지만 외국인에게는 행정적인 어려움으로 인해 권리를 포기해야 하는 경우도 있다.

"이제 줌머들이 배불렀네!"

두 달 전쯤 M 씨 아기를 보러 갔다. 아기가 너무 안쓰러웠다. 아기 아빠의 통장 잔고가 9만 9천 원밖에 없는 상황도 안타까웠지만 심리적인 문제가 더 걱정됐다. 아기를 보고 온 날 아내와 이야기를 했다.

"M 씨랑 아기를 우리 집 근처에 살게 하면 어떨까? 뭔가 도와줄 부분이 있을 거 같은데…."

"좋은 생각이다! 우리 회사에서 4시쯤 우유가 나오는데 이젠 집으로 가져와야겠네."

현실과 바람

살아남기 위해서 항상 경쟁하듯 사는
우리 모습이 불쌍하다
아무 의미 없이 하는 일
하루하루 경쟁하듯 살아가는
우리 모습이 부끄럽다

내가 남보다 잘해야 성공하고
내 이익을 위해 남에게 피해를 주고
항상 내가 먼저라고 생각한다
자기 성공의 길을 열기 위해 남의 앞길을 막는 사람은
스스로 실패의 원인을 만들어낸다.

좋은 사람으로 인정받기 위해서
남들의 잘못을 찾는 사람
자신이 나쁘다고 조용히 인정한다.
자기 죄를 가리기 위해서
남을 비판하고 모욕하는 사람
자신도 모르게 죄를 인정한다.
남을 인정하지 않고
항상 남을 의심하고 질투하는 사람
자신도 모르게 무지함을 드러낸다

함께 살기 위해서
내가 싫어해도 나를 좋아하는 사람
내가 믿지 않아도 나를 믿는 사람
내가 양보하지 않아도 내게 양보하는 사람
나는 나보다 더 좋은 그런 친구를 원한다.

2015년 1월 24일, 로넬

아내는 가끔 내가 오지랖을 부린다고 할 때가 있는데 "뭘 그런 것까지 신경을 써!"라고 하지 않아서 다행이었다. 아주 작은 것이지만 마음을 내주는 아내가 고마웠다.

그런데 주는 사람과 받는 사람의 입장 차이는 미묘하다. 그래서 조심스러울 때가 많다. '함께 한다'라는 것은 일상적으로, 대등한 관계로 만나는 것이라고 생각한다. 지역 활동을 하면서 많은 도움과 지원을 받기도 하지만 공감과 연민, 배려와 동정의 차이를 구분하지 못하는 사람들을 보며 편견과 차별을 떠올린다. 이럴 때 귀화한 한국인이면서도 이방인이라는 거리감을 느낀다.

외모가 약간 동남아시아인처럼 생긴 어느 목사님한테 들었던 에피소드가 생각난다. 어느 아주머니가 그 목사님한테 했다는 말이 우습기도 하고 슬펐다.

"이 거 가 져 가, 이 거 가 져 가 서 나 눠 먹 어."

아주머니는 한국인 목사를 외국인노동자라고 생각하고 말을 아주 천천히 하면서 음식을 가져가라고 하셨단다. 한국 아주머니의 따뜻한 '정'이면서도 동정과 연민, 수용의 경계가 모호하다. 동료들과 같이 일하다 보면 그들의 배려가 가끔 미묘한 차별처럼 느껴질 때가 있다. 걱정일 텐데 말이다.

어느 날 한 단체가 재한줌머인연대에 물품을 지원하겠다고 찾아왔다. 그런데 누구도 선뜻 받겠다고 하지 않았다.

"이제 줌머들이 배불렀네."

주는 사람과 받는 사람 사이에 거리감이 생기는 순간이었다. 주는 사람 성의를 생각해서 필요하지 않아도 가져갈 수도 있었겠지만…. 그런 말이 참 속상했다. 지원하는 단체들은 가끔 물품 줄 사람을 자의적으로 선택하는 것 같다.

도와주는 사람은 많은데 함께 하는 사람이 없었다. 기독교, 불교 종교인들도 도와주려고 했다. 경제적으로 어려웠고, 하루하루 벌어서 살아가는 상황에서 물리적인 지원은 고마웠다. 하지만 우리가 원하는 건 우리가 가진 이슈에 관심을 가져달라는 것이었다. 보이사비에 와서 입맛에 맞지 않지만 함께 음식 먹으면서 줌머인들이 왜 한국으로 오게 됐는지, 왜 난민이 생기는지, 지역에 누가 살고 있고, 지역사회 발전을 위해 함께 무엇을 할 수 있는지 이야기 하는 것이다. 도움받는 존재가 아니라 그냥 평범한 이웃으로 만나는 관계 말이다.

사회통합은 이주민들이 사회의 구성원으로서 자기가 가진 능력을 발휘하고 공동체에 기여할 수 있을 때 가능하다고 생각한다. 나는 권리와 책임을 갖는 주체로 내가 속한 사회의 크고 작은 문제에 관심을 갖고자 한다. 좀 더 정의롭고 평화로운 사회를 만드는 데 있어서 나는 내가 있는 지금, 여기에서 다양성의 스펙트럼을 넓히는 사람이 되고 싶다.

3. 경계를 넘어

누군가 나를 난민이라고 하면 그 말에서 자유롭지 못하다. 나 자신이 난민 인정자면서 그 말에 자꾸 갇힌다. '난민이어서 불쌍하다'고 말하는 사람 앞에서는 도움이 필요한 사람으로 보여야 할 것만 같고, '난민이어서 위험하다'고 말하는 사람 앞에서는 내가 얼마나 착한 사람인지를 증명해 보여야 할 것만 같다. '난민인데 성공했네!'라는, 칭찬인지 차별인지 구분도 안 되는 말을 들으면 '덕분에 감사하다'라는 인사를 잊으면 무례한 사람이 될 것만 같다. '난민'이라는 말에 일방적인 상상이 딱지처럼 따라붙을 때마다 나는 나로 온전히 존중받기 어렵다.

난민 '당사자'가 중심이 되는 활동 필요

2007년부터 3년 동안 아름다운재단으로부터 상근 활동가 인건비를 받았고, 그 후 1년은 자원봉사로 재한줌머인연대 사무국장을 맡아서 했다. 그러다가 생활에 어려움이 생겨 다른 일을 하면서 비상근 활동을 했다. 나는 한국어보다는 영어가 더 편한 사람이지만 자격증이 없어서 2009년에 동국대학교에서 테솔(TESOL) 자격증 과정을 밟았었다. 덕분에 재한줌머인연대 활동하면서 1년 동안 지역의 한 학원에서 영어교사를 했다. 주말에는 컨테이너 회사에서 아르바이트했다.

2008년 이후 김포 중심으로 활동을 이어서 했는데, 지역 활동 초기에 만났던 단체들은 주로 김포이웃살이, 김포이주민센터, 김포다문화가정지원센터, 글로벌이주민센터, 김포이주여성센터 등 주로 이주민단체들이었다. 지역의 정치인들과도 만났다. 이념과 사상과 종교 구분 없이 지역 정당, 종교단체, 봉사단체와 교류했다.

정치인에 따라, 단체 성격에 따라 적당히 눈치 보며 최대한 마찰 없이 지냈다. 줏대 없어 보일지 몰라도 우리는 그렇게 적응했다. 지역사회에서도 우리의 존재를 알리고 함께 연대하면서 살아야 하므로 우리는 최대한 뿌리고 넓히는 일에 집중했다. 기회가 될 때마다 이주민과 난민 인권에 대해 강의도 열심히 했다. 김포에서 처음 보이사비를 하던 날 지역주민과 언론인들은 거의 없었지만 점점 보이사비에 찾아오는 사람들이 늘었다. 난민에 대해서는 잘 몰라도 줌머가 누구인지 아는 사람이 많아졌다.

2015년 7월 9일, 김포아트홀에서 열린 난민 관련 제도 마련을 위한 정책토론회.

지역 활동에서 의미 있었던 일들이 아주 많다. 그중에서도 지역사회가 난민에 대해 관심 갖는 계기가 됐던 난민지원조례 추진을 잊을 수 없다. 아마 한국에서 난민 관련 조례를 추진했던 것은 김포가 유일했던 것 같다.

2015년 7월 10일 김포시는 전국 기초자치단체 최초로 난민지원조례를 제정했다. 당시 김포시의회 새정치민주연합 소속 정왕룡 의원이 주도하고 새누리당 의원 3명까지 공동 서명해서 발의된 난민지원조례안이 행정복지위원회 본회의에서 새누리당 소속 의원 4명 반대, 새정치민주연합 소속 의원 5명 찬성으로 통과됐다. 공동 발의에 서명했던 새누리당 의원 3명도 본회의에서는 모두 반대표를 던졌다.

본회의 하루 전 김포시의회 주최로 '김포시 난민 관련 제도 마련을 위한 정책토론회'가 있었다. 조례 제정에 대해 여러 전문가의 의견을 나누는 자리였다. 나는 그날 많은 것을 배우고 생각했다. 우선은 난민지원조례가 당사자인 난민이 목소리를 낼 수 있는 구조인지, 사문화되지 않고 현실적인 지원정책으로 연결될 수 있는지에 대해 전문가들의 생각이 궁금했다. 경기도외국인인권지원센터 소장인 오경석 교수의 말이 인상적이었다.

"지원조례에 근거해서 센터를 설립할 때 기존 인프라를 활용하고 새롭게 운영되는 센터는 난민 당사자들이 운영하는 문화센터 형태로 설립하는 것이 필요하다."라고 제안했다. '난민은 지원받는 사람'이라는 기존의 인식을 깨고, 사회통합을 위해 난민이 운영 주체가 돼야 한다는 이야기로 들렸다. '당사자'라는 말이 감동적이었다.

조례안을 반대했던 사람들은 난민의 정의나 지원 범위가 상위법에 부합하지 않고, 난민지원조례가 생기면 김포시에 난민이 몰려 시민들이 상대적인 소외감을 느끼고, 치안 문제에 대한 우려로 오히려 외국인에 대한 반감이 생길 거라고 했다. '한강신도시총연합회'에서는 '시민의 혈세를 낭비하고 외국인 유입에 대한 치안 대책 수립 없는 무책임한 행태'라며 조례안 폐지, 발의자와 찬성자의 대시민 직접 사과를 요구하는 성명서를 발표했다. 지역 주민 모두를 대표하는 의견은 아니었지만, 난민이 국민의 세금을 축내고, 잠재적 범죄자인 것처럼 여겨지는 대목에서 숨이 조여왔다.

토론회에서 '공익인권법재단 공감' 황필규 변호사는 난민 용어나 지원 범위 등에 대해 조목조목 법을 근거로 설명했다. 법에 대해 나는 잘 모르기 때문에 그 내용을 제대로 이해하지 못했다. 찬성하는 쪽이나 반대하는 쪽이나 각각 근거를 갖고 있을 거라 생각했다. 다만 일부이긴 하지만 반대하는 이유에 담긴 혐오와 난민에 대한 몰이해가 안타까웠다.

경기도는 '상위법과 관련법 위반이라는 판단'에 따라 김포시에 시정 요구를 했고, 김포시의회는 표결 없이 의원 만장일치로 부결에 합의했다. 결국 그해 겨울 12월에 조례가 폐기됐다.

왜 조례를 통한 난민 보호는 정당한가

1) 〈조례안〉의 난민 용어는 〈난민법〉, 〈난민의 지위에 관한 협약〉 등에 근거한 것으로 상위 법령 부합 여부는 논의될 소지 자체가 없음. 〈조례안〉의 난민 정의 중 "관할구역 안에 거주를 희망하는 경우" 규정도 단순한 희망이 아닌 거주를 전제로 한 구체적인 희망을 의미하는 것으로 해석되고, 이는 〈난민법〉상 재정착난민의 정의가 "대한민국에서 정착을 희망하는" 것을 포함하고 있어 아무런 문제가 없음.

2) 〈난민법〉의 모든 조항에서 난민 신청자와 난민 인정자를 포함하는 "난민"과 "난민 인정자"를 구분하고 있는 상황에서 명시적으로 "난민"의 처우에 관한 지방자치단체의 의무를 규정하고 있으므로, 모든 지방자치단체는 "난민 인정자"뿐만 아니라 모든 "난민", 즉 난민 신청자에 대해서도 정책의 수립·시행, 그 밖에 필요한 조치를 하여야 하고, 이러한 조치를 취하고 있지 않다면 지방자치단체가 법적인 의무를 방기하고 있는 것임.

3) 〈난민의 지위에 관한 협약〉상 처우를 규정한 제2장 법적 지위(제12조-제16조), 제3장 유급직업(제17조-제19조), 제4장 복지(제20조-제24조), 제5장 행정적 조치(제25조-제34조) 등도 원칙적으로 "난민 인정자"가 아닌 난민 신청자를 포함하는 "난민"을 그 보호 및 지원 대상으로 하고 있으므로 〈조례안〉의 난민 신청자에 대한 내용이 상위 법령에 위배될 소지는 없다고 보아야 함.

4) 난민 집중유입으로 인한 외국인 우선 복지에 대한 시민의 상대적 소외감이 증폭되어 치안 문제 우려 등이 외국인에 대한 반감으로 이어질 것으로 예상된다는 의견이 있는 바, 이는 다음과 같은 이유에서 잘못된 인식과 사실 파악에 근거한 반대를 위한 반대로 판단됨.

① 난민은 역사적·사회적으로뿐만 아니라, 국제법·국내법적으로 특별한 보호와 지원을 필요로 하는 대상으로 인식되고 규정되어 왔다는 점에서 이를 특정 국가 국민이나 특정 민족구성원과 등치시키면서 특별법규에 의한 지원에 대하여 부정적인 태도를 취하는 것은 법리적으로뿐만 아니라 상식적으로도 받아들이기 어려움. 또한 난민뿐만 아니라 특별한 보호나 지원이 필요한 집단에 대하여 별도의 조례를 고려하는 것은 얼마든지 있을 수 있는 일이며 이를 조례 "난립"으로 폄훼하는 것은 의회의 존재 의의를 부정하는 것일 수 있음.

② 국제적으로나 국내적으로 가장 보호와 지원을 필요로 하는 난민과 함께 더불어 사는 시를 만들고자 하는 취지와 내용에 대한 어떠한 이해도 보여주지 못하는 주장은 사회 통합을 꾀하여야 하는 공적 기관의 입장이라고 보기 어려움.

③ 〈난민법〉 제정 당시에도 난민의 대량유입 가능성에 근거한 반론이 있었으나 이는 현실화되지 않았고 오히려 난민 인정 절차상, 난민 처우상의 문제점들이 여전히 제기되고 있는 상황임. 다수의 난민이 전국 각지에 본인들의 생활근거지를 가지고 있는 상황에서 일부 처우의 개선이 있다고 하여 난민이 집중 유입될 것이라는 주장은 사실에 근거한 주장이라고 볼 수 없음.

④ 난민 조례의 제정이 "외국인 우선 복지"를 의미하는 것이 아님을 공적 기관에서 누구보다도 잘 파악하고 이해하고 있을 것임에도 불구하고 이를 근거로 시민의 상대적 소외감을 주장하는 것은 인종주의 혹은 외국인혐오주의의 표현이라고밖에는 달리 평가하기 어려움. 완전한 것도 아니고 다만 법령과 조례가 허용되는 범위 내에서 난

민도 시민들이 누리는 공공서비스를 누려야 한다는 것이 조례의 내용이고, 장애인 등 다른 소수자들과 마찬가지로 공공서비스에 대한 접근권을 실질적으로 보장하는 것이 조례의 취지임.

⑤ 외국인의 범죄율은 내국인의 범죄율의 1/2에 불과함.[59] 그중에서도 난민의 범죄율은 외국인 범죄율 전체에 비해 낮다고 알려져 있는 바, 난민의 거주는 오히려 시의 범죄율은 낮추는 데 기여할 수 있다고 이야기할 수 있음.

⑥ 외국인에 대한 반감, 즉 인종차별, 인종주의, 외국인혐오주의, 불관용 등은 여러 가지 원인이 있겠으나 무엇보다도 정부나 지방자치단체가 이러한 외국인 혐오주의, 인종주의 경향을 통제하고 극복되어야 할 부정적인 사회현상으로 파악하기보다는 정책에 적극 반영하여야 할 객관적인 '국민의 인식'으로 판단하여 이를 방치하고 오히려 부추겨 온 데 가장 큰 원인이 있음.

'공익인권법재단 공감' 황필규 변호사
'김포시 난민 관련 제도 마련을 위한 제언 : 김포시 난민 지원 조례안을 중심으로',
2015년 '김포시 난민 관련 제도 마련을 위한 정책토론회'에서 발표한 의견서에서 일부 발췌.

그로부터 8년이 지났다. 김포지역은 다양한 이주 배경을 가진 사람들이 많다. 내가 알기로는 약 4퍼센트 정도 된다. 특히 북부 5개 읍·면은 적게는 10퍼센트에서 대곶면의 경우 전체 주민의 30퍼센트 이상이 이주 배경을 가진 사람들이다.[60] 공식 통계는 알 수 없지만 2021년 경기 지역 신문 기사에서 난민 인정자와 난민 신청자, 인도적 체류자를 포함해 난민도 741명[61]이라고 봤다. 재한줌머인연대, 아프가니스탄 특별기여자, 재정착 난민 외에도 미얀마나 시리아, 이집트, 터키 등 아랍권, 러시아, 우크라이나에서 고용허가제로 입국한 노동자나 방문, 유학, 기업투자 비자를 가진 사람들이 본국의 쿠데타나 전쟁, 분쟁 등으로 귀국하지 못하는 배경도 있는 것 같다.

지역주민들이 그 존재를 알지 못하는 경우가 대부분이고, 지역 내 이주민 관련 단체나 기관에서 진행하는 행사나 모임 외에는 이주민 스스로 일상적인 교류를 할 기회는 별로 없다. 지역사회에서 이주민 개인이나 공동체는 중요한 자원이다. 이제는 스스로 사회 일원으로 목소리를 내고 역할을 할 수 있으면 좋겠다. 그것이 사회통합에 이바지하는 방법이다.

나의 꿈

나는 내가 차크마족, 선주민이라는 자부심을 가지고 살았다. 줌머 운동을 하고, 한국에 와서 여러 시민단체와 활동가들, 지역주민을 만나면서 나의 사고는 조금 더 성장했고, 경계 너머에 있는 수많은 사람을 위해 내가 해야 할 역할이 무엇인지를 생각하게 됐다. 한국 국적을 취득해서 한국인이라는 자부심을 느끼며 한국인으로서의 의무와 역할에도 최선을 다하려고 했다.

하지만 여전히 '다문화', '이주민'이라는 시선에 갇혀 이방인으로 살아가기도 한다. 도움이 필요해서, 연대가 필요해서 나 스스로 경계에서 벗어나지 못할 때도 많다. 동정과 연민 사이에서 갈등하고, 자존심 상하고, 존재감이 무너져 내릴 때도 있었다. 그럴 때는 내가 오래된 전시품이 되어버린 것만 같았다. 차크마여야 한다, 줌머여야 한다, 한국인이어야 한다는 강박관념이 나를 짓눌렀다. 외국인이었을 때나 한국인으로 살아가는 지금 '나는 나'이건만 자꾸 경계에 갇혀 있었다.

'차크마'지만 '줌머'이고, '줌머'지만 한국의 국민이다. 줌머 정체성을 가지고도 한국 사회의 일원으로 목소리를 낼 수 있고, 한국인이지만 줌머와 세계 선주민, 난민, 이주민을 위해 목소리를 낼 수 있다는 것을 깨달았다.

최근에 캐나다에서 주목받고 있는 줌머 2세 '오거스티나 차크마' Augustina Chakma의 사례를 보면서 또 생각하게 됐다. 오거스티나는 차크마어도 할 수 없고, 인권침해 경험도 없는 캐나다인으로 살면서 유엔 등 국제사회에서 줌머 민족의 인권문제를 알리고 연대를 호소하고 있다. 유엔 원주민 인권포럼에 참석한 오거스티나는 자신을 '유엔의 차크마 소녀'라고 자랑스럽게 소개했다. 뉴욕의 추운 겨울 날씨에도 불구하고 자랑스럽게 차크마 전통 옷을 입고 자신의 뿌리를 세상에 보여줬다. 차크마로, 줌머로, 캐나다인으로 살면서 자신이 생각하는 정의와 평화에 대한 메시지를 국제사회에 전달했다. 서류 작업에 불과했던 평화협정에 대해서도 문제를 제기하고, 현재도 진행 중인 인권탄압에 대해 왜 국제사회가 노력해야 하는지를 주장했다.

그 청년은 줌머 정당인 PCJSS(치타공 힐트랙 민족연합당)의 대표 샨투 라르마Shantu Larma의 외손녀인데 내가 PCJSS를 지지하지 않는 것과 상관없이 그녀의 용기에 지지를 보낸다. 오거스티나가 한국에 방문한 적이 있었는데 나를 찾아왔다.

"아버지가 로넬 선생님을 만나라고 하셨어요."

그의 아버지는 샨투 라르마Shantu Larma의 사위지만 정치적 이념은 차이가 있다. 그렇기는 해도 그 청년이 찾아왔을 때 조금 당황스러웠다. 오거스티나는 엎드려 내 발에 손을 대고 그 손을 자신의 이마에 댔다. 상대방을 존경할 때 하는 인사법이다. 오거스티나는 아버지의 부탁으로 나를 찾아왔다고 했다. 재한줌머인연대는 PCJSS와 정치적 입장이 다른 정당을 지지했기 때문에 지금까지도 사실 PCJSS와 불편하다. 더구나 그 누구보다도 PCJSS 입장을 반대했던 나를 좋아하지 않았다. 그럼에도 불구하고 젊은 청년이 나를 찾아온 것이 놀랍고 감동적이었다. 나는 젊은 청년 오거스티나를 통해 또 배웠다.

줌머 민족의 문제는 국제사회가 겪고 있는 인권문제 중 하나의 사례에 불과하다. 국제사회는 이미 오래전부터 이주민과 난민 인권에 관심을 가지고 여러 국제인권 협약을 만들어, 각국에 협력할 것을 제안하고 있다. 물론 국가가 국제협약에 가입했다고 해서 의무가 강제적으로 부여되는 것은 아니지만 역할을 약속한 것과 같다.

한 국가의 이민정책은 이주민만을 위한 것이 아니다. 한국에 체류하는 외국인과 동포들, 난민 인정자, 이주배경 국민들이 한국 사회에서 조화롭게 공존하는 것은 한국 사회의 통합과 발전을 위해 중요하다. 국가의 이익과 국제사회에서의 역할 사이에서 정부로서도 고민이 많겠지만, 나는 정부의 역할이 있고, 시민단체의 역할, 개개인의 역할이 있다고 생각한다. 지속 가능한 환경을 만들기 위해서는 외국인, 한국인이 따로 없다.

최근 한국 정부는 적극적으로 인구정책 차원에서 이민정책을 고민하고 있다고 들었다. 그런데 사람들이 오는 것도 중요하지만 그전에 충분한 준비가 필요하다. 무엇보다도 안전하게 살 권리, 문화를 누리며 행복하게 살 권리, 사업장을 옮길 권리, 부당함에 저항할 권리, 자기 이름으로 자기 정체성을 드러내도 차별받지 않을 권리가 당연한 것으로 여겨지도록 하는 것, 그것을 더 먼저 준비해야 할 것 같다.

가장 행복한 사람은 자기 존재를 존중받는 사람이라고 생각한다. 나는 한국에서 그것을 배웠다. 누군가 나를 난민이라고 하면 그 말에서 자유롭지 못하다. 나 자신이 난민 인정자면서 그 말에 자꾸 갇힌다. '난민이어서 불쌍하다'고 말하는 사람 앞에서는 도움이 필요한 사람으로 보여야 할 것만 같고, '난민이어서 위험하다'고 말하는 사람 앞에서는 내가 얼마나 착한 사람인지를 증명해 보여야 할 것만 같다. '난민인데 성공했네!'라는, 칭찬인지 차별인지 구분도 안 되는 말을 들으면 '덕분에 감사하다'라는 인사를 잊으면 무례한 사람이 될 것만 같다. '난민'이라는 말에 일방적인 상상이 딱지처럼 따라붙을 때마다 나는 나로 온전히 존중받기 어렵다.

샨티바히니 평화군이 되기 위해 산속 캠프에서 누워 자던 첫날, 하늘을 지붕 삼아 수많은 별을 보면서 앞으로 내게 벌어질 일들을 상상하면서 두려움과 설렘으로 잠을 이루지 못했던 기억이 여전히 생생하다. 그때 나는 어렸지만 좀 더 편히 살 수 있는 길보다는 치타공 힐트랙 자연을 지키고, 줌머인들의 자유와 사랑과 꿈을 지키기 위한 길로 들어선 것이 자랑스러웠다. 그때의 선택으로 육체적인 고통도 겪어야 했고, 늘 불안한 생활을 해야 했지만, 그 과정에서 만난 사람들은 나에게 삶의 철학이 됐다.

두 번째 한국 땅을 밟고 재한줌머인연대를 만들어 치타공 힐트랙 줌머의 인권과 평화를 위한 투쟁의 당위성을 알리고 한국 사회의 관심과 연대를 호소하며 미친 듯이 뛰어다니며 만났던 사람들에게 받은 지지는 용기가 됐다. 나를 인권운동가로 바라보는 시선은 내가 정말 인권운동가가 되고 싶다는 생각을 하게 했다. 김포 이씨 이나니, 로넬 차크마로 살면서 만났던 인연에 감사하다. 그들은 내가 좀 더 나은 사람, 괜찮은 사람이 되고 싶다는 꿈을 꾸게 했다. 그 꿈은 약한 자 위에 군림하지 않고, 강한 자 아래 굴복하지 않으며, 누구나 자기 이름으로 당당하게 살 수 있는 사회를 만들어가는 것이다. 지금 나는 천천히, 조금씩, 세상을 좀 더 끌어 안을 수 있는 로드맵을 그려 본다.

완성에 가까워질수록 겸손해지는 사람

오경석·경기도외국인인권지원센터 소장

아마 2000년대 초반인 것 같다. 나는 당시 대한민국 '유일의 국민 드라마'라고 평가되던 〈전원일기〉 속 극 중 마을 이름과 비슷한 '김포 양곡리'라는 곳에서 그를 처음 만났다.

당시 나는 이제 막 학위를 받은 새내기 연구자였다. 신참 연구자로서 내 첫 번째 연구주제는 '이주민'이었다. 의욕과 열정이 충만한 신참 연구자답게 나는 '이주민 당사자'들을 만나는 일에 집중하고 있었다.

이 책의 저자이자 주인공인 로넬은 당시 그리고 이후로 내가 만났던 수많은 이주민 가운데 가장 특별한 사람이었다. 그의 매력에 푹 빠진 나는 거의 일주일이 멀다 하고 양곡 성당 옆 골목에 자리 잡은 그의 사무실을 찾아가곤 했었다.

그의 사무실은 쪽문이 하나 있는 작은 공간이었다. 얼마 후 옮겨간 곳은 조금 넓어지긴 하였으나 밖에서는 입구 조차를 찾기 어려운 가파르고 좁은 계단을 올라가야 하는 방앗간 2층이었다.

비극을 분노와 두려움만으로 말하지 않는 사람

비록 그의 사무실은 누추하였지만 그는 결코 그 공간의 누추함에 규정되지 않는 사람이었다. 크지 않지만 단단하고 균형 잡힌 체격을 갖춘 그는 언제나 여유가 넘치는 사람이었다.

만날 때마다 그는 따뜻하고 격조 있는 미소로 나를 환대해주었다. 유창하진 않지만 단정하고 반듯한 한국어로 자신이 하고 있는 일을 담담하게 설명해주곤 하였다. 어쩌면 무례하고 불편했을 수 있음 직한 내 설익은 호기심들에 대해서도 그는 결코 목소리를 높여본 적이 없다.

자신과 동료들의 꿈과 희망, 포기할 수 없는 도전을 이야기할 때뿐 아니라 치유될 수 없는 트라우마와 향수, 고통과 좌절의 경험을 이야기할 때조차도 그는 흔들리지 않는 품격과 확신 속에서 미소를 잃지 않았다.

한국 사회는 그와 동료들을 무자비한 폭력과 박해를 피해 피난처를 찾아 떠나온 '공포와 겁에 질린 불쌍한' 난민이거나 무장투쟁도 불사하는 '위험한' 방글라데시 치타공 산악지대 출신의 선주민 운동가라고 호명하고 있었다.

그러나 내가 만난 로넬은 결코 그런 사람이 아니었다. 그와의 만남을 통해 나는 당시 내 좁은 세계관으로는 도저히 가늠할 수 없었던 상처와 평화, 슬픔과 아름다움, 불굴의 용기와 숭고한 관용, 버림받음과 사랑이 공존하는 새로운 세계 그리고 그들 모순 조차를 넉넉히 품어낼 수 있는 새로운 사람들을 경험할 수 있었다.

그는 자신과 동료들의 비극을 오직 분노와 두려움만으로 이야기하지 않았다. 박해와 고난의 경험과 함께 그는 자신이 나고 자란 숲의 위대함과 아름다움을 함께 이야기해주었다.

> "한국 사람들은 그냥 숲이라고 하잖아요. 그런데 우리 줌머Jumma에게는 숲을 부르는 단어가 매우 많아요. 깊은 숲, 얕은 숲, 짙은 숲, 옅은 숲, 푸르른 숲, 더 푸르거나 덜 푸른 숲. 내 고향의 숲은 평화와 자유 그 자체예요. 그 숲이 바로 내 삶의 원천이자 동력이지요."

조상 대대로 살아온 자신들의 땅에서 자신들의 방식대로 살아가기를 원한다는 그 이유만으로 자신들에게 무자비한 폭력과 박해를 자행한 '적들'의 이야기를 할 때조차 그는 결코 '적개심'만으로 일관하지 않았다.

그는 내게 그들이 쓰는 '벵골어'의 위대함과 벵골어의 위대함을 세계에 증명해 보인, 자신이 존경하는 시인 타고르에 관한 이야기를 빠뜨린 적이 없다. 그는 내게 벵골어 사전을 선물해 주었고, 벵골어를 가르쳐주기도 하였다. 줌머가 아닌 벵골의 시인 타고르는 여전히 그의 인생 멘토이다.

> "가난한 사람의 아픔과 슬픔을 함께 나누고 거짓된 사람 앞에 무릎 꿇지 않는 용기

를 주소서."

그렇게 몇 년여의 교류 과정에서 연구자였던 나와 연구참여자였던 그의 관계는 변화하였다. 이제 우리는 동료이자 협력자요, 우정을 나누는 친구가 되었다. 나는 그와 공동으로 강의를 했고, 책을 쓰기도 했다.

그를 처음 만난 지 거의 20여 년이 흐른 지금, 그는 이제 한국인이 되었다. 김포 이씨의 시조가 되었다. 축구와 태권도로 동네를 주름잡던, 까무잡잡한 동네 개구쟁이였던 그의 아들은 어느덧 대한민국의 국방을 책임지는 의젓한 군 장교가 되어 복무 중이다.

난민에서 외국인 인권운동의 리더로

로넬은 훨씬 더 바쁜 삶을 살아가고 있다. 공동체의 리더에서 이제 그는 외국인 인권운동의 리더가 되었다. 외국인의 인권 보호와 증진을 위한 일이라면 그는 통역, 자문, 자원봉사, 상담을 가리지 않는다. 한때 대립했던 치타공 힐트랙의 침탈자들일지라도 인권 보호와 권리 구제가 필요하다면, 그는 기꺼이 손을 내민다.

완성에 가까워질수록 겸손해지는 사람, 모든 이에게 칭송받지만 여기에도 거기에도 소속될 수 없는 사람, 자유인이지만 자유라는 소망에서 결코 자유로울 수 없는 사람, 평화와 위험이 공존하는 길만이 허락되는 사람, 한 사람만을 위해 살고 싶지만 그 사랑 자체가 미안한 사람, "갈등도 미움도 갈 곳 잃은, 모두에게 사랑과 평화"만이 충만한 그 날만을 기다리느라 정작 자신의 "생각은 부정하고 자유는 포기"해야 하는 사람, 그가 로넬 차크마 나니, 김포 이씨 로넬이다.

로넬은 그래서 그때도 그랬고, 지금은 더욱더 내게는 '넘사벽'인 내 친구다. 나는 그를 존경하고 사랑한다. 그는 내게 사람은 어떤 존재인가? 세계는 어떤 곳인가? 그 세계에서 당신과 내가 인간답게 살아간다는 것은 무엇을 뜻하는가? 품위 있게 묻는 법을 알려준다. 힘겨워도 그 물음을 포기하지 않고 찬찬히 성찰하고 실천하는 것이 중요하다는 것을 가르쳐준다. 그 힘겨움을 관용하고 즐길 방법을 고민해보자고 독려해준다.

이 책은 연약하고 흠결투성이일지라도 서로에게 희망이 되기를 원하는 모든 이들이 반드시 읽어야 하는 책이다. '가장 취약한 것이 가장 숭고할 수 있다'라는 것을 믿는 모든 이들도 이 책의 독자가 될 수 있어야만 한다. 이 책을 통해 내 친구 로넬의 위대함과 매력이 좀 더 많은 이들에게 전달될 수 있기를 기대해본다.

상호관여의 윤리로 만나길 제안하다

김현미·연세대 문화인류학과 교수

　내가 처음 로넬 씨를 만난 것은 2010년이다. 당시 나는 한국에 거주하는 난민들의 실태 조사연구 책임을 맡아 난민을 만나러 다니는 중이었다. 그 과정에서 김포의 줌머 민족 커뮤니티를 방문했다. 로넬 씨는 온화하고 차분하며 진지한 분으로, 줌머 공동체 몇 분과 함께 줌머 민족의 생활 실태와 줌머 아이들의 교육에 대해 말씀해 주셨다. 이후 보이사비 축제에 갈 기회가 있었는데, 줌머 민족의 민속 의상과 공연, 그리고 풍요롭고 맛있는 다양한 음식에 매료되었던 강렬한 기억이 있다.

　나에게 줌머 민족은 나름 난민 인정을 받아 김포에 정착한 상당히 안정된 공동체로 이해됐다. 그러나 이 책을 읽고 난 후, 나는 내 무지와 편견이 오랜 시간 이어져 왔다는 것을 깨달았다. 사실 로넬 씨를 포함한 줌머 구성원들은 크게 흥분하는 법도 없고, 자신의 투쟁에 대해 장광설을 늘어놓지도 않는다.

반성으로 시작된 읽기

　나는 이제야 왜 로넬 씨가 줌머 민족과 자신의 이야기를 담은 책을 염원해 왔는지 알게 된 것 같다. 로넬 씨와 줌머 구성원이 참여한 수많은 투쟁과 자유 의지를 향한 노력은 한국 사회에 들려지지 않고, 보이지 않는다. 나 또한 이 책을 통해 방글라데시 치타공 힐트랙(CHT) 선주민인 줌머 민족이 왜 난민이 되어 전 세계로 이주할 수밖에 없었는지 정확히 알 수 있었다.

　어린 나이에 무장투쟁에 나서고, 체포되어 감옥살이하면서도 인간에 대한 신뢰와 사랑을 잃지 않았던 로넬 씨는 얼마나 이런 파란만장한 이야기를 하고 싶었을까? 비호받기 위해 온 한국에서도 여전히 인정 투쟁을 벌여나가야 하는 로넬 씨 삶의 고단함에 대해서, 또한 민주주의에 대한 열망과 평화를 향한 의심 없는 지향에 나는 감정적으로 깊이 연루되었음을 고백한다. 그가 쓴 시 〈스스로에게 묻는다〉(책 166쪽)를 인용해 본다.

　　나는 조심하고 또 조심하며 산다
　　입조심 몸조심 행동조심
　　조심. 조심. 조심
　　상대방을 존중하고 배려해서 또 조심
　　스스로 내 생각을 부정하고 묻어두고
　　스스로 내가 가진 자유를 포기하고

이렇게 사는 나, 정상인가

오늘도 또 묻는다

매 순간 '나는 누구인가'를 자문하며 '마음의 국경 허물기'를 이뤄내는 로넬 씨의 노정을 따라가 보자.

연대하는 힘의 뿌리-'말레야' 관습

한국은 1992년에 난민협약에 가입해 1994년부터 난민을 받아들이기 시작했다. 2013년에는 아시아 최초로 독자적인 '난민법'을 제정하여 명실공히 난민 수용국이 되었다. 그러나 법이 존재하지만 난민에 관한 생각이나 난민 보호 내용은 나라마다 다르고, 난민 정책의 시행 의지 여부에 따라 실제 난민의 경험은 천차만별이다. 한국은 난민 인정률이 5퍼센트 미만으로 매우 낮으면서도 그 절차 또한 매우 까다롭고 시간이 오래 걸리기로 악명이 높다. 한국 정부는 난민 인정자들에 대한 체계적인 사회통합을 위해 자원을 쓰지 않는다. 난민 신청자나 인정자를 위한 상담, 취업 알선, 통역, 일상생활 지도, 언어 수업, 재정 지원을 제공하지 않는 '비통합적' 정책을 취하고 있다.

1990년대 당시 난민들은 산업연수생, 선원, 선교사, 임시 방문객 등으로 입국했다. 1994년에 한국에 온 로넬 씨 또한 한국의 난민 인정 절차에 대해 알지 못했다. 주변의 도움으로 2002년에 난민 신청을 하고 2004년에야 난민으로 인정받았다. 한국에 처음 입국하고 난민 인정을 받기까지 10년간 로넬 씨는 불법과 합법의 경계를 오가며 노동자-난민으로 살았다. 한국의 난민법 규정에 따라 난민 인정 절차 기간에는 생활비가 지원되지 않고, 그렇다고 취업이 허용되지도 않아 난민들은 비합법적인 일을 선택할 수밖에 없다. 게다가 한국에서 난민으로 인정받는다고 해서 유럽 국가에서 흔히 제공되는 주택, 취업, 교육 등 기본적인 서비스가 보장되는 것도 아니다.

로넬 씨와 줌머인들은 합법적인 난민 지위를 얻은 후에도 삶의 질이 크게 달라지지 않았다고 말한다. 소수민족의 인권과 자치를 지켜냈던 로넬 씨는 권리도, 목소리도, 지위도 없는 '불법' 혹은 외국인 이주자로 살 수밖에 없었다. 먹고 사는 생존을 해결하기 위해, 공장을 전전했고, 임금을 떼이고, 무시당했다. 한국에 거주하는 대부분의 난민 신청자들은 오랜 기간 '외국인 노동자'와 '난민'이라는 이중적 정체성으로 살아간다. 고향에서는 억압과 부정의와 싸웠던 투사였지만, 한국에서는 철저히 '가난한 나라에서 온 외국인'이 된다. 하지만 이들은 난민이기 때문에 정치적 활동을 멈출 수 없다. 줌머 민족에서 줌머 공동체로, 재한줌머인연대로 진화하며, 필요한 활동이 무엇인지에 대해 논쟁하고 토론하며 동시에 이주노동자로서의 빈곤, 그리고 무권력과 싸운다.

나는 이 책을 통해 줌머 공동체의 '견디고 버티고 연대하는 힘'이 어디서 나오는지를 알게 되었다. 차크마 사회의 '말레야' 관습을 지켜나갔기 때문이다. '말레야' 관습은 "지역사회 모든 구성원이 소외된 사람이 필요로 하는 노동력과 자원을 서로 나눠서 돕는 것을 의무화하는" 것이라고 한다. 로넬 씨가 척박한 한국에서 평화로워 보였던 이유는 이러한 관용과 협력의 정신을 통해 자신의 허물어지는 자아를 일으키며, 낙관적인 미래를 전망할 수 있었기 때문이다.

초국적 연대와 민주주의

정치학자이며 인류학자인 제임스 스콧James C. Scott은 〈조미아, 지배받지 않는 사람들〉에서 동남아시아, 중국, 인도에 걸쳐 해발 300미터 이상의 고지대에 사는 소수민족이 1억 명가량 존재한다고 말한다. 이들은 조미아Zomia로 불린다.[62] 조미아는 특정한 지리적 공간을 의미할 뿐 아니라, 산악종족으로 위계적인 평지 사회보다 훨씬 유동적이고, 평등한 존재로, 특정 국가에 속하지 않거나 적극적으로 국가 권력의 지배를 거부해 온 특성을 보인다. 바로 이러한 아나키즘적인 특징 때문에 조미아는 식민국가나 이후 독립 국가로부터 자신의 고유한 정체성을 지켜내기 위해 원주민 권리 투쟁을 벌여왔다.

로넬 씨는 차크마족으로, 다른 11개 소수민족과 함께 '줌머인'이며, '조미아'라고 할 수 있다. 이들은 방글라데시 주류 벵골인과 언어, 문화, 종교 면에서 다르다. 줌머와 같은 소수민족에게 이러한 '다름'은 주류에 동화되기 위해 없애버려야 할 이질성이 아닌, 삶의 연속성, 자존과 독립의 기반이다. 하지만 이 '차이'는 식민정부나 방글라데시 정부에겐 폭력을 동원해서라도 지워야 할 저항적 표식으로 인식된다.

정치적 난민으로서 줌머 공동체의 힘은 이들이 정치적 투쟁이 한국에서도 계속된다는 점이다. 이들은 정기적인 만남을 통해 한국 활동가와 전략을 논의하고, 다른 지역으로 이주한 줌머인들과 초국적 연대를 해나간다. 또한, 방글라데시 대사관 앞에서 줌머 민족에 대한 탄압을 멈추라고 시위하고 한국 정치인들과 활동가를 만나 줌머 민족의 자치와 민주주의를 위해 무엇을 할 수 있는지를 토론한다. 이들은 이렇게 치타공 힐트랙과 멀리 떨어진 곳에서 수행하는 자신의 활동이 방글라데시의 정치적 민주화에 기여한다고 굳게 믿고 있다.

재한줌머인연대의 정치적 활동은 한국의 비통합적 난민 수용 정책의 빈 곳을 메운다. 이들은 난민이 되어 체류 자격을 얻어 그럭저럭 먹고 사는 것이 자신들의 존재 이유라고 생각하지 않는다. 자신이 정치적 난민이기 때문에 일방적으로 한국 사회에 동화되고 흡수되는 것을 거부하고, 치타공 힐트랙 지역 줌머 민족의 안녕과 평화, 방글라데시의 정치 민주화, 한국 체류 외국인 인권 운동 등 다중적 정치를 실천한다. 로넬 씨는 이러한 활동을 조직해 내는 활동가로서 늘 부산하다. 그는 치타공 힐트랙 지역에 물리적으로 귀속되어 있지 않지만, 자신들이 자라온 경험과 로컬 네트워크에 기반을 두고 활용하면서 본국의 정치적 환경을 변화시켜 나가는 데 기여하고자 한다. 태로우Tarrow는 난민의 이러한 활동을 '뿌리를 둔 코즈모폴리터니즘rooted cosmopolitanism이라 정의한다.63) 줌머인의 투쟁은 한국 사회와 분리된 문제가 아니다. 한국인 또한 줌머 공동체와 연대하며 바로, 여기에서 한반도의 정치 비전을 구성해 가야 한다.

응답의 윤리

로넬 씨는 줌머 2세들의 한국 사회로의 빠른 적응을 기뻐하면서도, 이들이 소수민족으로서의 자부심과 정체성을 지켜나가길 원한다. 줌머 부모들이 한국에 온 이유가 먹고 사는 문제를 해결하기 위한 것이 아님을, 몸은 한국에 있지만, 여전히 치타공 힐트랙 지역에서 억압받고 살아가는 동료 줌머인들의 자치권과 평화를 위해 늘 그곳을 바라보고 있음을 자녀들이 이해하기를 바란다. 동시에 자녀들이 한국에서 동남아 출신 이주자라는 이유로 차별받지 않고 자기 뜻을 펼치고 사는 것을 염원한다. 로넬 씨는 줌머 2세를 포함해 한국에서 살아가는 모든 이주민-난민 2세에게 들려주고 싶은 '부모'와 선대 이야기를 이 책에 담았다.

로넬 씨의 말은 또한 한국인 선주민에게 향한다. 이 책 제목의 '바르기'는 "국경을 넘어 자유롭게 날아다니는 차크마 전설의 새"라고 한다. '국경'이 생기기 전 이미 역사를 구성하고 평화롭게 살아온 수많은 소수민족이 존재했다. 근대 국민국가가 탄생하면서 국경 만들기를 통해 강제 이주, 검문과 검색, 단속과 추방, 고문과 감금 등의 폭력이 당연시되었다. 이동과 이주는 곧 삶과 죽음의 문제가 되었다. 이미 한국의 가정, 일터, 농장, 거리, 외국인 보호소에서 수많은 이주민이 죽임을 당했다. 바르기는 바로 어디에 살든 인간다움을 존중받고 살아야 한다는 로넬 씨의 염원을 상징한다.

　한국인 선주민 또한 '응답의 윤리'로 다가가야 한다. 단순히 난민을 보호하거나 시혜를 베푼다는 전형적 위계질서 안에서 이들과 관계를 맺기보다는 상호관여의 윤리가 중요하다는 의미다. 이를 위해서는 난민과 선주민이 함께 일하고, 거주하고, 상호 교류하면서 서서히 생겨날 연대와 협력의 가능성을 주목해야 한다. 또한, 난민 역량과 잠재력을 신뢰하는 것이 필요하다. 로넬 씨를 포함한 재한줌머인연대가 많은 어려움에도 불구하고, 매년 보이사비 축제를 여는 이유 또한 여기에 있다. 이들은 상호 이해와 교류의 장에 더 많은 한국의 선주민이 참여하기를 희망한다. 이주민과 선주민 사이에 그어진 국경은 여전히, 어디에나 존재한다. 로넬 씨는 가장 견고한 '마음의 국경'을 허물고 싶다고 말한다. 이 책은 우리 함께 마음의 국경을 허물고 새로운 세계를 열어갈 것을 제안한다. 이 초청을 기꺼이 받아들이자.

1) 포월(匍越)은 철학자 김진석이 《초월에서 포월로》(솔출판사, 1994)에서 "기어서 넘어 가다."라는 의미로 사용한 단어로써 로넬 씨의 삶의 방식을 적절하게 표현할 수 있다고 판단하여 차용하였다.

2) 줌머(Jumma)는 보통 11~13개 소수민족을 말함. 차크마(Chakma), 마르마(Marma), 트리푸라(Tripura), 탕창야(Tanchangya), 리앙(Riang), 무롱(Murang), 루샤이(Lus hai), 봄(Bawm), 판코(Pankos), 쿠키(Kukis), 쿠미(Khumi), 므로(Mro), 키양(Khey ang) 중에서 Riang + Tripura (riang은 Tripura족의 소수 clan), Kuki+ Lusai(Kuki는 Lusai족의 clan)으로 통합됐다.

3) 민족연합당(PCJSS: Parbatya Chattagram Jana Samhati Samity, Chittagong Hill Tract s People's Solidarity Association)은 1972년 치타공 힐트랙 선주민들이 방글라데시의 탄압에 맞서 자치권 확보를 위해 만든 줌머 정당이다.

4) 미 국무부의 〈2022 방글라데시 인권보고서〉, p. 41.

5) 국제앰네스티는 2013 보고서 〈Indigenous Rights Denied in Bangladesh's Chittagon g Hill Tracts〉에서 "특정 정치단체와 밀접한 관련이 없고 모든 지역사회에서 자주 사용 된다는 점을 고려하여" 파하리(Pahari) 용어를 사용했다.

6) 판차리 줌머마을에 방글라데시 국경수비대와 벵골 정착민이 습격하여 545채 가옥이 불에 타고, 줌머인 400여 명 사망, 2천여 명은 인도로 떠났다(https://en.wikipedia.or g/wiki/Logang_Massacre).

7) Mainee vally 계곡은 북에서 남쪽으로 흐르는 Mainee 강변의 거대한 협곡 지대를 말한 다.

8) 집 마당에 있는 대나무로 만든 테라스.

9) 랑가마티 전면적의 1,036제곱 킬로미터.

10) 칼린디(Kalindi Rani)는 제46대 차크마족 여왕. 1832~1873년 영국 식민지 개척자와 싸움을 주도한 역사적 인물이다.

11) 루리(Luhri)는 차크마족 전통불교이다. 대승불교와 가까운 불교 종교집단인데 현재 는 영향력이 거의 없다.

12) 방글라에서는 3년제 의대를 기능대학이라고 하는데, 전문 의과대학보다 한 단계 정도

낮다고 볼 수 있다.

13) PCMS(Parbatya Chattagram Mahila Samity)는 지금도 현존하는 줌머 조직 중 하나인 여성 조직이다. 지금도 현존한다.

14) 세금은 방글라데시 정부의 입장에서 불법 강제 모금이었고, 샨티바히니 평화군들이 치타공 힐트랙 내에서 사실상 대안 정부를 운영했다.

15) 6~10학년은 고등학교 과정이고. 11~12학년 과정은 대학(college)과정인데, 일부 지정된 전문대학(college)에서는 Honours 라고 하는 4년제 학사과정을 별도로 수료할 수 있다.

16) 무크티바히니(Mukti Bahinee)는 뱅골(당시 동파키스탄)의 독립을 위한 해방군이다.

17) Raja D. Roy 외(2000 : 33).

18) 라자 트리디브 로이(Raja Tridiv Roy) 차크마 왕은 방글라데시와 파키스탄 전쟁 중에 파키스탄으로 망명했고, 최근 사망 후에도 그의 시신은 방글라데시로 돌아오지 못했다.

19) CHT국제위원회(CHTC)(1991).《Life is not Ours》. p. 14.

20) CHT국제위원회(CHTC)(1991).《Life is not Ours》, p. 14. 줌머 리더로 참여한 카그라차리 지역구 국회의원(1979~1982) Upendrala Chakma의 증언 일부 내용이다.

21) Ministry of Law, The Constitution of The People's Republic of Bangladesh(Dacca: Government of Bangladesh, 1972).

22) 1979년부터 1992년 사이에 진행된 13회의 대규모 학살 사건을 학자들은 '서서히 진행되는 집단학살(creeping genocide)'이자 '특정 민족집단의 문화말살행위(ethnocide)'로 규정한 바 있다(Adnan and Datidar, Alienation of the Lands of Indigenous Peoples in the Chittagong Hill Tracts of Bangladesh, (Chittagong Hill Tracts Commission and International Work Group for Indigenous Affairs, 2011), pp. 68-69.

23) excluded area는 영국 식민 행정부의 직접적인 관리 대상 제외 지역이다.

24) 샨티바히니 평화군 활동 구역 비밀코드 명칭이다.

25) 뱅골족 정착민(Bengali Settlers)은 방글라데시 독립 후 정부의 비밀 이주정책으로 치타공 힐트랙에 이주한 뱅골인들이다.

26) 방글라데시 국경수비대(BDR: Bangladesh rifles).

27) 벵골족 영주자(permanent residents)는 영국 식민지 때나 방글라데시 독립전 이전에 치타공 힐트랙에 정착한 벵골인들을 의미한다.

28) CHT개발위원회(치타공CHTDB: Chittagong Hill Tracts Development Board).

29) 샨티바히니 평화군 활동 시기 gonoline은 방글라데시 군대가 한 마을에서 다른 마을로 공격하는 소식을 전달하는 인간 사슬 시스템이다.

30) DRF(District Reserve Force).

31) 파하리(Paharee)는 벵골인이 치타공 힐트랙 선주민을 언덕 위에 사는 사람(Hillman)이라는 의미로 부르는 벵골어이다. Paharee-quota는 치타공 힐트랙 선주민 자녀를 위한 입학 쿼터제이다.

32) 치타공(Chittagong Division)은 산악지역인 치타공 힐트랙(CHT)과는 다른 지역이다.

33) Court of session judge for Chittagong Hill Tracts Affairs.

34) 바루아족(Barua)은 우르두어(파키스탄)를 사용하는 방글라데시 국민이며 1947년 인도와 파키스탄이 분리 독립하면서 인도 비하르 주에서 온 사람들로 30여만 명 정도이다.

35) Traditional cigarette in Bangladesh made of tobacco local tobacco leaf ,cylindrical in shape ,but puffing end is smaller than the other.

36) 1988년 대규모 반정부 시위를 진압한 군부는 1989년 6월 이후부터 국가명을 '버마'에서 '미얀마'로 바꾸고 유엔에서 승인을 받았다. 미얀마의 민주화 운동 세력은 쿠데타로 정권을 잡은 세력의 정통성을 부정하면서 '미얀마' 국가명 대신 '버마' 명칭을 선호해왔다. 하지만 '버마'는 전체 135개 민족 가운데 주류(68%)인 버마족에서 유래한 것이고, 미얀마를 한때 식민지배한 영국이 고수한 명칭이라는 점에서 논란이 있다.

37) 바루아족은 치타공 시와 미얀마 접경지역에 사는 소수민족으로 불교도다. 그들은 벵골족과 종교 외에 거의 비슷한 인종 정체성을 가지고 있으며 인구는 약 3만 5천여 명 정도이다.

38) 1997년 12월 2일, 이날 방글라데시 수상인 세이크 하시나 와제드(Sheikh Hasina Wazed) 입회하에 PCJSS의 당수인 샨투 라르마(Shantu Larma)와 CHT국제위원회 의장 아불 하스낫 압둘라(Abul Hasnat Abdullah)가 협정문에 공식 서명하면서 협정이 체결되었다.

39) CHT국제위원회(2000),《Life is not Ours》, 번역 : 피난처(2010),《줌머인의 빼앗긴 삶》

40) '아시아 인권센터'(ACHR: Asian Centre for Human Rights)가 2010년 2월 23일에 발표한 〈방글라데시: 토지강탈을 위해 학살된 선주민들: Bangladesh: IPs Massacred For Land Grab〉은 치타공에서 방글라데시 정부와 군인, 벵골 정착민들이 저지른 집단 공격과 충돌에 대해 말해주고 있다.

41) 샨티바히니의 무기 반납은 같은 해 몇 차례 더 진행됐고, 2월 16일 543명, 2월 22일 400명, 3월 5일 222명이 항복하면서 샨티바히니는 해체됐다.《Life is not Ours》치타 공국제위원회(2000), 번역 : 피난처(The Refuge P Nan).

42) 민족민주전선연합(United peoples Democratic Front, 이하 UPDF)

43) CHT국제위원회(CHTC)(2000).《Life is not Ours》, 번역 : 피난처(The Refuge P Nan).

44) 1999년 2월, 버마민주주의민족동맹(NLD) 한국지부 창립.

45) 드구 다다세 데레세 씨는 반정부단체인 오로모해방전선(OLF)에서 활동하다 신변의 위협을 느끼고 한국으로 입국해서 난민 신청했다.

46) 2000년 5월 난민 신청한 NLD 소속 회원 20여 명 중 2003년 3명, 2005년에 4명이 난민 지위를 인정받았다.

47) 국제난민협약 제1조.

48) 1999년 2월, 버마민주주의민족동맹(NLD) 한국지부 창립.

49) 〈스탑크랙다운(StopCrackDown)〉은 노래 제목이자 이 노래를 부른 그룹 이름이기도 하다. 그룹 멤버는 네팔, 미얀마, 인도네시아 이주노동자와 한국인 총 5명으로 구성됐다.

50) 여성억압 반대 운동위원회(Committee for Directing Movement against Women Repression)에서 2009년 11월 14일에 발표한 자료이다. 출처: 재한줌머인연대(2012),《줌머 민족의 억눌린 목소리》, p.30.

51) 1995년 베이징 세계여성대회에 앞서 여성단체 '나리포코(Naripokkho)'의 지원으로 설립되었으며, 치타공 내에 20개의 회원조직이 있다. 출처: 재한줌머인연대(2012),《줌머 민족의 억눌린 목소리》, p.68.

52) Willem van Schendel, 《Wolfgang Mey and Aditya Kumar Dewan》, (2001), p. 147.

53) 파르티지는 '제3세계 아동과의 나눔'(Partage avec les Enfants du Tiers)이라 불리는 프랑스의 인도주의적 민간단체임. 참고자료: Damien Michel and Suddhananda(1991), Orphelins de terre, Robert Laffont.

54) 프로몬 사다나띠르타 국제명상센터 Furomon Sadhanatirtha Bana Dhyan Kendra

55) 출처: 오경석, 〈재한줌머인연대와 미디어의 재현〉, 다문화사회연구, 4(2), p. 81.

56) UNPFII는 경제사회이사회의 고위급 자문기구다. 포럼은 경제 및 사회 개발, 문화, 환경, 교육, 건강 및 인권과 관련된 토착 문제를 다루기 위해 2000년에 설립됐다.

57) 출입국관리법 제17조 (외국인의 체류 및 활동 범위)
① 외국인은 그 체류자격과 체류 기간의 범위에서 대한민국에 체류할 수 있다. ② 대한민국에 체류하는 외국인은 이 법 또는 다른 법률에서 정하는 경우를 제외하고는 정치 활동을 하여서는 아니 된다. ③ 법무부 장관은 대한민국에 체류하는 외국인이 정치 활동을 하였을 때는 그 외국인에게 서면으로 그 활동의 중지 명령이나 그 밖에 필요한 명령을 할 수 있다.

58) 박상희(2022), 〈한국의 난민통합 현황과 정책적 함의: 에이거와 스트랭(Ager & Strang)의 통합 분석틀을 중심으로〉. 현대사회와 다문화, 12(3), p. 118 참조. 에이거와 스트랭(2008)이 통합 개념틀을 연구했던 당시 영국의 정책은 난민의 권리에 관한 숙고와 논의가 난민 통합에 있어서 중요하다고 이해했다.

59) 2008년 기준으로 외국인이 전체 한국 내 인구의 2.34%를 차지하지만 외국인 범죄는 전체 한국 내 범죄의 1%에 불과하다. 임준태, 〈외국인 범죄대책 수립을 위한 기초연구〉(2010, IOM이민정책연구원), p. 31.

60) 김포시청, 2022년 11월 통계 자료 활용.

61) 지역별 거주 난민의 숫자를 파악하기는 쉽지 않았다. 741명은 경기일보, 2021년 5월 12일 자 '경기도 난민 취업실태' 기사 참조.

62) 제임스 C. 스콧 지음, 이상국 옮김. 2015.《조미아, 지배받지 않는 사람들》. 삼천리.

63) Tarrow, Sidney, The New Transnational Activism, Cambridge: Cambridge University Press, 2005.

〔주요 참고자료〕

국제앰네스티(2013), 〈Indigenous Rights Denied in Bangladesh's Chittagong Hill Tracts〉.

김종철·최원근·이영백(2009). 〈잃어버린 땅, 빼앗긴 인권: 방글라데시 치타공 산악지대(CHT) 줌머인 인권 조사보고서〉, 재한줌머인연대.

로넬 차크마 나니(2017). 〈한국의 줌머 디아스포라 공동체: 과거와 현재, 그리고 미래〉. 국제줌머족 디아스포라 포럼 자료집.

로넬 차크마·이영민·이현욱·박현서(2017). 〈줌머족 난민의 삶과 희망 : 치타공 산악지대에서 김포까지〉.

미 국무부(2022), 〈2022 방글라데시 인권보고서〉.

오경석(2011). 〈로넬 차크마 나니의 인권 여정〉. 문학들, 24, pp. 238~265.

유승무·신종화·박종일·이태정·박수호(2013). 〈재한줌머공동체의 '실금'과 한국사회의 다문화 수용력〉. 아세아연구, 56(1), pp. 36~72.

CHT국제위원회(2000). 《Life is not Ours》, 제4개정판. 피난처 역(2003), 《줌머인의 빼앗긴 삶》.

재한줌머인연대(2008). 방글라데시 치타공 산악지대(CHT) 인권상황에 관한 토론회.

―――――(2012), 《줌머 민족의 억눌린 목소리》.

최영일(2019). 〈줌머 난민의 한국사회 정착과정〉. 인하대 박사학위논문.

Willem van Schendel, Wolfgang Mey and Aditya Kumar Dewan(2001). The Chittagong Hill Tracts: Living in a Borderland. The University Press Limited.

김포신문, 방글라데시 차크마족장 라자 데바시쉬 로이 "김포시민들의 친절한 우정에 감사드린다", 2023년 5월 2일자.

한겨레, 차크마족 김포 이씨, 나는 아이가 살아갈 세상을 만드는 이주민입니다. 2021년 3월 6일자.

치타공 언덕 바르기, 한국을 날다

방글라데시 치타공 힐트랙 선주민 로넬 이야기

발행일 | 2023년 10월 7일
지은이 | 로넬 차크마 나니·권미영
펴낸이 | 최진섭
디자인 | 플랜디자인
펴낸곳 | 도서출판 말

출판신고 | 2012년 3월 22일 제2013-000403호
주 소 | 인천광역시 강화군 송해면 전망대로 306번길 54-5
전 화 | 070-7165-7510
전자우편 | dream4star@hanmail.net
ISBN | 979-11-97342-27-4(03330)